観光とまちづくり

―地域を活かす新しい視点―

深見 聡・井出 明 編著

海野 敦史・庄子 真岐
鈴木晃志郎・永吉 守

古今書院

Tourism and Community Development

Satoshi FUKAMI, Akira IDE

Kokon-Shoin, Publisher, Tokyo, 2010

はしがき

　本書は、「新時代の観光学を構築したい」という切なる願いをもった深見准教授と筆者の"相互啓発（Interaction）"のなかから生まれてきたものである。完成版を概観するに、その願いはかなりの程度で達成されたと考えている。目次をみていただくとわかるとおり、「歴史観光論」と「復興観光論」という"新しい視点"から観光学を紐解いている点を強調しておきたい。

　筆者の元々の専門分野は、社会情報学といわれる分野であり、情報の生成・流通・消費の各過程を研究対象としている。研究手法については、修士課程の専門が憲法であったこともあり、ツールとしては法学を用いていた。深見准教授と「新時代の観光学を切り拓く書籍を作りたい」という願いは共通していたものの、論文の書き方の方法論が、彼の使っている人文地理学とはかなり異なるため、編集作業は困難をきわめた。脚注の付け方にしても、それぞれ慣れ親しんだやり方があるため、事実上論文の書き直しに近い状況になった章もあった。それでもなお、新学期に間に合う時期に上梓できたのは、関係者の熱意の賜であろう。

　観光や観光学の考察については本文に譲るが、本書を編んだ最大の理由は、建物を造ったり、道路を通したり、電車を運行させることが観光とまちづくりの本質ではないということを早く訴えておきたかったからである。どんなにきれいな建物があり、使いやすい道があっても、当該地域のコミュニティに魅力がなければ、人はその地を訪れないのである。近年、自治体が直接のハコモノを作ることは確かに非難を浴びるのであるが、「観光振興」というマジックワードをかぶせることによって、かなりの部分で正当化されうる現状には、内心危惧を覚えている。

　「まちづくり」という言葉は、英訳できない日本独自の概念だといわれている。それは、単にハードウェアの整備だけではなく、コミュニティの醸成を含んでいるからであるが、筆者はこのまちづくりの概念を被災地の復興過程の検証から学ぶこととなった。具体的には、2004年に京都大学防災研究所巨大災害研究セン

ターの林 春男教授の研究チームに入れていただいた時から、復興まちづくりに関して社会科学の観点からとらえ直すことになったのである。林先生のチームから受けた影響は非常に大きく、「災害復興を単なるハードの復旧とは考えない」という基本的なテーゼは、私が現在観光学を考えるうえでも拠り所となっている。本書における復興に関する記述は、林先生に鍛えていただいたおかげであると考えている。林先生のチームに入れていただいて勉強を続けていた時代に、私の興味は社会における安全そのものへも広がっていき、2007年には故 中野潔大阪市立大学教授が編集された『社会安全システム』(東京電機大出版局)のなかで、私なりの「安全学」についての考え方を発表するに至った。「観光と安全」というのは、実は非常に密接な概念であると考えているが、この点についてあまり立ち入った論考はこれまでなく、既存の観光学に新しい光を当てるという意味から、今回本書にいくつかの論文を再収録した。

　また、本書において水俣などの「条件不利地域における観光」について、海野准教授と庄子助教の論考が収録されているが、これも「復興からまちづくりをとらえる」や「何もないところから、ハードに頼らない観光を考える」などという趣旨から採られたものである。

　深見准教授は、人文地理学の手法で観光にアプローチしており、私とは違う観点から観光をとらえている。深見准教授同様、人文地理学を方法論とした研究者として、鈴木助教と永吉講師を招き、今回分担執筆をお願いした。人文地理学と観光学の関係については、「あとがき」および1章の1における深見准教授の記述を参照されたい。

　私は人文地理学を専門とはしていないが、観光研究における人文地理学の威力は、地理学者たちとの共同研究を通じて切に感じるようになってきた。私の場合、博士論文が情報化社会における法制度論であったことからも、社会をシステム論の立場からモデル化して考える傾向があるが、実地調査を重視する人文地理学の研究者との協働によって、モデルをよりよいものに進化させることができたという経験が増えている。私の「体系性(=システム)を重視する」というスタンスは、学部4年の時に京都大学で憲法を専門とされていた大石眞教授から「国家システム論」の薫陶をいただいたことに由来する。大石先生からは、修士課程でも引き続いて教授をいただき、体系的に物事を考える重要性を教えていただいた。博士

論文の副査まで引き受けてくださった大石先生には、いくら感謝してもしすぎることはないと感じている。僭越ながら、法律学を通して鍛えられた体系的思考方法が、今回の共著者である人文地理学者たちによい影響を与えられたようであり、学際研究の好例になったという自負も、少しはもつことができた。

最後に、筆者と共編著者である深見准教授との関係について言及させていただきたい。

深見准教授（以下、いつも私が使っている呼称である「深見さん」という記述を用いさせていただく）との出会いは衝撃的であった。深見さんと出会った当時、彼はいわゆるオーバードクターの状態で、非常勤講師等のアルバイトで生活していた。彼を見いだしたのは、鹿児島国際大学学長（京都大学名誉教授）の瀬地山敏先生であり、瀬地山先生は筆者の京都大学経済学部入学時に学部長をされていた経済学の巨人である。瀬地山先生は、2007年9月に鹿児島で開かれた進化経済学会のシンポジウムにおいて、当時は無名の非常勤講師であった深見さんを、塩沢由典先生をはじめとする経済学のビッグネームたちとコラボレーションさせたのである。瀬地山先生は、鹿児島にも有為の人材がいることを示したかったのではないかと拝察しているが、深見さんはあまり気負いもなく、自分の研究成果をたんたんと話していた。当時の私は確かな研究能力をもった地方の観光学研究者との交流に飢えていたので、深見さんの研究発表をみて是非お近づきになりたいと思い、私から彼に接近していった。その後、なんとか彼に常勤の職をと思い、いろいろあたってみたが、私も非力なためになかなかみつけることができず、彼の公募書類を一緒に点検するなどの協力しかできなかった。しかし、彼と出会った翌年の夏には、彼は自力で長崎大学准教授の職を得ることとなり、それ以降は鹿児島のみならず長崎の地域振興にも貢献をしている。

私が深見さんの例を通じてわかったことは、誠実に研究を重ねて論文を書いていれば、その論文を「必ず誰かが読んでいる」という至極当たり前の事実であった。紀要の原稿であっても、「必ず誰かが読んでいる」以上、手を抜かずに全力を傾けて書かないといけないという、これまた至極当たり前のことを彼から再度学ぶこととなった。近年、大学院博士課程への進学を「国家的詐欺にあったようなものだ」と嘆く若手研究者をよくみかけるが、腐ることなく研究を続けていっ

ていただきたい。よい研究は、必ず誰かがみいだしてくれることを信じて欲しい。

　長いこと「若手研究者」を自負してきた私であるが、本書の執筆陣のなかでは、なんと最年長者になってしまった。なんともいいようのない感慨に耽っている。

　本書を制作するにあたっては、企画段階から古今書院の関 秀明氏の献身的な努力をいただいた。また校正については、守屋 豊君（早稲田大学大学院生）の助力を得た。両氏に対して心から謝意を示したい。

　本書が刺激となり、さらに若い人々が観光学研究に進んでいくことを心から願っている。

2010 年 3 月

編著者を代表して　　井出　明

目　次

はしがき（井出 明）‥‥‥ i

第1章　観光の本質をさぐる
　　　　―歴史観光論と復興観光論の立場から―　（深見 聡・井出 明）‥‥‥‥‥‥ 1

第2章　地域住民が担う観光ボランティアガイド
　　　　―大河ドラマ『篤姫』を事例に―　（深見 聡）‥‥‥‥‥‥‥‥‥‥ 24
　●トピック1　『篤姫』探訪（1）―篤姫の好んだ食べもの　（深見 聡）‥‥‥‥ 39
　●トピック2　『篤姫』探訪（2）―それぞれの明治維新後　（深見 聡）‥‥‥‥ 41

第3章　エコミュージアムと観光（Ⅰ）
　　　　―ワークショップをとおした都市観光の可能性―　（深見 聡）‥‥‥ 43
　●トピック3　嘉例川エコミュージアムのコア施設・嘉例川駅　（深見 聡）‥‥ 61

第4章　エコミュージアムと観光（Ⅱ）
　　　　―温泉地における導入の可能性―　（井出 明）‥‥‥‥‥‥‥‥‥‥ 63
　●トピック4　指宿にある鰻温泉　（深見 聡）‥‥‥‥‥‥‥‥‥‥‥‥‥‥ 71

第5章　世界遺産登録と観光　（鈴木晃志郎）‥‥‥‥‥‥‥‥‥‥‥‥‥‥‥ 73
　●トピック5　観光の立場からみた世界遺産への提言　（海野敦史）‥‥‥‥‥ 96
　●トピック6　世界自然遺産・屋久島の現状　（深見 聡）‥‥‥‥‥‥‥‥‥ 101

第6章　近代化産業遺産を活かす（Ⅰ）
　　　　―鹿児島の尚古集成館を事例として―　（深見 聡）‥‥‥‥‥‥‥‥ 103
　●トピック7　欧州の近代化産業遺産を歩く　（海野敦史）‥‥‥‥‥‥‥‥‥ 110

第 7 章　近代化産業遺産を活かす（Ⅱ）
　　　　　―大牟田・荒尾の事例から―　（永吉 守）………………… 114
　　●トピック 8　山ヶ野金山のあゆみ　（深見 聡）………………………… 129

第 8 章　災害過程における観光産業　（井出 明）……………………… 132

第 9 章　条件不利地域における観光
　　　　　―六ヶ所村と水俣市の事例から―　（庄子真岐）…………… 143
　　●トピック 9　薩摩硫黄島をめぐる　（深見 聡）………………………… 157

第 10 章　観光ツールの乏しい国における観光
　　　　　―西・中央アフリカの事例から―　（海野敦史）…………… 162
　　●トピック 10　海外での観光によるまちづくり事情　（海野敦史）……… 183

第 11 章　災害復興と観光
　　　　　―その類型化と目指すべき方向性―　（井出 明）………… 186
　　●トピック 11　小松帯刀や坂本龍馬がみた霧島　（深見 聡）…………… 200

第 12 章　復興観光とアートマネジメント　（井出 明）………………… 203
　　●トピック 12　宮城県栗原市における災害後の観光事情　（庄子真岐）…… 210

第 13 章　「安全学」からみた観光教育　（井出 明）…………………… 214
　　●トピック 13　人間の安全保障と観光開発　（井出 明）………………… 221

第 14 章　地域の「再発見」に果たす地理教育の役割
　　　　　―鹿大キャンパス探検の実践をとおして―　（深見 聡）……… 223

　あとがき　（深見 聡）　……　239
　索　　引　　　　　　　　……　242

第1章　観光の本質をさぐる
―歴史観光論と復興観光論の立場から―

深見　聡・井出　明

1　歴史観光論の立場から
1.1　はじめに―本節のねらい

　観光とは、じつに多様な側面をもつ。わが国においては、観光立国を標榜した観光立国推進基本法が2007年1月に施行され、2008年10月には観光庁がおかれた。また地方自治体レベルでも、基本計画の策定にあたっては観光を掲げ、それをまちづくりの核と位置づけられている。この背景には、人口減少社会を迎えたことにより本格的に交流人口の拡大を図る必要が指摘されている点や、観光形態が変化してきている点がある（Fukami, S., 2008）。とりわけ後者について、スモール・ツーリズムやヘリテージ・ツーリズムが注目を集め、従来の観光地の通過型や滞在型・周遊型といったニーズの多様化への対応がもっぱらの課題となっている（須田、2006）。

　このような動向は、地域の文化遺産を観光資源とする歴史観光においてとくに顕著である。たとえば、2008年はNHK大河ドラマ『篤姫』が鹿児島を舞台に放送され、それにあわせて鹿児島県への入り込み観光客数は増加した。この現象は、同じく鹿児島を舞台とした1990年の大河ドラマ『翔ぶが如く』でもみられた。しかし、決定的な違いは、2008年の場合、「まち歩き」といったソフト面からのまちづくり手法が前面に展開されていることにある。このような観光の新しい潮流は、2006年に始まる「長崎さるく博」がまさにその典型といわれている（茶谷、2008）。

　また、鹿児島県内でよく知られる2つの歴史資料館の入館者推移を図1.1にしめした。あくまでも単純な数字の比較でしかないが、少なくとも両者には来訪を判断する側の観光客に、何らかのニーズの変化が起きていることは明らかである。

　端的な例示にすぎないとはいえ、ここから読み取れるのは、この20年弱の期間に歴史観光をとりまく様相が大きく変化しつつあることである。そして、なぜ

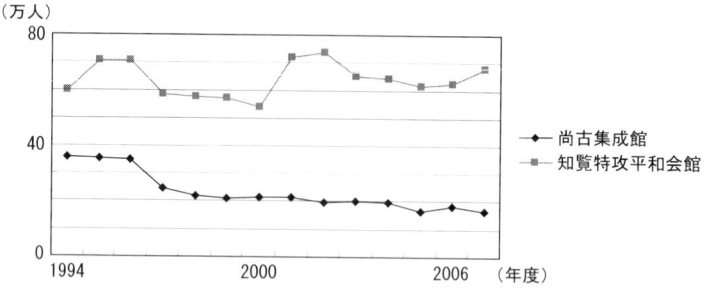

図1.1　尚古集成館と知覧特攻平和会館の入館者数推移
尚古集成館、知覧特攻平和会館の集計資料をもとに筆者が作成。

このような変化が生じてきているのか、観光の持続可能性[1]や将来性を高めることを模索すべき時期にさしかかっているのである。場あたり的な観光の論議に終始してしまえば、その間にも歴史観光へのニーズは変化しつづける。その果てに、ニーズとかけ離れた観光の現場でのミスマッチがすすむ事態だけは、繰り返してはならない[2]。

　しかし、冒頭で触れたように、観光の定義は、その多様性にともなって実に多岐にわたり、広大な範囲を網羅するものも多くなってきている。そのなかにあって、かろうじて共通して見いだせるのは、「場所の移動」や「非日常性」という行為をともなうという点ぐらいであろうか[3]。

　そこで本章では、まず歴史観光とまちづくりの関係に注目する。そしてやはり観光とは何かという命題を避けてはとおれない。ここでは、観光客の行為の視点から定義づけをおこなってみたい。そして、歴史観光地の比較をとおして、観光の本質をまちづくりの視点から把握を試みる。その際、図1.1 として取りあげた鹿児島県内の代表的な施設の事例への検証を足がかりにしていきたい。

1.2　「観光」とは何か
1.2.1　観光を定義することのむずかしさ

　観光学という学問は、さまざまな既存の学問分野から学際的に発展してきた。その理由は、多様に展開される観光の現実のすがたをみれば納得がいくであろう。それゆえ、観光をみつめる者は、その動きにつねに敏感でなければならない。また、

観光を定義することは容易でないからこそ、観光に向き合う者にとっては、不可避かつ、つねに追究しなければならない根本的な問いなのである。さまざまな研究者や実務者が観光とはどういうものかを述べる状況にあっても、そこには、「場所の移動」や「非日常性」をともなう行為であるという共通点は見出せる[4]。しかし、これまで出版された観光学関連の書物の多くは、政府の諮問機関である観光政策審議会による定義を紹介するか、またはその域をでないレベルでとどまっている。以下に、観光政策審議会の定義を紹介しておこう。

 1970年答申…「自己の自由時間（＝余暇）の中で、鑑賞、知識、体験、活動、休養、参加、精神の鼓舞等、生活の変化を求める人間の基本的欲求を充足するための行為（＝レクリエーション）のうち、日常生活圏を離れて異なった自然、文化等の環境のもとで行なおうとする一連の行動をいう。」

 1995年答申…「余暇時間の中で、日常生活圏を離れて行う様々な活動であって、触れ合い、学び、遊ぶということを目的とするもの」

1.2.2　行為からみた観光とその成立条件

ところで、観光という行為は、まず、観光をおこなう行為者の主観も無視できないが、他者からの客観的視点から判断されることが多い。表1.1を参照してほしい。筆者は、1975年に鹿児島県で生まれ、2008年に長崎大学に職を得るまでほとんどの期間を鹿児島市ですごしてきた。鹿児島県に住む多くの者にとって、温泉に入る行為は日常生活の一部であり、ついでに挙げるならば、桜島の噴煙をあげる姿をみて歓喜するケースはほとんどない[5]。それだけ、日常にあたり前に存在するものなのである。たとえば、「鹿児島県に住む者が、近所の温泉aに行く」行為は、観光とはいえない。たとえその行為者が、近所の温泉に行くことを「これは観光という行為なのだ」という主観をもっていたとしても、客観的にみれば、それはあくまでも日常生活の一部であるのは明らかで、観光とはみなされない。一方で、「鹿児島県外に住む者が温泉aに行く」行為は、観光の範疇にふくまれる。ここでも、「場所の移動」と「日常性・非日常性」の2つの要素が観光を成立させるものであることがはっきりしてくる。

さらに、観光の成立には、先に述べた客観的な観光の行為者（観光客）に加え、

表1.1 『場所の移動』と「日常・非日常」による行為の分類

	場所の移動	日常か非日常か		観光か否か
		主観的判断	客観的判断	
		行為者の自覚	移動距離	
近所の銭湯へ入浴	短	日　常 非日常	日　常 日　常	×(入浴)
遠方の銭湯へ入浴	長	日　常 非日常	非日常 日　常	×(入浴) 〇(観光)
小説を読む	なし	日　常 非日常	日　常 日　常	×(読書)

有馬ほか(2004)をもとに筆者が作成。ここでは、「銭湯」は本文で事例として紹介している鹿児島県にくらす住民にとって身近な天然温泉への入浴行為であり、「小説を読む」は日常生活をはなれるようにその題材のなかに自らを投影するという行為において非日常性を有するのでとりあげてみた。

観光資本・地域住民・観光資源が必要になる。ここで、それぞれの要素について特徴をみていくことにしよう。

観光資本には、ツアー企画会社や交通機関といった、「観光する側」に位置するものと、観光施設・みやげ物屋といった「観光される側」に位置するものがある。ここでは、観光する側が、その時々のニーズに合わせてツアー商品や宿泊施設・テーマパークなどを開発・建設し、観光地に観光客を供給していく構図が存在する。そのため、観光資本が、観光客を観光地に結びつける役割を担うことになる。つまり、「観光される側」は「観光する側」に主導権をもたれるため、観光資本が把握するニーズの変化による影響を直接に被る立場になってしまう[6]。

地域住民には、近年、観光ボランティアガイドといった主体的な動きがみられるようになった（この詳細は、第2章であつかう）。しかし、その成功事例はいまだ限定的であるといわれる。全体的な傾向として「観光する側」にいる観光資本が主導権をもつ状況において、観光地にくらす地域住民は、単に観光客が非日常を味わう場所で日常生活を送っている人々という立場にとどまりがちである（尾家，2005）。すなわち、みやげ物屋や旅館などの「観光される側」にいる観光資本とかかわりのない地域住民の多くは、観光客が増えることによってもたらされる雇用機会を得る存在とはならない。今日のように、いわゆる大消費地をかかえる中央の観光資本が主導権をもって観光商品の開発をおこなっていく形は、す

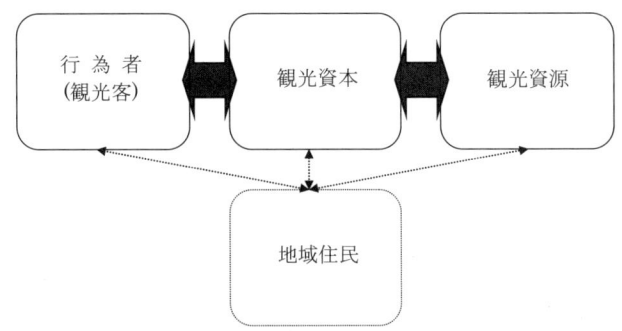

図1.2 観光の構成要素の現状のすがた
筆者が作成。

でに巨大な市場モデルとして機能しているのである。観光地で企業活動を展開する際に必要な社員は、それぞれの観光地で地域住民のなかから新規に雇用をおこなうよりも、いわゆる大消費地で一括して雇ったほうが効率的である。その結果、地域住民の存在は、観光の成立を考える際には不可欠な要素でありながらその姿は見えにくいのが実情である。

観光資源には、テーマパーク・歴史・自然・産業などがふくまれる。観光という行為をなす場合、ニーズに適合すればするほど多くの観光客をひきつけることになるが、どれが魅力的な観光資源であるかどうかは、流行や時代背景、性別や年齢によっても変化しうる。

これらの内容をまとめてみると、観光を構成する要素の関係は図1.2のようになる。現在のところ、観光資源に観光客を強力に結びつける役割を担うのが観光資本（とくに「観光する側」にいる観光資本）で、地域住民とのつながりは、どうしても希薄になりがちなことが理解できる。

1.3 まちづくりとしての観光

過疎化や少子高齢化による労働力人口の減少は、地方ほど産業の衰退といった影響が現れやすく、新たなまちづくりの必要性を差し迫ったものにする。観光はそれを打開する存在として注目を集めており、その重要性や貢献度の大きさはいうまでもない。しかし、他の産業とは異なり、観光の場合には観光客の消費行動が宿泊や土産物の購入というように直接的に、しかも素早く観光地の経済に反映

表1.2 観光振興策と移出型振興策の特徴

	メリット	デメリット
観光振興 (受入型振興)	1.地方経済に直接、迅速に反映。 2.中央にはない希少価値の活用。	1.地方の特性がニーズとは必ずしも一致しない。 2.競合相手が多く、ニーズの変化への予測、迅速な対応が必要。
移出型振興	1.ニーズに合わせた移出可能。 2.中央にはない希少価値の活用。	1.斬新なアイディア、技術が必要。 2.流通の新規開拓が必要なため、手間がかかる。

有馬ほか(2004)をもとに筆者が作成。

される側面がある。また、シニア世代の増加は余暇時間に消費をともなう行動をうながすことが予想されるため、交流人口を生み出すまちづくりの方法の中心に観光がおかれ、とくにリピーターが生じるかもしれないという観光の持続可能性に対して、高い期待を集めている（社会経済生産性本部，2004）。

しかし、さまざまな他のまちづくりの方法と同じく、利点や課題もある。このことを、少し視点を変えて、観光地＝受入型の地域とは逆に、特産品などを大消費地に出荷して利益を得ようとする移出型振興策と比較しながら、それらを整理してみよう（表1.2）。

観光産業は、大消費地から離れていることが有利にも不利にもはたらく。大消費地を抱える中央では味わえない魅力を地方がもっている場合、そこに希少価値が生まれ、訪れてみたいというニーズを創出することになる。その結果、彼らの消費行動により地方に経済的効果がもたらされる。さらに、観光客の求めるニーズに先立って、地方の地域特性を活かすことをコンセプトに掲げ、ほかの地域も観光客の増加に期待をするようになる。このことはむしろ当然のことであって、オンリーワンなものをいかに観光に活かしていくかは大切な視点である。しかし、確固とした戦略のないまま観光客が増えていくと、一時的な人気を集めても持続性に欠け、ピークをすぎると急激に観光客の減少をまねくというダメージをもたらす危険もある。観光のニーズの多様化を把握するのは容易ではなく、また、観光資源の性質上、ニーズの変化への迅速な対応は図りにくいことを充分にふまえておく必要がある。さらに、競争相手は全国各地に存在する。戦略をもって、観光客にいかに足を運んでもらえるかが課題となる。

表 1.3 観光行動別にみるニーズの推移

	1982	1992	1998(年)
自然の風景を見る	53.9	45.7	44.3
名所旧跡を見る	34.6	34.1	29.3
神仏詣	9.8	9.3	8.3
動植物園・博物館・美術館などの施設見学	11.7	19.0	18.0
温泉浴	36.3	43.1	45.8
特産品など買い物・飲食	26.7	25.7	23.6
ドライブ	26.1	24.5	11.1

日本政策投資銀行編(2000)による。年ごとの各数値は％。また、それらは複数回答のため年別の値を合計しても100にならない。

　一方、移出型産業は、地方の特産品を対象とすることで希少価値が生まれる。同時に、ニーズが市場をとおして把握できるため、それに合わせた対応がある程度可能である。この利点の反面、特産品の開発段階における新しい技術やアイディアが求められ、さらに流通ルートの新規開拓という手間を要する。

　これまでみてきたように、観光客のニーズが消費行動先を決定し、直接的にそれが地方経済に反映される。その結果、さまざまな関連産業の底上げ効果も期待できる。また、余暇時間を有するシニア世代の増加等、地方にとって観光をまちづくりの柱に掲げる理由は、持続可能性という将来に期待するところが大きいといえる。

1.4 歴史観光の特徴
1.4.1 観光地の浮沈と歴史観光

　観光ボランティアガイドのように、近年は地域住民が主体となった活動がみられるようになったが、それは観光客と大消費地の観光資本のニーズに合致した場合、がぜん強固な存在となる。逆に、観光客を観光地に供給する役割の大部分を握る大消費地のニーズに合わないツアー商品は淘汰され、観光地はその影響をまともに受けることになる。

　まさしく、歴史観光はこのような立場におかれ、転換を迫られていると位置づけられる[7]。歴史観光へのニーズの低下は、修学旅行の海外進出や国内訪問先の多様化がすすむことを裏づける結果になった（日本政策投資銀行編，2000）。と

くに、社会科やその関連科目における教育的要素をもち、公衆道徳を体験する場である修学旅行は、長い間、歴史観光地がルートにふくまれることが当然であった。また、一度に多くの観光客をもたらしてくれると同時に、定期的な開催が約束されていることから、格好の団体客となった。さらに、ガイドも含めた引率を教師が担ってくれるため、観光地としては負担も少なく利益を上げられる存在とされてきた。しかし、この十数年で修学旅行は大きな変貌をとげた。テーマパークを対象としたり、子どもたちがグループごとに自主行動時間を過ごしたり、海外へと足をのばす傾向が一般化してきている。このニーズの変化にともなう歴史観光地の客層の変化は、さらに「歴史観光離れ」を引き起こすと考えられる。

1.4.2 鹿児島市磯と南九州市知覧の事例から

ここでは、本章の冒頭にしめした鹿児島県内の代表的な歴史観光の施設がある2地区の事例から、歴史観光とはどのような性質をもつのかみていきたい。

鹿児島市磯地区は、11代薩摩藩主・島津斉彬(なりあきら)の手により集成館事業がおこなわれたところである（第6章を参照）。日本の近代化を語る上で不可欠な存在の尚古集成館と、隣接する大名庭園の仙巌園(せんがんえん)があり、日々観光客が訪れている。この地区を活性化させるには、その価値を幅広く地域住民が共有することが欠かせない。しかし、ここの主要な観光資源は民間企業1社が所有している状態のため、地域住民にとって磯地区への観光客の増減は生活にほとんど影響がなく、さらに自治体も関与度を図りかねている点は否めない(磯の歴史と文化を生かす研究会，1990；1992)。つまり、磯地区の観光による活性化とは、すなわちその民間企業1社の活性化に直結していくという構造となっている[8]。

一方、南九州市知覧地区は、藩政時代の外城(とじょう)制度により置かれた郷士の武家屋敷群があることで知られる。昭和40年代に、麓(ふもと)の武家屋敷群が学術調査により注目を集めるようになったことを契機に、地域住民と自治体との連携が強まっている（篠原，1993）。歴史的まちなみを活かしたまちづくりに加え、1987年に知覧特攻平和会館が開館したことで知覧への観光客はさらに増加し、年間100万人を超える水準を維持している[9]。

この2つの歴史観光地は、観光客数や協働体制の点からみてみると対照的である。ここで、そのちがいはどこにあるのか、観光のもつ本質をふまえて把握する

必要があろう。

　観光によるまちづくりは、当然ながら大規模な資金投入をしたからといって、それが成功に結びつくというものではない。とくに、歴史的な場所が、ひとたび観光地として人気を集めると過剰な整備につながる危険をはらむ。それは、地域の人びとが長年積み重ねてきた本来の歴史の重みを滅失させかねないのである。歴史観光の対象となる場所は、景観的変化が相対的に少ない。すなわち、変化のないことが価値を生み、必然的に初めて訪れる観光客は目を奪われる。しかし、同時に地域住民は、歴史の保存と活用の狭間に立たされている場合もある。このことを、中西（2008）はつぎのように述べている。

　　「私たちは歴史と観光の関係を考える際、失われた過去を示す遺産ばかりに目が奪われがちだが、日々の日常の中にも歴史はあり、それが意外にも観光と深い関係をもつこともあるのだ。」

　この視点が欠落すると、無意識にリピーターへの対応が後手に回りやすく、その結果が次第に観光客の減少として現れてくるのである。
　しかし、われわれは自然を対象とした観光地には、変化がなくても繰り返し訪れる場合がある。たとえば、滝や海岸といった景勝地や紅葉狩りがそうであろう。ここに存在する、歴史観光とのちがいは何なのであろうか。歴史観光・自然観光・テーマパーク型観光・滞在型観光の4つの形態を比較することにより考えてみたい（表1.4）。
　観光とは、「場所の移動」と「非日常性」の2つの行為的要素をもつものであることは、これまですでに確認してきた。すなわち、観光地とは、非日常が演出

表1.4　4つの観光形態からみた歴史観光の特徴

	演出物 （観光対象）	演出役	演出の方法
歴史観光	歴史	歴史	知識に訴える（観光客の学習が必要）
自然観光	自然	自然	五感に直接訴える（例：美しい）
テーマパーク型観光	非日常的生活	観光資本	五感に直接訴える（例：おいしい）
滞在型観光	創作テーマ		五感に直接訴える（例：楽しい）

有馬ほか（2004）をもとに筆者が作成。

された場所であるともいえる。ここで注意しなければならないのは、何が演出されているか（＝何が観光対象であるか）という点である。これは、上述の自然景観や非日常的な宿泊や食の楽しみであったりする。では、演出しているのは誰(何)であるのか。歴史観光や自然観光であれば歴史や自然そのものが中心にあり、それに観光資本や自治体、国が観光客のために必要なハード面の整備をおこなう立場として加わる。テーマパーク型観光や滞在型観光の場合は、この役割のほとんどを観光資本が担う。

　これらを整理すると、歴史観光地とその他の観光地との決定的な違いは、演出方法にあるのではないか。自然景観やテーマパーク型、滞在型のいずれも観光客の五感に訴えかける特徴があり、彼らはそれを単に楽しむことが可能なのである。その反面、歴史観光は、それを楽しむためにある程度の学びを要求し、その上で観光客の知識や五感に訴えかける特徴をもつのである。つまり、観光客は、どのような歴史が散りばめられた観光地であるかを学習し理解しなければ、その場所をほとんど楽しむことができない。このことは、まちづくりのなかで歴史観光を推進していく際の留意点として認識しておくべきだろう。

　知覧が歴史観光の地でありながら、観光客が減少せず堅調に推移している理由のひとつは、「演出」や「学習」に大きな特色をもっていることである。たとえば、武家屋敷群の整備をすすめる際、時間をかけて地域住民と自治体とが連携して条例を制定する等、観光資源を活かしたまちづくりをおこなってきた。これにより、歴史観光でありながら、「景観」という、観光客の五感（視覚）に直接訴える魅力がくわわった。

　では、知覧特攻平和会館はどのようにとらえられるだろうか。ここは、太平洋戦争中の特攻の歴史をあつかう、まぎれもない歴史観光の施設であるが、その展示物が観光客の知識というよりも、心の部分、すなわち五感に直接訴えかけている内容となっている。さらに、戦時中の歴史は、当時を経験した人たちが今日においても存命であることから、比較的現代からかけ離れた対象に映らない。また、繰り返し伝えられる過去は来館者にとって分かりやすく、困難な学びを要求しない。このように、知覧は「演出」の部分と学習負担の少なさという点で、他の歴史観光の地とは一線を画すのである。

1.5 歴史観光地におけるまちづくりの役割

これまでの展開をふまえ、ここでは、歴史観光のおかれている現状を地域住民の存在に注目したまちづくりに転換していくことでどのような効果が期待されるのか考えてみることとする。

知覧のような「例外」を除き、歴史観光はこのまま衰退の一途をたどり続けるのであろうか。たしかに、単に経済効果や観光客数では評価できない魅力もある。しかし、中央の観光資本が主導権を握って観光客を送り続ける今日の巨大な市場モデルがつづく限り、地方はそれを受動的にとらえることしかできず、主体性を発揮しがたい状況が続くことになる。2008年の大河ドラマ『篤姫』ブームも、1990年の『翔ぶが如く』のときと同じように、短期的な特需に終わってしまう可能性もある。

では、地方の観光資本や地域住民が主導権を握れるとしたらどのようなしかけが必要であろうか。歴史観光では、観光客に相応の学習を求める点をネックとして挙げたが、そのことは視点を変えれば、すでに地元の歴史について知っている地域住民と歴史観光とは、元来深く結びつきやすいともいえる。地元に観光資源があり、生活に身近であるという認識が定着すれば、観光地に対しての愛着や誇りといったよりどころが住民におのずと生まれてくる。そして、住民が「演出役」を担い、みずから観光資源のブラッシュアップに参画していくのである。「長崎さるく博」が成功裏に初年度を終えたのも、観光客に求める学習負担を住民が語り部的な演出役を担うことで軽減した点が大きかったことが指摘されている（茶谷，2008）。さらに、住民は、観光客との会話などのやりとりをとおして、地元の歴史観光の地として以上の魅力を再発見し、よりどころを抱くような相乗効果も期待できる。地域住民が主導権をもつこのような観光の担い手関係の転換は、歴史観光に限ったことではなく、他の観光形態においても有用なものとなる。

また、知覧が歴史観光地としてはめずらしく観光客数が堅調な理由は、単に「演出」と学習負担度のみに帰結しないであろう。すなわち、歴史に対する地域住民に地域へのよりどころが存在していることも見逃してはならない。

武家屋敷群については、「薩摩の小京都」というキャッチフレーズのもとに、住民と自治体が協働して歴史観光を中心に掲げたまちづくりをすすめていく際には、まちなみ景観を活かす条例制定や住民の意識改革を進めるうえでの苦労は、

並々ならぬものがあったという[10]。しかし、この過程が、武家屋敷群は自分たちにとってのよりどころ的な存在であることを再発見させたとともに、保全と整備への重点政策の展開を可能としたのである。

知覧特攻平和会館については、有馬ほか（2004）による住民へのインタビュー調査によると、知覧に特攻基地があったことを風化させてはならないという強い思いをほぼ全員が述べていた。現に、戦時中、知覧のほかにも鹿児島県内各地に特攻基地がつくられていたが、特攻基地といえば知覧を連想するまでになった今日の知名度は、地域住民の結束した成果であろう。しかし、「特攻の歴史」に対する思いは強く、そのことを風化させないための観光地ととらえるのは賛成だが、「特攻基地による観光地」を標榜して地域経済が潤うことは、その多くが望んでいない。むしろ、近年は会館やその周辺の整備がすすみすぎではないかと指摘する声もあった。まさにこの発言は、観光地へのよりどころを感じていることの証しといえるのではないだろうか。

以上のことから、歴史観光におけるまちづくりは、地域住民の「演出役」としての位置づけと、彼らのもつ観光地へのよりどころの意識に立脚している必要がある。

1.6 おわりに

本節では、観光の本質をその定義に立ち返り歴史観光の立場から論じてきた。その結果、地域住民という基盤の上に観光客という行為者・観光資本・観光資源が相互関係をもつことが不可欠であり、よりどころといった地域との結びつきを反映していくことが重要であることが明らかになった。

しかし、これを実現していくとなれば、けっして簡単なことではない。つまり住民が「演出役」となり、観光資源をみずから再発見していくしくみづくりが課題になってくる。これまで多くの住民が観光資源になるとは思っていなかった地域の魅力を発信していくことで、歴史観光の浮揚は可能となるのである。ところが、このような形態は大消費地の観光資本に主導権を握られてしまったままでは、一時的なブームで終わる危険性が高いし、地域住民にとっては観光地となったことで日常生活を攪乱されただけという負の遺産ももたらされかねない。やはり、地域へのよりどころを感じる住民の主体的な活動が欠かせない（図1.3）[11]。

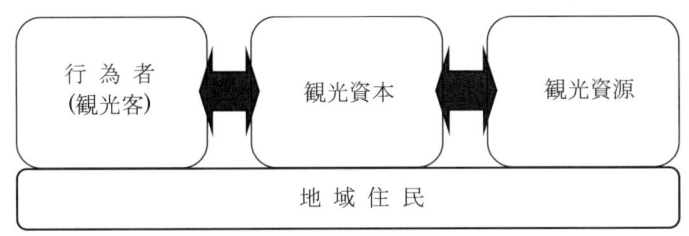

図1.3 持続可能性につながる観光の構成要素のすがた
筆者が作成。

　われわれが日ごろ何気なく用いている「観光」ということばは、その身近さゆえに単純ではなく奥深い。とくに観光を構成する4つの要素では、主体的な存在として地域住民をまちづくりのなかで中心に位置づけていく転換が求められる。
　現在、日本における観光は、大消費地の観光資本が主導権をもち、結果として観光地の浮沈を握っている。しかも歴史観光は、それ自体がもつ特徴からニーズの低下が生じやすい。持続可能性を高め発展に転じていくためには、地域住民の日常に眠っている観光資源の再発見が不可欠である。それゆえ、住民みずからが発信役を担い、そのうえでまちづくりに反映していくしくみの構築が急務なのである。

付記
　本節の内容は、2003年度の鹿児島大学大学院人文社会科学研究科博士後期課程における必修科目「プロジェクト研究Ⅰ」での議論を着想点とし、鹿児島国際大学附置地域総合研究所『地域総合研究』36（1・2合併号）に掲載した論文を大幅に加筆修正したものである。当時、同じメンバーであった宮崎公立大学人文学部教授の有馬晋作氏らに心よりお礼申し上げる。また、尚古集成館学芸員（当時）の寺尾美保氏、知覧特攻平和会館長の菊永隆信氏には、貴重な時間を割いていただいた。記して感謝申し上げる。

注
1) 「持続可能性」とは、人間の諸活動が将来にわたり持続できるかを表すことばである。エネルギーや環境、開発といった問題で用いられ、それらと深くかかわる観光についても持続可能な社会に貢献する視点からの研究が重ねられている。
2) その例が夕張市の膨張財政に依存した観光地・「石炭の歴史村」開発事業である。1980年に第3セクターの石炭博物館が開館、その後も「炭鉱から観光へ」を唱えた当時の市長のリーダーシップにより、多くは炭鉱やその遺構とは無関係の施設が誕生した。しかし、2006年

に自己破産し、現在は再建途中にある。このように、観光客のニーズを度外視した政策は、地方経済に負の遺産をもたらす危険性をはらんでいる。
3) 近年では、バーチャル・ツーリズムのように物理的な場所の移動ではなく、擬似体験的な場所を移動することで成立するものもある。このような観光情報システムの構築については井出（2007）に詳しい。
4) しかし、同じく「場所の移動」という行動をともなう「旅行」とは、観光は必ずしも符合しない。たとえば、われわれは「受験旅行」ということはあっても、「受験観光」という表現は用いないであろう。それにもかかわらず、「旅行客」と「観光客」とは明確に区別せず無意識に混用していることも多い。この点をみても、観光の定義の困難さが垣間見える。
5) 鹿児島市内にある銭湯の大部分は、温泉法で定められた基準を満たした天然の温泉である。それゆえに、温泉に入ること自体が身近であり日常の行為といえる。
6) このような主従関係ともいうべき状況は、少なくともエコツーリズムにおいては小さく、むしろ「受け入れ地においては、自然や生態系に親しむ観光を提供できる小規模な旅行会社に活路を開かせ」たという（吉田，2006a）。ヘリテージ・ツーリズムを掲げるような歴史観光においても同様の展望がひらけたのか、今後の検討課題としておきたい。
7) 日本政策投資銀行編（2000）によれば、観光行動として「名所旧跡を見る」や「神仏詣」は減少していることがわかる（表1.3参照）。
8) 企業は当然ながら利潤追求を目的としなければ存在意義は無に等しく、もちろん筆者はここでの企業活動を否定するものではない。一方、ここで掲げた課題は、企業自身もそのことは意識しており（島津興業企画開発室，1992）、地元のNPOと協働した調査研究や生涯学習講座を実施し、地域住民との協働に一定の成果がみられるようになった（深見，2005）。ただし、吉田（2006b）も指摘するように、観光を構成する4つの要素は不可分なものであり、とくに地域住民や自治体との協働が一層促進されるような体制づくりが急がれる。この点を考えると、単体の企業であることがある種の障壁となっていることは否定できない。また、吉田（2006a）は、イーフー・トゥアンが考案した「トポフィリア」の概念を「人々と、場所あるいは環境との間の、情緒的な結びつき」として紹介している。情緒的なものとは何か、抽象的ではあるものの、観光における地域住民の存在を有用に位置づけるものとして、今後の観光と地域政策の論考を深める際のキーワードになろう。
9) その他の例として、昭和30年代ブームも挙げることができるだろう。両者とも、五感に訴えかけるものがあり、またトポフィリア的な側面を有している。
10) この経過は篠原（1993）に詳しい。
11) たとえば鹿児島の場合、温泉入浴が入るだろう。とくに鹿児島市は、県庁所在都市としては全国一の泉源があり、中央の銭湯よりも廉価で天然の温泉を楽しめる。

文献
有馬晋作・陳 真鳴・橋口幸紘・深見聡（2004）：これからの観光のはなし - 発展的観光論に基づいて -．鹿児島大学大学院人文社会科学研究科プロジェクト研究報告集，創刊号，pp.1-20.
磯の歴史と文化を生かす研究会（1990）：『提言 - 磯の再生をめざして -1』.

磯の歴史と文化を生かす研究会（1992）：『提言 - 磯の再生をめざして -2 景観問題』.
井出 明（2007）：観光情報システムの現状と展望．情報処理，48（6），pp.616-623.
NPO 法人まちづくり地域フォーラム・かごしま探検の会編（2003）：『「集」いの空間・磯地区活用法に関する調査報告書』.
尾家建生（2005）：町並みが日本人のツーリズムに及ぼす影響について．日本観光研究学会全国大会学術論文集，20，pp.13-16.
篠原隆弘（1993）：まちづくり意識と行政的課題 - 鹿児島県知覧町のばあい -．松山大学論集，5（3），pp.43-79.
島津興業企画開発室（1992）：『磯地区整備基本構想』.
社会経済生産性本部（2004）：『レジャー白書2004』.
須田 寛（2006）：『新しい観光 - 産業観光・街道観光・都市観光 -』．交通新聞社．
茶谷幸治（2008）：『まち歩きが観光を変える - 長崎さるく博プロデューサー・ノート -』．学芸出版社．
中西裕二（2008）：旅行業と宗教 - 日本の原風景としての -．交流文化，7，pp.36-39.
日本政策投資銀行編（2000）：『地域レポート vol.3　地域づくり型観光の実現に向けて』.
深見 聡（2005）：近代化遺産とエコミュージアムによるまちづくり．社会教育，60（6），pp.61-65.
Fukami,S.（2008）：Regional Community Revitalization and Tourism-A Consideration from Classification of Nature-Filled Residential Areas and Ecomuseum-．*Journal of the Doctorate Studies in Social Sciences*，5，pp.129-139.
吉田春生（2006a）：『観光と地域社会』．ミネルヴァ書房．
吉田春生（2006b）：産業観光とは何か．地域経済政策研究，7，pp.57-98.

2　復興観光論の立場から
2.1　「観光」の意味を考える営み

　「観光とは何か？」という根元的問いは、観光学者をして永遠に悩ませ続ける難問であろう。本書の性格からは、細かい語句の定義には拘泥せずに、大きな幹となる知識を敷衍するべきかもしれないが、そもそも観光の定義がなぜできないのかという点について考察を深めておきたい。

　前節で、深見は観光政策審議会における議事録を手がかりに、政府機関における観光の定義の変遷について言及している。21世紀を迎えた現在、政府は観光の定義をどのように考えているのであろうか。実は、政府は観光を定義することをあきらめてしまっているというのが現状である。

　2006年に成立した「観光立国推進基本法」においては、観光に関する定義規

定が何もおかれていない。通常、新規立法を行う場合、第 1 条に目的規定をおき、第 2 条に定義規定をおくことになる。筆者がもともと専門としていた情報通信法制の分野において例を求めてみよう。たとえば、誰もが皆、名称を知っているであろう「個人情報保護法（正式名称は、個人情報の保護に関する法律）平成 15 年 5 月 30 日法律第 57 号」は、第 1 条で、本法の目的を「この法律は、(中略) 個人情報の有用性に配慮しつつ、個人の権利利益を保護することを目的とする。」とともに、第 2 条の定義規定において、「この法律において"個人情報"とは、生存する個人に関する情報であって、当該情報に含まれる 氏名、生年月日その他の記述等により特定の個人を識別することができるもの（中略）をいう。」と記し、「個人情報」に明確な定義を与えている。

翻って観光立国推進基本法を鑑みれば、第 1 条で目的規定をおいているものの、第 2 条で定義規定をおいてはいない。これは、観光の定義を断念したことにほかならない。つまり本法は、「観光とは何かは定義できないが、観光を推進していこう」という法律であり、「観光とは何か」を確定できなくとも、現実には問題が生じないということを意味している。それどころか、無理に定義規定を作ることは観光振興の抑止力として働きかねない危険性すら考えられる。たとえば、日本交通公社編（2004）の『観光読本』では「人間の自由時間（余暇）活動」を観光の定義の核心においているが、これでは完全な業務出張で行うコンベンションへの参加は観光の定義から漏れてしまうことになる[1]。どだい、日本人の観光行動にはビジネスに附帯した"兼観光"も多いため、余暇を強調することは観光の本質を考えるうえでは適切ではない。その結果、観光の定義をあえて避けることこそが観光振興に役立つというパラドキシカルな状況が出現することとなる[2]。

ただし、実務上観光を定義することが得策でないという現状は、講学的に観光の定義を試みることが無意味であることを意味しない。たとえば、法学部における基幹科目である行政法の教科書には、「行政とは何か？」という問いかけが必ず記されており、原田（2005）をはじめとする多くの行政法学者がその問いに対して自分なりの答えを出そうとしている。行政の定義については、確定的なものは未だになく、学説によってその意味内容は異なっている。にもかかわらず、行政機関は日々行政活動をおこない、国民に対して行政作用を及ぼしている。行政官たちの多くは、日々の激務に忙殺されて「行政とは何か？」などとは考えては

いないであろう。このような状況であっても、これまで行政法の学者たちは行政の本質を考え、行政作用を分類し、さらには行政行為に定義を与えるなどの仕事をおこなってきた。これらの行政法学者たちの活動は、一見日々の行政機関の活動に何らの影響も与えていないようにみえるけれども、裁判所が初めて取り扱う行政絡みの裁判事案において参考にされることもあったし、新たな立法がおこなわれる際には学説の取り込みがなされてきた。換言すれば、研究者が言葉の意味を考えることによって、目にみえない社会的な作用の実体がはっきりと現れ、その本質に迫ることができるようになるのである。そしてこのような行政の本質を探るための言語を介したアプローチが実務に影響を与え、社会をよりよい方向に進化させてきたといってよい。

　筆者としては、「観光」の定義を考えること、それ自体がけっして無駄な作業ではなく、まるで行政法学者が実務に影響を与えてきたような意義をみいだせないかと考えている。先述の日本交通公社による観光の定義も、これを試みることによって業務出張と旅行の違いが明らかになり、観光産業が業務出張へ切り込む方法論が新たに考え出されるかもしれない。たとえ定義づけが不可能であったとしても、言葉の意味や意義を考えることは、けっして無駄ではない。

2.2　再度「観光」とは何か？

　前項では「観光」の意味を再度考える重要性を明らかにした。筆者はこれまで、井出（2006）などにおいて、専門としている社会情報学の立場から観光の意味内容を明らかにしようとしてきた。観光の本質を情報刺激としてとらえることで、単なる「移動」と「観光」という営みを区別することが可能になったのである。もちろんこの情報学からアプローチした定義も完璧なものではなく、移動をともなわない情報刺激をどのように位置づけるべきなのかといった問題点も多い。しかしながら、情報学の領域から観光を考えたことで思わぬ副産物も発生してきた。観光という観点から情報をみることで、これまで考えもしなかった情報学の新たな面を発見できたのである。

　最近筆者が執筆した守屋・井出（2009）でも言及しているが、「夕日」は、景観の構成要素の一つであり、重要な観光資源であることは予測できる。では、観光行動をとる者たちは、いったいどこで夕日をみているのだろうか。海辺や山の

頂付近でみているような推測が可能かもしれないが、観光シーンにおけるキラーコンテンツ（欠くことのできない切り札となるコンテンツ）としての夕日は、じつはレストランにおける食事の際に観賞されていることがわかった。これは、数百件の旅行関連ブログのテキストデータを抽出し、「夕日」という単語が使われる文脈を解析してわかったことである。つまり、「夕日」という環境に関連する情報は、レストランという場所で食事とともに楽しまれることが多いのである。

夕日は、詩の題材になることもあれば、黒点の観察対象になることもあり、夕日に対する接近の目的は人それぞれであろう。しかし、観光学という分析の方法を用いない限りは、「夕日」という言葉が、「レストラン」や「食事」という言葉と関連することをみつけられないのではないだろうか。

日本における体系的な観光学研究が始まってから確かにまだ日は浅い。観光はそれ自体の学問体系を確立しているとはいまだ言い難いため、これまでの観光学研究は従来から存在していた学問の手法を使って観光へのアプローチがなされていたものである。『観光学がわかる。(アエラムックNo.81)』(2002年, 朝日新聞社刊)によれば、代表的な観光研究へのアプローチ手法として、地理学・文化人類学・経営学などを用いることが説明されており、伝統的な手法で観光に接近することで、観光という営みが解明されていくロジックが詳述されている。筆者にとってはこの伝統的な手法は、法制度論を元にした「社会情報学」であったわけである。前掲『観光学がわかる』などでも言及されていなかったことであるが、じつは伝統的な手法で観光を分析することで、その伝統的な学問分野における新たなる発見が可能になるということも筆者にとっての観光学研究の成果であった。

つまり、観光学という新しい学問分野に伝統的な手法で切り込むことで、観光学という分野の発展のみならず、既存の学問分野にも大きな進化がもたらされるというインタラクション（Interaction：相互作用）が生じるのである（図1.4）[3]。

このようなモデルを考えた場合、観光という営みは、これまでみえなかった対象の本質を気づかせてくれるという効果を有していることがわかる。要するに観光という営みは、これまでみえていなかった、あるいはわかっていなかった事象への「接近の方法」であるというとらえ方もまた可能である。

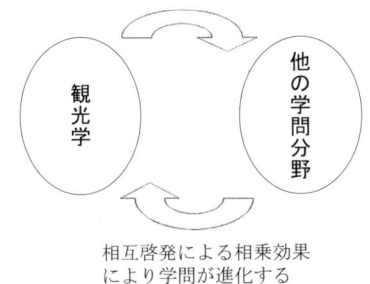

図1.4 観光学と既存の学問分野のインタラクション
筆者が作成。

2.3 「接近の方法」としての観光

　観光を「接近の方法」としてとらえる試論は、いくつかの観光の分野では大変好意的に受け入れられると考えている。

　たとえば、エコツーリズムは、自然環境への接近方法として最も適切な手法の一つであろう。自然環境のすばらしさは、実際に現地で自然とふれあわないと実感としてわからないであろうし、植物や動物を慈しむ自然の感情も、対象物を前にして初めてわきおこってくると考えられる。また産業観光は、科学技術や工学といった一般には入りにくい分野に接近する方法として意味のある技法である。

　従来の観光の定義において、「移動」が欠くべからざる要素だったとしても、物理的移動は、鉄道マニアなどの一部を除き、観光の本質的要素であったのかという点について思索を巡らせた場合、移動は「観る」ための手段にすぎず、移動が観光の定義の核心にあるかは議論の余地があろう。

　観光が単なる遊びや娯楽を越えた価値、換言すれば自己啓発などの作用を持っていることを重視するのであれば、「本質を見る」ための観光の意義をより強調してもよいと考える。

2.4 復興や安全という観点からの観光学

2.4.1 一般論としての復興と観光について

　本書で私が担当した部分は、「はしがき」に書いたとおり「復興」に関する部分である。この復興という概念は、必然的に「安全」や「開発」という視点を含

むこととなる。なぜなら、復興という概念は、災害・事故・事件からのリカバリーを意味しており、復興はその原因となる Hazard（災害をはじめとするマイナス発生要因）と分けて論じることができないからである。自然災害からの復興については、災害の記憶を地域にとどめ、人類としての「知の共有」を図ることが重要である。この重要性については、第 11 章で詳しく触れている。同様に、事故や事件についても風化を防ぎ、その悲しみを「人類の知」として蓄積していくことがやはり大切である。これは、本書では庄子助教が水俣を素材として展開している（第 9 章）。

また「復興」については、言葉の意味から考えるならば、負の状態から Hazard 前の状況に戻すことを意味しているが、復興の手法そのものは開発と親和性をもつ。観光資源の乏しい地域の交流人口を増やす手法として観光開発は大変有効であり、地域の価値を向上させるという点で復興と同じ意義を有している。本書では、海野准教授が一般的に何もないと考えられがちな西サハラ地域を例にとり、観光開発の手法について論じている（第 10 章）。

2.4.2　復興や安全に対する「接近の方法」

2.3 で述べた「接近の方法」としての観光学については、本書によって復興や安全といった学問領域に新しい知見をもたらしたのではないかと考えている。

まず第一に、観光という手段を用いた復興形態がどのような状況下で有効になるのかを考察した意義は大きい。本書の第 11 章では、Hazard を受けたすべての地域において観光という復興手段が有効なわけではなく、どのような条件下において観光という手段を執ることが有効であるのかということを解明しているため、災害復興の際の手段を冷静に考えることが可能となる。

第二番目の論点としては、観光産業が安全確保に寄与する場面があり得ることを示したことにも、本書の独自の価値がある。これまで、安全学に関するどの書物を繰ってみても、観光産業が安全確保に寄与する可能性があることについては、まったく議論の俎上にすら載せられなかった。第 8 章では、観光産業は多くの人々を輸送し、さらには宿泊させるノウハウをもっているため、この知恵を上手く応用するのであれば、被災者のマネジメントが格段に楽になることについても述べた。これは被災者のニーズは何かということを把握するうえで観光学の手法が貢

献していることを意味している。

　第三に、おもに第 12 章で扱っているが、一般に遊びや余暇と考えられている観光シーンにおいて、観光資源として機能している博物館が被災者への癒しの機能をもちうることにも言及している。被災者の癒しは復興の大きなテーマであるが、これに接近する方法はこれまであまり省みられてこなかった。心理学は有効な接近方法の一つではあるが、観光学は「来訪者に被災の真実を知らせることで癒しを得る」という新しい癒しの道を提示している。

　このように観光学から安全や復興に接近することで、これまでみえてこなかった安全や復興の姿がみえてくるのである。これは観光やその研究手法としての観光学が、対象の本質にアプローチするために適しているツールであることの証左となっていると考えられる。

2.4.3　観光学と Interaction

　次に、本章 2.2 で言及した "Interaction" の作用を考えるのであれば、安全学や復興研究を基点とした観光研究への作用についても触れておかなければならない。以下は本章 2.4.2 に対応させ、"Interaction" を意識した記述となっている。

　第 11 章では、観光学から安全学および復興研究への貢献という観点から、復興のための手段として観光を用いることが有効となる諸条件について検討しているが、逆に復興過程において観光という手段を用いるためにはどのような前提が必要となるのかという点についても、同じ客体を観察することでわかってくる。これは、同一客体をどちら側からみるかによって記述の方向性が変化するだけであり、図 1.5 にあるように論理構造としては統一体を形成していることになる。いわば「鶏と卵」の関係をみてとることができる。

　また、第 8 章では観光という手法を用いることで、安全を確保する道を探っているが、逆に安全を思考の出発点とすることで、観光の新しい側面がみえてくる。具体的には、観光は風評被害などに弱い産業であるといわれているが、あえて風評被害が生まれてくる時期に積極的なビジネスを展開する可能性を探ることで、観光の新しい可能性を打ち出しているのである。

　さらに、観光資源である博物館が、癒し効果をもちうることについて第 12 章で言及しているが、やはり通常は遊びと思われがちな観光が、じつはメンタル面

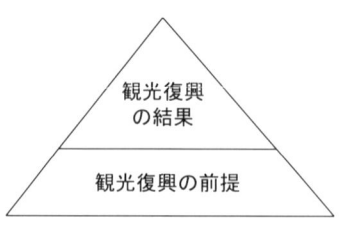

図1.5 観光と復興の論理構造
筆者が作成。

における貢献を訪問先に対してなしとげており、観光のもつ本質的作用としての「癒し」という効果が新たに発見できたことになる。

こうして考えてみると、観光研究（＝観光学）が、安全学や復興研究に新しい側面から光をあてるとともに、同時に安全学や復興研究が観光の未知の可能性を示してくれることがわかる。まさに、図1.4で示した"Interaction"が実現しているといえよう。

2.5 まとめに代えて

「接近の方法」という試論は、少なくとも本書に挙げる例の範囲内では十分に的を射ていると考えられる。この試論を揺るぎないものにするためには、より多くの対象に対して、観光というツールで切り込んでいく必要がある。もちろん筆者だけでは足りるはずもないため、より多くの賛同者を得て、新しい時代の観光の定義を定着させるための努力をつづける必要がある。

付記

本節の内容は、首都大学東京大学院都市環境科学研究科『観光科学研究』3に掲載した論文を大幅に加筆修正したものである。

注

1) 観光庁は、コンベンション誘致のみならず、業務関連の人の移動を増加させようと"MICE推進アクションプラン"を2009年7月に策定した。MICEとは、①企業等の会議（Meeting）②企業の行う報奨・研修旅行（インセンティブ旅行）（Incentive（Travel））③国際会議（Convention）④イベント、展示会・見本市（Event/Exhibition）から成り立っており、観光を娯楽シーンに限定してしまうとこういった観光庁のとりくみと論理的な齟齬をきたしてしまう。

2) 言葉の定義を厳密にすることで、かえって観光関連活動が難しくなる例として、エコツーリズムについて考えてみたい。エコツーリズム推進法2条2項では、エコツーリズムの定義として「観光旅行者が、自然観光資源について知識を有する者から案内または助言を受け、当該自然観光資源の保護に配慮しつつ当該自然観光資源と触れ合い、これに関する知識および理解を深めるための活動」と規定している。この定義では、一人旅のエコツーリズムというのは成り立たなくなる。ツーリズムや観光といったエコツーリズムの上位概念の定義が困難であるため、ツーリズムの下位概念であるエコツーリズムの定義はなおさら困難なものになるであろう。それを無理に定義することは、実態との乖離を生じさせることになりかねず、観光振興の観点からは逆効果となることも考えられる。

3) 筆者は、観光研究において「進歩」という言葉を使わずに、あえて「進化」という言葉を意識的に用いている。これは経済学における進化概念(いわゆる「進化経済学」)の考え方が、観光学においても適用できることを確信しているからである。本文でも触れた井出(2006)において、情報刺激による観光産業の進化について言及しているが、このほか、イノベーションなどにおいて、進化経済学の考え方は観光学研究をより高いレベルに引き上げると考えている。本書は進化経済学を論ずることが目的ではないので、進化経済学と観光の考察については別に譲りたい。

文献

井出明(2006):次世代観光情報システムの目指すべき方向性.情報処理学会研究報告,2006(128), pp.99-106.

日本交通公社編 (2004):『観光読本(第2版)』.東洋経済新報社.

原田尚彦(2005):『行政法要論全訂第六版』.学陽書房.

守屋豊・井出明(2009):観光情報シソーラスの構築と観光言説比較に関する研究.日本観光学会誌, 50, pp.86-98.

第2章 地域住民が担う観光ボランティアガイド

―大河ドラマ『篤姫』を事例に―

深見　聡

1　はじめに

　持続可能な観光を考える際に、リピーターの獲得という視点は欠かせない。彼らは、本物にふれようと実際に現地を訪れ、その地に魅力を感じれば、また訪れてみたいという意識を生みだす貴重な存在となる。とくに、人口減少社会に入った日本は、観光立国を標榜して国内外を問わず交流人口の増加に活路を見出す方針を打ち出している。2008年10月の観光庁の設置や、自治体における観光部局の拡充の動きがそれを物語る。「本物」とは抽象的ではあるが、自然・景観・施設・食など目に見えるものから、雰囲気・人情といった感覚的なものまでがふくまれる。いずれも共通するのは、「そこに行かなければ味わえない」という非移転性や有機的連鎖性といった特徴をもつ点である（江村ほか，2009）。

　しかし、見方をかえれば、そのことは何らかの理由で偶然に足を運んでもらうケースが発生すれば観光客の増加が見込めるという、どちらかというと受け身的な観光施策になりがちな側面を表している。事前に手にとるパンフレットやインターネット等に載る写真だけではイメージしにくい地域の観光資源に対して、どのようにして関心をむけてもらえ、かつ観光という行動に移してもらえるかが、持続可能性を高めるうえでも大きな課題といえる。

　そのなかにあって、近年、彼らを迎える立場になる地域住民のなかには、みずからが、まちのよさを発信する観光ボランティアガイドとなり、「まち歩き」企画を担う事例が急速に広がりをみせている。「本物」に直にふれてきた人材が前面で活躍することで、観光客の新たな掘り起こしにもつながり、観光を担う新しい可能性をもった存在としての期待も大きい。

　このような循環を作り出すきっかけの1つに、テレビドラマや映画の放映がある。フィルム・コミッションを組織する自治体や観光協会等が相当数に上ってい

ることからも、観光による地域活性化への期待の大きさがうかがえる。その舞台となるロケ地をめぐったり、登場人物にゆかりのある場所を訪ねたりしたいという需要は、たとえばフジテレビ系列で放送されたドラマ『Dr. コトー診療所』(2003から2006年にかけて制作) はよく知られたケースであろう。これは、舞台である架空の島・志木名島として沖縄県八重山郡与那国町がロケ地となり、これまでのダイビングや海底遺跡を目的とした需要に加えて新たな観光客が訪れることとなった[1]。

　日本において、長年にわたって影響を与えてきたものに、NHK大河ドラマがあり、歴史観光の需要を高める効果は絶大なものがある。1963年に放送が開始されて以来、その舞台となった地域は、放送期間とその前後はとくに観光客の増加が見込まれ、官民といった立場を超えた誘致運動が繰り広げられる。その過程で、観光ボランティアガイドの誕生がマスコミで報じられることも多くなってきている。

　しかし、これまでおこなわれた観光ボランティアガイドについての研究をみてみると、1990年代半ばから散見されるが、活動事例を紹介したレベルにとどまっているものがほとんどである。そのなかで、地域住民を主体的な担い手として論じたものもわずかにあるものの、いずれもすでにガイドが活躍して数年が経過し、その存在が定着しつつある対象をおもに扱っている (住木, 2007；矢島, 2008)。当然ながらその研究の果たすべき役割は大きいが、観光ボランティアガイドの本質に迫る視点、すなわち、いままさにガイドが誕生し、地域住民が活動を伸ばしていこうとしている動態的な事例を追跡するというスタイルのものはほとんどない。似たような問題意識にたったものとしては、高校生が担い手としてかかわったものを扱った論文はあるものの (森川, 2008)、年齢や属性にとらわれない地域住民そのものをおもな対象とはしていない。さらに、本章で述べていくように、大河ドラマとのかかわりの視点から研究の対象とし[2]、観光ボランティアガイドのもつ可能性や課題について論じたものは皆無である。したがって、観光ボランティアガイドが全国各地で誕生している今日、地域住民が主体となっているこれらの活動の実態を分析することによって、彼らの存在が、これからの持続可能な観光を構築する際にどのようなエンパワーメントを発揮しうるのかを明らかにする必要がある。

本章では、2008年に放送された大河ドラマ『篤姫』に焦点をあてる。この放送を契機に観光ボランティアによるガイドを始めた、(財) 鹿児島観光コンベンション協会の「鹿児島まち歩き観光ステーション」(以下、「ステーション」という) と、「上町(かんまち)維新まちづくりプロジェクト」(以下、「上町維新」という) の2つの地域団体のとりくみに注目してみたい。いずれも、篤姫ゆかりの地である鹿児島市市街地をガイドのおもな対象としており、多くの住民が参画しやすい条件下にある団体という共通点がある。この事例を比較考察することで、同じ「観光ボランティアガイド」という言葉でまとめられる活動にも、さまざまな主体や背景があり、地域に与える影響にも特徴のあることが実証的に把握できると考えられる。とくに、『篤姫』は歴史観光の分野からみた波及効果についても、ブームと称されるほどの高い注目度のわりには、研究の対象とされてきていない。本章は、その第一歩に踏み込もうというものである。

2　『篤姫』ブームと観光への波及効果
2.1　大河ドラマ『篤姫』とは
　主人公に、天璋院(てんしょういん)篤姫 (1835～1883) をおき、幕末から明治維新における動乱期を生きた人びとの姿を描いた。篤姫は、13代将軍・徳川家定の御台所(みだいどころ)として江戸城に入り、大奥をまとめて江戸城の無血開城と徳川家の存続に尽力した人物である。また、ドラマ化するにあたって、原作には登場していないものの、篤姫と同年生まれの小松帯刀(たてわき) (1835～1870) が準主役として取りあげられた。帯刀は、薩摩藩城代家老として西郷隆盛や大久保利通ら薩摩藩士をまとめ、薩長同盟の成立や15代将軍・徳川慶喜へ大政奉還の進言をするなど歴史の表舞台で奔走した。しかし、明治新政府での活躍を期待されながら早世した人物である。ドラマによってその事跡や人柄が描かれたことで、「幻の名宰相」として全国的な知名度を高める契機になった (原口、2008)。
　『篤姫』は、2006年8月に制作決定が発表され、翌年から篤姫の生まれた鹿児島県内各地でロケがおこなわれた。原作は宮尾登美子氏の『天璋院篤姫』(1984年、講談社刊) である。しかし、地元出身の御台所が主人公である小説は、出版当初の鹿児島での反響は取り立てて大きくはなかった。また、ドラマで準主役に置かれた小松帯刀の知名度も地元でさえけっして高いとはいえず、制作発表当初はど

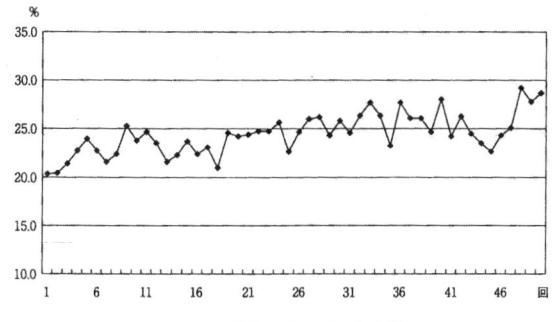

図 2.1 『篤姫』の視聴率推移

インターネットサイト「ドラマナビ」http://www.doranavi.info/02/nhk_2.html に公表されている数値をもとに筆者が作成。サイト最終閲覧日：2009年1月15日。

ちらかというと地味な配役を不安視する声もあった。

　しかし、過去の大河ドラマの年間視聴率を比較して、「幕末ものは当たらない」というジンクスを破っただけでなく、大河ドラマ史上初となる本放送期間中のアンコール再放送の実施など、いわゆる「篤姫ブーム」が巻きおこった。全50回すべてで視聴率が20%を超え（年間平均24.5%）（図2.1）、幕末を題材としたもの、また過去10年の大河ドラマと比較してもそれぞれ最高を記録した。

2.2　観光客の動向

　また、放送をきっかけに、篤姫ゆかりの地をめぐる「まち歩き」企画が登場し、鹿児島でロケに使われた島津家別邸の仙巌園（写真2.1）や石橋記念公園（写真2.2）、篤姫の生誕地・今和泉島津家本邸跡などを訪れる観光客の増加がみられるようになった。また、『篤姫』で使用されたセットや衣装、現地ロケのようすな

写真 2.1　仙巌園入口にある「篤姫ロケ地」の案内板
筆者が撮影。

写真 2.2 石橋記念公園に架かる西田橋
江戸時代後期に鹿児島城下を流れる甲突川に架けられた石橋が移されて2000年に開園。西田橋は参勤交代路にあたり、篤姫もここを通り江戸に向かったとされる。

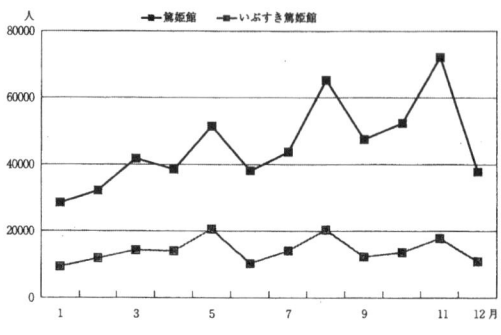

図 2.2 「篤姫館」「いぶすき篤姫館」入館者数の推移
『鹿児島県観光動向調査』(2008年1〜12月)をもとに筆者が作成。

どを展示・紹介する特設展示館は、生誕地のある鹿児島市と、ゆかりの地である指宿市にそれぞれ置かれた。「いぶすき篤姫館」は、2008年1月から1年間の開館期間中、目標の8万人を上回る約17.6万人の入館を記録した。また、「篤姫館」は、目標の20万人に対して同じく開館1年の期間で約57万人が入館し、好評に応えて閉館を2009年3月末まで延長した（図2.2）。とくに『篤姫』の放送第12回までは、篤姫が江戸に出立する前の薩摩での生活が舞台の中心に描かれており、陸繋島の知林ヶ島や新永吉地区の棚田といった指宿市内の各所でも実際にロケがおこなわれた。それを反映してか、「いぶすき篤姫館」の入館者数は5月にピークに達している。その後、ドラマの視聴率が20%台後半を記録することが多くなったのと、1月の開館当初の入館者数を一度も下回る月がでることなく堅調な推移をたどったのとがおよそ対応しているのが図2.2から読みとれる（深見, 2009）。

3 2つの地域団体のとりくみ
3.1 鹿児島まち歩き観光ステーションのとりくみ

『篤姫』の放送が決定した2006年は、「長崎さるく博'06」のまさに開催期間中でもあった。その成功が次第に全国的に知られるようになってきたときである。

第 2 章　地域住民が担う観光ボランティアガイド　　29

図 2.3　「鹿児島ぶらりまち歩き」
の案内パンフレット

写真 2.3　「鹿児島まち歩き観光ステーション」のようす
筆者が撮影。

　鹿児島市でも 2008 年 1 月のドラマ放送開始に照準を合わせ、2007 年 10 月に鹿児島市や NPO 法人などが協働して、まち歩きルートの策定と観光ボランティアガイドの養成講座がおこなわれた。そして、2008 年 4 月より、「鹿児島ぶらりまち歩き」と題して、全 12 コースが定期的に提供されるようになった（図 2.3、写真 2.3）。『篤姫』に深く関係するものとして、「"薩摩が生んだファーストレディ"篤姫ゆかりの地を歩く」「幻の宰相"小松帯刀"と島津 77 万石の城址を偲ぶ」「近代日本はここから生まれた！　島津斉彬の近代化遺産を歩く」も含まれている。
　2008 年度末現在、ガイド登録者は 104 名いるが、居住地は鹿児島市内外の各地に分散している。とくに核となって活動しているのは 10 名ほどである。内匠

洋子氏（50歳代・女性）はその一人として活躍しており、「いろんな目的をもって参加する方たちに案内することを、自分が楽しめる」ように努めたという。時には話が弾むと定刻を超えそうになったこともあった。篤姫や斉彬についての質問に応えられるようにと、みずからの研鑽の必要性を感じ「かごしま検定」[3]のグランドマスターに合格するなど、「まちの発見につながることも多かった」という。

参加者数に目を転じると、2008年度は全12コース合わせて2,417人を数えた。そのうち、「"薩摩が生んだファーストレディ"篤姫ゆかりの地を歩く」に全体の5割弱が集中している（表2.1）。これは、『篤姫』により彼女への注目が集まっ

表2.1 「鹿児島ぶらりまち歩き」参加者数（2008年度）

	総数(人)	割合(%)
西南戦争激戦跡！ 西郷隆盛終焉の地を歩く	260	10.8
薩摩義士に思いを馳せながら 〜鶴丸城周辺散策〜	117	4.8
"東洋のネルソン"東郷平八郎と 桜島＆錦江湾の絶景を眺めながら	94	3.9
島津700年の歴史を訪ねて！ 藩主が眠る菩提寺跡＆ゆかりの地散策	180	7.4
幻の宰相"小松帯刀"と 島津77万石の城址を偲ぶ	223	9.2
"薩摩が生んだファーストディ" 篤姫ゆかりの地を歩く	1,125	46.5
維新の原動力！西郷・大久保を 育んだ偉人輩出の地・加治屋町 をめぐる	117	4.8
近代日本はここから生まれた！ 島津斉彬の近代化遺産を歩く	105	4.3
桜島のビッグスケールを体感！ 美しい錦江湾を眺めながら	71	2.9
鹿児島の魅力再発見！ 天文館周辺の建築遺産見て歩き	56	2.3
向田邦子の「鹿児島感傷旅行」 "故郷もどき"鹿児島のまちなか散策	22	0.9
ぶらり天文館なるほど物語	47	1.9

(財)鹿児島観光コンベンション協会の提供資料をもとに筆者が作成。

たことを裏づける。しかし、この2千人台という結果が妥当な水準であったのかは、課題としてとらえるべきであろう。とりわけ、ドラマの制作決定からガイド養成開始まで1年余り、ドラマ放送開始からまち歩き開始まで3か月の空白期間が生じたのは、本事業が全市街地的なイベントとして、地域住民や観光客への浸透を図る際に、すでにスタートの時点から不利的条件となってしまったと言わざるを得ない。

　2008年度の活動をふりかえって、ステーション所長の濵田康雄氏は、①往時の歴史を「見せる」話術をもつといったガイドのプロ化、②話題性のあるタイトルや内容を随時取り入れていく[4]、③とくに篤姫の関連の深いルートについては、ドラマでの内容を話題にしながら観光客との対話を重視する、という3点に力をおきたいとしている。

3.2　上町維新まちづくりプロジェクトのとりくみ

　上町地区は、島津家が現在の鹿児島市域に居城を構えた14世紀半ば以来、城下町として発展し、藩政時代には上級武士たちの居住区であった。そのため、島津家の歴代当主らが眠る福昌寺跡や、今和泉島津家本邸跡、篤姫の婚儀に際し婚礼品の調達にあたった西郷隆盛の眠る南洲墓地など、篤姫ゆかりのみどころも多い。「上町維新」は、このような地域資源を活かすべく、2008年7月、「いつまでもこの上町で暮らし続けたい」と思えるようなまちづくりを掲げて[5]、池之上町内会など上町地区の複数の町内会や通り会などに加入する地域住民で結成された。2009年6月現在、15名で活動する地域団体である。

　設立の経緯は、2007年11月、春山亮氏と中村剛康氏（ともに30歳代・男性）、山下春美氏（40歳代・女性）の出会いにさかのぼる。ちなみに、春山氏は設備工事会社勤務、中村氏は専門学校講師から転身し「かごりん」を起業、山下氏は主婦と、それぞれの立場から地域での活動に興味をもってきた方々である。団体設立へ大きく前進した直接的なきっかけは、上町地区にある池之上町内会が2008年度の鹿児島市市民参画推進課（2009年度より市民協働課へ改称）の助成「市民とつくる協働のまち事業」に応募し、「上町維新まちづくり事業」が採択されたことによる。

　また、2008年5月、中村氏が鹿児島県内初の自転車による観光案内「かごりん」

写真 2.4　今和泉島津家本邸跡でのガイドのようす
「上町維新まちづくりプロジェクト」事務局提供。

写真 2.5　山川石でつくられている
島津斉彬の墓
筆者が撮影。

の運行を開始し、これが県内外のマスコミに取りあげられ、篤姫ゆかりの地として上町への注目が集まる先がけとなった。さらに、『篤姫』の放送が始まると、徐々に上町地区を訪れる観光客も増えてきた。春山氏と山下氏は「放送が始まるまで今泉島津家本邸跡の場所さえ知らなかった」ものの、「地元のひとが地元を知ること」と「上町にある篤姫ゆかりの地を紹介したい」という二つの思いが強まり、観光ボランティアガイドをおこなうことを思い立った。

　「上町維新」の観光ボランティアガイドは、対応可能な人員の面を考慮し、要請があったときにおこなう不定期なものとして展開されている。これまでの活動のなかで、とくに両氏の印象に残っているのは、2008 年 10 月 25 日の「ねんりんピックウォーキング」、11 月 15,16 日の「維新のふるさと鹿児島ウォーク―篤姫ウォーク」である。春山氏は、「石の文化の説明やちょっとしたエピソードを交えて、篤姫やそれ以外の上町の歴史の流れを説明する」ように心がけた。石の文化とは、入戸火砕流堆積物（シラス）に由来する溶結凝灰岩が屋敷跡の石塀に使われていること（写真 2.4）、福昌寺跡にある斉彬の墓石は、黄色みを帯びた山川火砕流由来の山川石である（写真 2.5）点を指している。山下氏は、「篤姫はもちろん、島津氏や上町の歴史に加え、いまの街の面白いところも紹介」した。このことは、「自分たちのまちを、篤姫を契機に知ってほしい」という、みずからの思いを再認識する機会になった。

　彼らは、「ステーション」のガイドとは異なり、定期的な講習を受けたわけではない。しかし、特徴的なのは、上町に住んでいるからこそ、地域への愛着も人

一倍強い点にあろう。そして、「上町維新」の活動は、観光ボランティアガイドにとどまらず、「この町をもっとよくしたい、もっと知ってもらいたい。そんな思いから集まった　メンバーみんなのいろんなアイデアを形にする[6]」方向へと発展していく。現在では、大きく3つの柱を掲げて地域活動を展開している。

- きずなづくりプロジェクト…ひととひとのきずなをプロデュースする（てづくり美術館、クリスマスふれあいバザール、お雛祭りふれあいサロンなど「井戸端サロン」の定期開催）。
- いにしえプロジェクト…上町の歴史や文化を紹介する（観光ボランティアガイドの実施、地域ミニコミ誌「上町浪漫」の刊行）。
- ものづくりプロジェクト…上町ゆかりの商品や、ものを作る。

　また、実際にガイドを務めたことで、観光ボランティアの役割の大きさに気づかされたという。具体的には、観光ボランティアガイドが活動できるのは、そのルートに位置する地域の人びととの協力や理解が欠かせないという点である。「上町維新」は、地域住民に対して、「まち歩き」ルートが生活圏内に設定されていること、そのことで観光客の流入が増えることの周知もおこなった。まさしく、「観光ボランティアガイド」の活動を表裏から支えたのである。

　「上町維新」は、「ステーション」とは異なり、不定期なニーズに対応してきたものの、前述のとおりそれは観光客のニーズに柔軟に応えるためではなく、人員的な制約の側面が大きかった。よって、経済的な波及効果を問われれば小規模で限定的である。しかし、特筆すべきは、ここに地域コミュニティの活性化への住民主体の動きがみられる点である。すなわち、観光ボランティアガイドとは、地域住民がみずからの暮らすまちをみつめなおすエンパワーメントとしての役割も有しているといえよう。

4　観光ボランティアガイドの役割と課題

　『篤姫』放送は、スモール・ツーリズムという言葉に代表されるようにそれぞれの地域にある歴史や文化、自然といった地域資源を活かした観光が注目を高めた時期と重なる。茶谷幸治氏も述べるように、「駆け足ではなく、訪れる人びとの歩く速度や視点で」、とりわけ「知的好奇心と行動力の豊かな「団塊の世代」

が定年を迎えるなか、歴史文化を中心とする知的資源」を活用することこそが、観光ボランティアガイドの最も大きな存在意義なのである（茶谷，2008）。

　この点は、「ステーション」「上町維新」ともにその役割を担ったといえる。一方で、比較的に自治体の関与度が高くトップダウン的に始まった「ステーション」と、地域住民から仕掛けを生み出したボトムアップ的な「上町維新」という成立背景のちがいは対照的である。すなわち、前者は全市民や全市街地という広域なとりくみが登場したこと、後者は複数の町内会単位といった比較的せまい地域で観光ボランティア＋αの活動へも好影響を与えたということは、それぞれの特徴として位置づけられる。

　ところで筆者は、地域住民の主体的な活動は、トップダウンとボトムアップのいずれもきっかけづくりとしては有効であると考えている。いずれも、住民がみずからが暮らす地域の資源を再発見する効果をもたらす点において大差はないからである。たとえば、観光ボランティアガイドの担い手として活躍したい地域住民は、多くが同様の活動に関心はあったとしても、それぞれが事前に有する専門的な知識や技能は一様ではない。活動に身を投じていく過程で、地域住民の目線から内容の修正や補足を要する点をみつけ適宜改善を図っていくのが一般的な姿といえる。その時点に達して、はじめて住民に期待される真の「主体性」が生まれるのである。この点からみれば、「ステーション」「上町維新」のいずれも、コーディネート的な役割を果たす住民やNPO法人、自治体などとのかかわりの存在は認められるものの、いまのところ観光ボランティアガイドが前面にたって運営にあたる段階にまでは至っていない。スモール・ツーリズムは、マス・ツーリズムにくらべて、短期間で多大な経済効果をもたらすものではない。また、主流となりつつある観光形態の個別化は、今後さらにスモール・ツーリズムへの素早い対応を地域に求めるようになると考えられる。それゆえ、持続可能性に活路を見出そうとする（あるいは、見出さなければならない）観光のあり方を探るとき、観光ボランティアガイドの存在は的を射たものといえるし、「上町維新」のような地域コミュニティの活性化へと派生していくケースも観光ボランティアガイドの副次的な産物ではなく、観光教育の分野における新たなニーズの発見ととらえるべきであろう。

　つぎに課題に言及するとすれば、今回の観光ボランティアガイドに対する気運

の高まりは、大河ドラマにあったという背景を十分に考慮する必要があったのではないだろうか。

　大河ドラマは、毎年舞台となる都道府県など自治体が精力を上げて観光客の増加を期待してその誘致に動く。数十年に一度あるか否かのビッグチャンス到来という意識は、自治体や観光関係の団体にも少なからず影響を与えるといえよう。また、大手旅行資本のパックツアーが多く登場し、大都市圏をおもな出発地とする観光客が増加する。すなわち、マス・ツーリズム的なニーズが強まっていくことになる。一方、「まち歩き」は、スモール・ツーリズム的なニーズに対応した形態である[7]。そこで、異なる形態のニーズをコーディネートする存在として、観光ボランティアガイドがルート選定の段階から参画するなどのしくみを構築することが求められる。ところが今回は、彼らは『篤姫』ブームを支える人材として高い可能性をもちながら、そこまでの関与を果たせる機会がほとんどなかった。

　ここで誤解してほしくないのは、筆者は、観光ボランティアガイドとなる人びとに、いきなりルートの策定からガイドまでをおこなわせるべきといっているのではない。それぞれの過程において、自治体やNPO法人、専門家たちとの対等なパートナーシップを築いていく手間をけっして惜しまず、トップダウンやボトムアップで表出する修正や補足を求める地域団体内外の要望にどう応えていくかに時間や労力を割くことが肝要と考えている。

　また、観光ボランティアガイドがもたらす直接的な経済効果は、小規模である。もちろん、スモール・ツーリズムという名称からも明らかなように、ガイドのみの収益だけではマス・ツーリズムには到底及ばない。しかし、そこで観光ボランティアガイドの事業を中断や中止に向かわせるのは拙速にすぎるというべきであろう。たとえば、「長崎さるく博'06」の成功は、3年間という準備期間があり、もともと同類の活動をしていた地域団体や新たに観光ボランティアに参加したい地域住民をコーディネートし、彼らがガイドを経験する過程をとおして、「わがまち意識」が醸成されていったことにある（茶谷，2008）。そのような住民の増加は、まち全体へさまざまな波及をもたらす。口コミという広告宣伝に始まり、ガイド途中での食事や買い物といった消費行動、そして他のルートにも参加してみたいというリピーターの創出を促すという循環である。

　これを実現するのは、もちろん簡単なことではない。そして、本稿で取りあげ

番号	名　称	所在地	おもな内容
①	篤姫観光ガイド	指宿市今和泉	篤姫ゆかりの地。
②	いっど・いっが・山川港の会	指宿市山川町	天然の良港・山川港と幕末商人の歴史。
③	坊津やまびこ会	南さつま市坊津町	密貿易の歴史と路地散策。
④	日置市観光ボランティアガイド	日置市日吉町	園林寺跡(小松家菩提寺)と小松帯刀。
⑤	薩摩川内市観光ボランティアガイド	薩摩川内市平佐	北郷氏の領地・平佐郷の歴史。
⑥	観光いずみボランティアガイドの会	出水市麓町	『篤姫』ロケ地となった武家屋敷群。
⑦	姶良カリスマボランティア観光ガイド	姶良市重富	島津久光ゆかりの重富地区の歴史。
⑧	霧島しっちょいどん	霧島市霧島温泉ほか	龍馬・帯刀・西郷ゆかりの温泉。
⑨	垂水島津館ガイド	垂水市本町	垂水島津家の歴史。

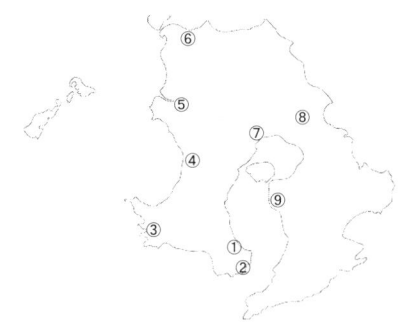

図 2.4　鹿児島県内の観光ボランティアガイド
パンフレット『島津斉彬生誕二百年』(観光かごしま大キャンペーン推進協議会発行)をもとに筆者が作成。

た観光ボランティアガイドは、『篤姫』ブームを活かしきるまでには，じつは至らなかったのではないだろうか。彼らは、パースペクティブな存在として活躍できる余地のあることを、ガイド自身もさることながら、パートナーシップを組む自治体等の相手方も十分に認識を深めておく必要があろう[8]。

5　おわりに

　本章では、『篤姫』ブームを契機とした観光ボランティアガイドに焦点をあて、その台頭と存在意義について動態的な事例を取りあげ論じてきた。その結果、『篤姫』の舞台となった鹿児島において、彼らの存在が社会的に認知されつつある実態を知ることができた。今後、前節で述べたような課題を整理し、スモール・ツーリズムや持続可能性といった特徴をいかに伸ばしていくことができるかは、地域住民の主体性の充実に懸かっているのである。

　最後に、警鐘を鳴らすとすれば、大河ドラマ放送という全国が注目するできごとをきっかけに始まった観光ボランティアガイドは、放送終了後も持続して「ま

ち歩き」商品を展開できるかの正念場に立っている。それゆえ、もっとも注目を集めていた2008年度の「ステーション」主催事業への参加者総数が2千人台であることは、やはり看過できない現実として重く受け止めなければならない。また、「わがまち意識」が生まれる萌芽的事例として、「上町維新」の活動は一定の評価がなされよう。地域団体としてさまざまな活動を上町地区の他の団体と連携しながら取り組んでいるが、さらに、たとえばガイド部門が「ステーション」と協働体制を築くといったコーディネートが実現することで、観光ボランティアガイドの存在意義を高める余地が残されている。

　また、『篤姫』ブームは、本章で対象とした鹿児島市市街地以外にも、観光ボランティアガイドの誕生という影響をもたらした（図2.4）。いまもその動きは拡大しており、ますますその存在意義は大きくなっていくであろう。このような地域団体が、既存の類似活動をおこなっている人びととどのように連携を図り、観光客のニーズに応えていくのか、地域に根づいていく過程に今後も注目していきたい。

付　記

　鹿児島まち歩き観光ステーション所長の濱田康雄氏、上町維新まちづくりプロジェクト事業部長の春山亮氏をはじめとするそれぞれの地域団体のみなさまには、快く調査にご協力いただいた。この場を借りて、厚くお礼申し上げる。
　本章の内容は、鹿児島国際大学附置地域総合研究所『地域総合研究』37（1）に掲載した論文を大幅に加筆修正したものである。

注

1) 端的にそのことがうかがえる例として、与那国町役場のホームページがある。このトップ中央に、「Dr. コトー診療所ロケ地マップ」のリンクが置かれている（http://www.town.yonaguni.okinawa.jp/　最終閲覧日：2009年6月10日）。
2) 聞き取り調査は、2009年6月6日、19日におこなった。
3) 正式名称は「鹿児島観光・文化検定」。鹿児島商工会議所主催で2006年から始まった、いわゆるご当地検定の一つである。マスター（標準）・シニアマスター（上位）・グランドマスター（最上位）に分かれている。
4) たとえば、島津斉彬の集成館事業に関するものが、2009年1月に「九州・山口の近代化産業遺産群」を構成する遺構として世界遺産暫定リスト入りしたこと、足湯体験や薩摩自顕流の演武見学を新たにコース内に採り入れたことがあげられる。
5) 「上町維新まちづくりプロジェクト」ホームページ http://kanmachii.chesuto.jp/c5868.html（最

終閲覧日：2009 年 6 月 10 日）より。
6) 2009 年 6 月 6 日の聞き取り調査であがった複数の発話をもとに、筆者が集約したものである。
7)「長崎さるく」の場合、事前のルート選定や市民ガイドの育成に多くの時間を割いており、結果として観光客の口コミもさることながら、入念な広報がすすめられていた点も見逃せない。ここに、スモール・ツーリズムのニーズの広がりの大きな特徴を見出せる。茶谷（2008）は、「長崎さるく博'06」を例に以下のように述べている。「「市民主体」の「まち歩き」は、「準備期間→実施期間」という会場型イベントの方法では成功しないと考えた。「プロが準備をしてヨーイ、ドンで市民が楽しむ」という方式は、大量規格生産の「製造→消費」の構造と同じで、製造のプロが消費者に商品を提供すればそれで事足りるのであるが、「まち歩き」は市民が製造し市民が消費するという構造を持っている。…（中略）…長崎の場合、「まち歩き」という商品を市民が育てなければならない。これを三年がかりでやろうという計画である。」
8) この点については、加藤ほか（2003）において、「活動の意義や重点を置くメリットの方向性は人様々であるが、そのような多岐に渡る考え方を持つ人々が、ガイド活動をするという大きな目的の下に集まり、共存しながら活動」しており、「活動者・来訪者・地域など多方向へのメリットを内包し、広い枠組みのなかで様々な形態をとること」ができる存在ととらえられている。この特徴は、本稿で取りあげた観光ボランティアガイドを担った人びとにも共通してみられることから、この点をふまえると、『篤姫』ブームの波及効果を本来は受容と発信が可能であると考えられる。それゆえ、トップダウンやボトムアップで表出する課題を彼ら自身の手で解決を図らせるといったパートナーシップも十分に担いうるであろう。

文　献

江村有香・禅院昭・秋山克史・渡邊貴史（2009）：長崎県小浜温泉地域における地域資源の活用に関わる取り組みの現状．長崎大学環境科学部環境教育研究マネジメントセンター年報・地域環境研究，創刊号，pp.37-45.

加藤麻理子・下村彰男・小野良平・熊谷洋一（2003）：地域住民による観光ボランティアガイド活動の実態と動向に関する研究．ランドスケープ研究，66（5），pp.799-802.

住木俊之（2007）：観光ボランティアガイド組織におけるサービスの品質管理に関する一考察．日本観光研究学会全国大会学術論文集，22，pp.205-208.

茶谷幸治（2008）：『まち歩きが観光を変える - 長崎さるく博プロデューサー・ノート -』．学芸出版社．

原口泉（2008）：『維新の系譜』．グラフ社．

深見聡（2009）：大河ドラマ『篤姫』効果と観光形態に関する一考察．長崎大学環境科学部環境教育研究マネジメントセンター年報・地域環境研究，創刊号，pp.57-64.

森川与志夫（2008）：観光ボランティアガイド活動体験における学び - 高校生の実践コミュニティへの参加の分析を通して -. 国立青少年教育振興機構研究紀要，8，pp.187-194.

矢島正枝（2008）：町あるき観光に於ける観光ボランティアの役割についての考察．日本観光研究学会全国大会学術論文集，23，pp.449-452.

●トピック1 『篤姫』探訪（1）―篤姫の好んだ食べもの

　大河ドラマ『篤姫』では、歴史上のできごとでの活躍だけでなく、偉人たちの心の葛藤やさまざまな人間関係が演出された。そのことで、歴史を身近に感じるきっかけがうまれ、歴史観光に新たな展開の可能性があることをしめしてくれたように思う。ドラマであるから、当然ながら創作された内容をふくむわけだが、史実に伝わるエピソードがしっかり反映されていたからこそ作品としての魅力が高まるといえる。

　原作の小説『天璋院篤姫』は、1984年に講談社より刊行された。作者の宮尾登美子氏は、ある雑誌インタビューのなかで、当時は今回ほど反響の広がりはなく、今の時代だからこそ篤姫の生き方に共感が集まったのでは、と述べていた。その篤姫の生まれ育ったまち・鹿児島には、彼女にゆかりの場所が多く残されている。

　ここでは、篤姫の好んだ食べものについて紹介しよう。

■赤味噌・高菜の漬物

　「御国之御赤味噌先達御廻しの払底ニ相成よりニて…（中略）、外のハとかく御手附せられす候まま…」。

　これは、江戸城大奥から江戸薩摩藩邸の奥老女・小ノ島（おのしま）に宛てられた書状の一部で、現代語風にすれば「故郷の赤味噌をこの前も分けていただいたのですが、（底をついてしまって）他県産の味噌を使うと、どうも手をつけてくださらない。」と読める。

　西日本と東日本では、しょうゆや味噌、だしの味は今でも異なっているのに気づき面食らうことも多い。とくに九州のしょうゆは甘味が強く、逆に私が東日本に行くと、しょうゆやうどんのだしの辛さに驚かされる。篤姫の好んだ赤味噌の詳細は不明だが、ふるさとの味はやはり忘れがたいものなのである。

　ところで、鹿児島でラーメンなど麺どころの暖簾をくぐると、きまって高菜の漬物がテーブルごとに置かれている。高菜は、アブラナ科の一種で、とくに西日本で広く庶民の味として栽培されている。篤姫は、こちらも好物と

みえて、高輪にあった薩摩藩邸で漬けた高菜を所望していたことがわかる史料も残っている。

■ **ライチ・びわ**

『斉彬公史料』に、薩摩藩が運営した薬園で栽培されていたライチ（レイシ）をはちみつ漬けにして篤姫に贈った記録がある。

「蜂蜜ニ浸漬シ、京都・江戸ニ送致セリ、京都ニ於テハ近衛家其他高貴ノ御方ヘモ御内献アリタリト、或ハ幕府ヘ献上、或ハ御懇交ノ大小名ニ御贈進ニナリタリトソ、如斯ノコト連年ナリキ、…（中略）天璋院様御入輿後ハ、殊ニ数壜献上セラルルコトトナリタルニ依リ、両所共培養手入一層注意シ…」。

これは要約すると、ライチはもともと温暖な薩摩の地で栽培できる珍重品で各地に献上されていたが、篤姫が徳川将軍家に嫁いでからは、産地の山川（薩摩半島南端）・佐多（大隅半島南端）の薬園の手入れにより力を入れたとなる。この薬園は、漢方薬製造のため藩が開設したもので、本土最南端の佐多岬で有名な、南大隅町伊座敷に「佐多旧薬園跡」として公園整備され、リュウガン（竜眼）などが今も生育している（写真）。とくに、篤姫の養父・11代藩主島津斉彬が殖産興業に力を入れ、1853（嘉永6）年には直接この地を視察に訪れている。

また、篤姫はびわも好んで食していた。上野の寛永寺にある墓のかたわらに、びわの木が植えられているのは、その証しなのである。　　　　　　（深見　聡）

写真　佐多旧薬園

トピック2　『篤姫』探訪 (2)―それぞれの明治維新後

　今回は、大河ドラマ『篤姫』に登場した人物たちの維新後のようすを、ドラマの場面と対比しながら鹿児島のまちに訪ねてみよう。

■今和泉島津家の人びと

　近世から近代にかけて、鹿児島市内で最も規模の大きな墓地は、南林寺墓地であった。現在の繁華街・天文館の南側に、約9万基もの墓石がならび、市民はもとより多くの名士たちも眠っていた。その後、市街地の拡大にともない大正期に改葬事業をおこない、郊外へと移転した。結果、鹿児島市内には、シラス台地斜面を段々状に造成した墓地が多く誕生していったのである。

　その1つの郡元墓地には、明治以降の今和泉島津家の人びとの墓がある。篤姫の実父・島津忠剛は、篤姫が薩摩をたった翌年の1854(安政元)年に没し、指宿市にある今和泉島津家墓地に葬られた。時代は明治になり、新政府が発した神仏分離令により廃仏毀釈の嵐が薩摩藩をおそう。島津本家の歴代当主が眠る福昌寺、今和泉島津家の菩提寺であった光台寺をはじめ、藩内1,600あまりの寺院が全廃された。そのため、忠剛の正室で篤姫の実母・お幸は1869（明治2）年11月に60歳で亡くなり、はじめは吉野の雀ヶ宮墓地、のちに現在の郡元墓地に改葬された（写真）。銘碑には戒名ではなく神号が記されていて、廃仏毀釈により神道へと改宗したことがわかる。篤姫の次兄・忠敬は、1894（明治27）年1月、62歳で没。ドラマにもあったように、1863（文久3）年の薩英戦争に従軍し活躍したと伝わる。『篤姫』最終回で、維新後に2人が上京し篤姫と再会するシーンがあった。史実としては終生再会できなかったというのが定説である。

写真　郡元墓地にある今和泉島津家の墓

■調所・久光・幾島 ……

　11代藩主・島津斉彬が集成館事業を強力に推進できたのは、曽祖父・重豪に無格のなかから才能を見出され、天保の財政・構造改革を成功に導いた調所広郷(1776～1848)ぬきには語れない。ドラマでは第2回までの登場だったが、質素倹約を徹底し、同時に黒糖や特産品の流通過程の合理化をみずからの役割とした家老の存在感は大きいものがあった。子孫は、横浜在住で刀剣の外装である薩摩拵の研究家として知られる。

　斉彬の異母弟・久光は、西郷や大久保の手によって廃藩置県が断行されたことに激怒し、一晩中、鹿児島城下で花火を打ち上げさせて憂さ晴らしをしたいという。一方では、明治新政府にこわれて1873～75年にかけては内閣顧問・左大臣を歴任するなど、人柄のよさもうかがえる。その後は隠居して玉里島津家を創設、現在、鹿児島市立鹿児島女子高校のある敷地に別邸を置き、史書編纂など好きな学問に没頭した。1887年に70歳で死去し、日本初の国葬がおこなわれた。

　幾島は、篤姫のお輿入れの際の教育係や、戊辰戦争では討幕派の薩摩藩に対して、無血開城を嘆願する使者を務めたという。1870年、東京で亡くなる。招魂墓は、郡元墓地の北側にある唐湊墓地の一角に建っている。長年、幾島の生没年などは不詳とされてきたが、墓の銘文から、文化5(1808)年生まれであることや、本名は朝倉糸といい、藩の側用人を務めた朝倉景矩の子であることが判明した。

　明治維新から約140年がたった今も、先人たちの歩みに勇気づけられたり、学ばされたりすることは多い。そのことに思いを馳せることができるのが、意外にもこのような墓地散策といえるかもしれない。

　ときには、先人と無言の対話というのも必要な気がする。　　　（深見　聡）

第3章　エコミュージアムと観光（Ⅰ）
—ワークショップをとおした都市観光の可能性—

深見　聡

1　はじめに
1.1　問題の所在と研究方法

　近年、地域コミュニティの再生を意図したまちづくりの新たな手法として、地域住民が主体となった活動が注目を集めている。前章で取りあげた観光ボランティアガイドは、その代表的なものといえるだろう。このように、自治体や地域団体などが協働しながら「地域資源」を再発見し、それを地域間交流に活かしていこうという発想は、まちづくりをすすめるうえで不可欠なものであり、交流人口の拡大につながることへの期待も高まっている。

　ところで、「まちづくり」についての最近の事例研究からは、新たな観光の可能性に注目しているものが増えつつある。それらの多くは、「顔のみえる」サービスを提供していることで、マス・ツーリズムではみられにくい、地域住民の「愛着」や「やりがい」の伸長が報告されている。また、NPO法人をはじめとして、さまざまな地域団体どうしの協働が不可欠であり、その地域にしかみられない非転移性の高い地域資源をいかに有効に提示できるかが、自立したまちづくりにとって不可欠であることを指摘するものも多い。しかし、これまでの議論の多くは、すでに観光の対象として知られるものがある程度集積しているような、いわゆる「地の利」を備えたところでのとりくみを扱ってきた。

　筆者は、本章で主題とするエコミュージアムという考え方は、地域に根ざしたまちづくり、とくに観光へのとりくみを加速してくれるものととらえている。それだけに、条件不利な地域において導入を試みる事例にこそ注目する必要があろう。すなわち、地域住民が地域資源を再発見していく過程には、住民どうしの合意形成や参画にいたる課題といった、まちづくりにおける主体性の形成を考える際に有効な示唆がつまっていると考えられるからである。しかし、実際に日本で

エコミュージアムが展開されているのは、ほとんどは都市部をのぞく農山漁村である。詳細は次節で紹介するが、エコミュージアムの定義に立ち返れば、都市部でのとりくみが少ないのはむしろ意外といえよう。とりわけ、旧中心市街地とよばれる地域では、商店街の衰退や人口の空洞化といった条件不利な事態の深刻さが増してきている。昔ながらの商店街には、ものを売買する役割にとどまらず、人と人とのコミュニケーションや、まわりに木陰や路地、川といった景観が存在し、一つのコミュニティが形成されていた。今日、それらは「シャッター通り」という言葉が一般化したことからもわかるように、私たちの周辺から少しずつ姿を消しつつある。しかし、このような地域でこそ、むしろエコミュージアムのような地域コミュニティ再生の視点からみたまちづくりが必要とされるのではないだろうか。たとえば、大分県豊後高田市などでは昭和の街なみが新たな都市観光の対象として人気を集めているが、このような旧中心市街地は、かつては全国のいたる地域に当たり前のように存在していた。ところが現在ではむしろ希少な存在となってきていることを裏づけている。つまり、現在はかつて日常にあったものが、いまは非日常的な観光対象へと転化していく過渡期にあるといえるだろう。

　本章では、このように都市内部で相対的に条件不利な状態に陥りつつある旧中心市街地の活性化の手法としてエコミュージアムをとらえてみたい。具体的には、実際に都市観光の新たな需要を生み出すことが期待されるエコミュージアムづくりワークショップの事例に注目し、そのなかにみられる地域住民の意識の変化を、発展的参与観察[1]にもとづいて把握する。そして、エコミュージアムによる都市観光の可能性について考察を深めることを目的とする。

　発展的参与観察では、対象団体の実施した生涯学習活動に参加した会員を中心に、性別や年齢の属性にとらわれず発話の収集につとめた。具体的には、2002年から2005年までの間に開催された、NPO法人まちづくり地域フォーラム・かごしま探検の会のワークショップについて、参加者の地域資源を再発見していく視点とその変化の過程を克明に追跡した。また、活動を企画し直接ファシリテータとして参加者の反応を感じとっているスタッフも、必要に応じて発展的参与観察の対象とした。

1.2 谷山地区の概観

対象となる旧中心市街地は、鹿児島市南部に位置する谷山地区である。

鹿児島市は、平成の大合併によって 2004 年 11 月に周辺 5 町を吸収し 60 万都市となった。谷山地区は、藩政時代より鹿児島城下とは別の行政区画に位置づけられ、1888 年に市制・町村制が誕生したのちも、溪山郡谷山村（のちに谷山町、谷山市）として、中心市街地を形成していた。1967 年に、鹿児島市との対等合併で鹿児島市の谷山支所管轄の地区になった。1980 年代以降は、鹿児島市内のベッドタウンとして住宅地開発がつづき、2000 年代以降の人口は 15 万人台後半で推移している。

しかし、人口の増加により市街地面積は拡大しているものの、旧中心市街地の拠点性は相対的に低下している。その経緯は、衣川（2004）で詳しく述べられているので本章では割愛するが、空き店舗の増加などによる空洞化が著しい（写真 3.1）[2]。これに対し、鹿児島市は 2000 年に『鹿児島市谷山地区中心市街地活性化基本計画』を策定し、自然環境と人間環境にわたる特性を地域資源と位置づけ、旧中心市街地の活性化を意図したさまざまな活動のできる体制をつくりあげた。

基本計画のなかには、旧中心市街地の整備改善のための事業として、「空間的」「商業」の視点からの魅力創出プロジェクトとして「探索空間整備事業」が、商店街イメージアッププロジェクトとして「たにやまタウンマップ発行事業」が掲げられている。さらに、基本計画につづき、谷山 TMO[3] が結成され地域住民が主体となってすすめられるまちづくりの方針がより明確にしめされた。しかし、地域資源の活用にもとづいたソフト面からのとりくみが積極的に実行に移されているとはいいがたい[4]。

写真 3.1　JR 谷山駅前交差点からみた旧中心市街地
人通りも少なく、空き店舗が目立つ。
筆者が撮影。

ところが、これらの事業のいくつかは、大規模な資金を必要とせず、早期に実施が可能なものもふくまれている。とくに、エコミュージアムづくりのような、地域団体や自治体、商工関係などの協働により、地域住民が主体となる方針は有効であろう[5]。すなわち、エコミュージアムづくりを念頭においたワークショップの実施は、自治体が策定した基本計画のうち、地域住民が先行しておこなったまちづくり活動として注目すべきであり、さらに地域をみつめるワークショップ参加者の意識変化にリアルに迫れるものと位置づけられる。

2 エコミュージアムとは何か

ここで、本章の主題とするエコミュージアムとは何か整理しておこう。これは、1970年前後にフランスの博物館学者、G.H. リビエール（Riviere）によってはじめて定義がなされたとされる[6]。もとは、エコロジー（Ecology）とミュージアム（Museum）を組み合わせた造語である。そして、ここで意味するエコロジーは、自然科学に特化した生態学をさすものではなく、リビエールはヒューマン・エコロジー（Human ecology）＝自然環境と人間環境との関わりを強く意識している（大原, 1999）。その考え方は、欧州を中心に世界各国で定義の深化がみられる[7]。日本には、はじめ「環境博物館」との訳語が充てられ紹介された。1987年には、新井（1995）が「生活・環境博物館」という別の訳語を用いたりしたが、決して地域住民へ広く浸透したとはいえない。1980年代は、観光をはじめとするまちづくりのさまざまな施策のなかで、費用対効果を度外視した施設の建設がすすめられ、博物館も同様に箱モノとしての新設整備が中心にあったのである。バブル経済崩壊の後、エコミュージアムの存在は、日本で急速に注目を集めるようになった。この理由を、日暮（1995）の見解を参考にしながらまとめてみよう。

第1に、私たちのライフスタイルが、経済的な豊かさの追求から、内面的な充実感を得るような豊かさの重視へと転換が生じたことである。バブル経済の崩壊は、大規模な公共工事への依存から、地域特性を活かしたまちづくりへと転換する機会をもたらしたといえる。第2に、自然環境と人間環境をともに地域資源と位置づけて交流人口の拡大に役立てようという意識が高まったことである。第3に、地域資源の1つとして「博物館」の役割が再評価されたことがあげられる。しかし、今日までつづくような経済下では、好況期のような箱モノ整備をすすめ

第 3 章　エコミュージアムと観光（Ⅰ）　47

従来の博物館	エコミュージアム
建物／収蔵品／専門家／訪問者	コア施設／多世代の地域住民／地域資源（文化財、自然、記憶等）／サテライト／領域／訪問者
従来の博物館＝建物＋収集品＋専門家・訪問者	エコミュージアム＝領域＋地域資源（文化財、自然、記憶等）＋多世代の地域住民

図 3.1　従来の博物館とエコミュージアムのちがい
Fukushima,D&I.Kazuhiro(2004) を改変して筆者が作成。

ることは容易ではない。そこで、現地にある文化財や景観など地域を 1 つの「野外博物館」とする手法が注目されるようになった（図 3.1）。

　日本におけるエコミュージアムの展開は、地域における学び、すなわち生涯学習の活動とのつながりを強く持つ点が、ヨーロッパのそれに比べてより特徴的である。フランスでは、1970 年前後の環境保護運動や反原子力運動をきっかけとするエコロジー思想からエコミュージアムの概念が確立していった。その発展系として、ヨーロッパ諸国等では環境主義（Environmentalism）を背景として、生活環境領域の縮小を目的とした傾向をもつものが誕生していった。その後、これらの運動が静穏にむかい、次第にまちづくりとしての機能や、地域間交流の舞台といった観光的な要素が強まり、現在に至っている（吉兼，1993；馬場，1998；大原，1999）。

　日本での先駆け的な活動としては、山形県朝日町が知られている。ここでは、1989 年に研究会が発足し、2000 年にそれを発展的に解消して NPO 法人朝日町エコミュージアム研究会が設立された。以後、エコミュージアムを推進する NPO 法人が全国各地でつくられ、自治体と協働しながらエコミュージアムの担い手として活動している。

3 『たにやまエコマップ』づくりワークショップの活動
3.1 ワークショップのようす

　NPO 法人まちづくり地域フォーラム・かごしま探検の会は、5 回完結の「『たにやまエコマップ』づくりワークショップ」を開催した。ここでは、本事例をもとに、旧中心市街地に存在する地域資源を再発見していく活動を展開するなかで、まちづくり、とりわけ都市観光につながる視点が参加者のなかでどのように伸長していったのかみていこう。

　ワークショップは、2003 年 9 月から毎月第 2 土曜日に計 5 回開催された。当日のプログラムは「事前学習」「マッピング」（座学）と「路地探検」（体験）の 2 つの行程で構成された（写真 3.2，3.3）。5 回の参加者数はのべ 62 名で、その内訳は高齢者と子ども、旧中心市街地以外の谷山地区（ベッドタウン）に居住する地域住民であった[8]。

　ファシリテータとなるスタッフは、はじめに対象とする範囲をしめして、人間環境・自然環境にかかわらず参加者の目線で地域資源と感じたものを写真やスケッチに収め、それを選んだ理由をフィールドノートにメモするよう指導した。路地探検ののち、参加者どうしが地域資源に挙げたものをブレインストーミングによって紹介しあいながら、白地図にそれらをまとめていった。

　ここで、以前は旧中心市街地に居住していた参加者の O_1 さん（70 歳代女性）

↑写真 3.2　ワークショップ「座学」のようす
　どのような目線で地域資源を再発見していくのか学ぶ。筆者が撮影。

→写真 3.3　ワークショップ「体験」のようす
　谷山の旧中心市街地に残る松林の由来を学ぶ参加者。筆者が撮影。

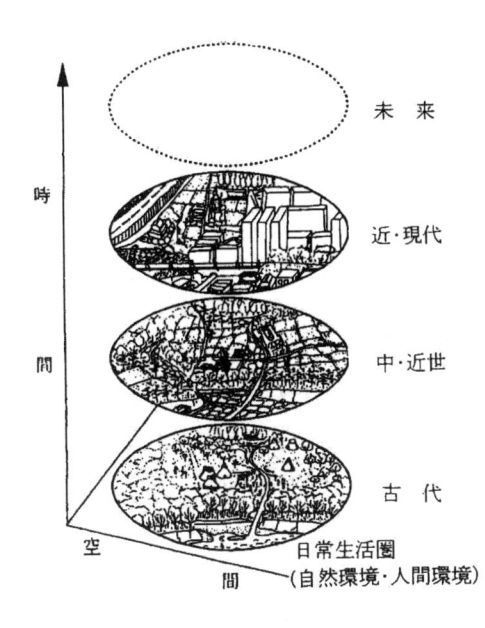

図3.2　地域の変遷とエコミュージアムのもつ「予測」の役割
日暮（1995）を改変して筆者が作成。

の発言[9]を紹介しよう。ワークショップに参加しているあいだ、実際に路地をめぐることで、景観の変貌をみつめていたことがうかがえる。

「谷山といえば、昔は駅をおりて商店街や市みたいな感じの場所があって、新鮮な野菜や魚やらを買ったりしたよ。それから、結構、武家屋敷のような立派な門構えの家があって、昔ながらの生垣や白壁の蔵があったりして、静かなところだった。そして、一歩路地裏にはいったら、畑があってそこをぬけると海が目の前に広がっていた。けど、今は埋め立てがすすんで、海の近い町の景色はすっかり変わってしまったのを改めて感じる。」

地域資源をみずからの視点で再発見しマップ作成をすすめる学びの活動では、「記憶のなかにある昔の景観と現在の対比によって強調される地域特性を、いかに貴重なもの、おもしろいものとして情報発信できるか」という点が重要となる[10]。その過程で、地域特性を活かしたまちづくりを考える機会を、ブレインストーミングによって参加者どうしが共有する方法が欠かせない。O₁さんの発言からは、現存していない地域資源であっても、史料等での考証を経てマップに書き記されることで、コミュニティのなかで喪失された地域特性が、現代にお

いてふたたび注目をむけられ、コミュニティ回復への契機となり得る可能性を見出せる（図3.2）（呉，2001）。

また、子どもの目線も特徴的であった。実際に探検に出発してみると、ベッドタウンにはない路地空間や古い商店の街なみ、神社の境内にある杜や河川の存在に気づき、ワークショップ対象地にある遊び空間を発見する楽しみを深めていた。O_2さん（小学6年女子）の発言[11]が、それを最もリアルに表している。

「むずかしい歴史はあまり興味がないけど、とにかく団地にない川や神社で遊べたのが楽しかった。川に下りることができないのは残念だったけど、橋からみたら、魚がたくさんいたのでおもしろかった。ほかには、大きなえらい人のお墓とか、田んぼの神様の石像があるのにびっくりした[12]。それと、空き地に大きな木があったけど、もし家が新しく建ったりしたら切られてしまうかと思うと、結構残念な気がする。団地の公園も楽しいけど、陰がなくてブランコとか熱くなって大変。大きな木の陰がほしい。」

おとなだけではみつけにくい、何ら変哲のないような空き地や、改修のおこなわれた都市河川に棲む生き物に関心をむけていたのである。このことは、子どもたちが実体験をとおして遊び空間を再発見しながら、マップづくりにとりくんでいたようすを裏づけている。

参加者の発言は、参加者みずからの目線で見つけていく能動的な学び手となっていることを物語っている。

3.2 『たにやまエコマップ』完成によるインパクト

地域住民が主体となって完成させたマップ（図3.3）は、2004年2月よりJR谷山駅や谷山観光協会など谷山地区の公共施設を中心に配布用に設置された。同時に、マップを用いてNPO法人が案内希望者に対して随時ガイド役を担う機会がでてきた。このようなエコミュージアムのしくみづくりが形となったことで、これまで活性化の手法に窮していた旧中心市街地が、地域資源をめぐるという新たな都市観光の可能性をもちうることが示唆された。さらに、旧中心市街地内にある小学校では「総合的な学習の時間」の教材に使用されたり、自治体の職員が視察に訪れたりするなど[13]、農山漁村ですすむエコミュージアムづくりの成果

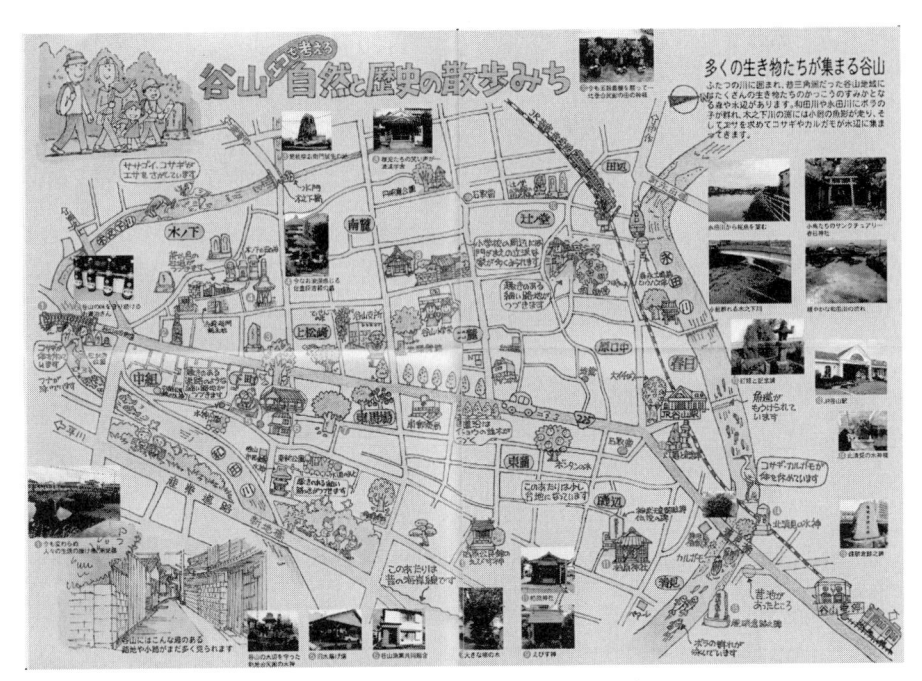

図 3.3　完成した『たにやまエコマップ』
参加者が再発見した地域資源が掲載されている。

と同じく、まちづくりの手法として注目を集めるようになった。また、ワークショップの参加者募集から活動当日のようす、マップ完成までの一連のできごとが、新聞記事として取りあげられた。マスコミが今回のワークショップについて、旧中心市街地における新たなまちづくり手法としてのエコミュージアムというものに関心を寄せていたことがうかがえる[14]。

一方で、NPO 法人が当初ワークショップ参加者の対象に想定していた地元の自治体職員、商店街や商工会に直接関係する地域住民との協働は進みにくかった。全体として、「官」からの積極的な参画は得られなかったのである。他の自治体やマスコミから高い関心を獲得した事実とは対照的である。

ここでふれておかなければならないのは、旧中心市街地においては、当面の活性化策として商店街そのものの現状好転を重視せざるを得ないという経済的な要請を考慮する必要のある点である[15]。その意味で、今回の試みによってエコミュー

ジアムを都市で展開するには、農山漁村とは異なった対処すべき課題が存在することを浮きぼりにできた。また、実際にエコミュージアムが展開されている地域が、農山漁村に多いという現実からみても、都市部ではこのような地域住民が主体となったエコミュージアムのしくみづくりを制限する社会構造的な要因の存在が示唆される。

3.3 成果と今後の課題

　エコミュージアムづくりにおいて重要なことは、目にみえない協働というしくみの構築にある。そのため、誰がどのような段階でかかわっていくのか、誰が運営していくのかが成否の鍵をにぎるポイントとして重視される（新井，1995）。ここで取りあげた谷山地区の事例においても、この課題の解決を避けては通れない。運営における地域住民の主体性が求められる点は、本場のフランスのエコミュージアムをみても、NPOなどの地域団体によって運営されていることが何より証明している[16]。

　しかし、谷山地区の場合、現在までのところ多くの地域住民の高い関心を得て、積極的に行政等との協働が築かれる段階までには至っていない。それよりも、鹿児島市は『鹿児島市谷山地区中心市街地活性化基本計画』にもとづいて、エコミュージアムづくりにつながるような路地探検ではなく、鉄道高架化事業と土地区画整理事業を先決課題と位置づけ整備していく方針を堅持している[17]。このことにより、路地「空間」などを活かすことが欠かせないエコミュージアムづくりは、ワークショップ参加者の再発見をともなう学びの伸長といった効果に反して、現状以上の発展の可能性はけっして簡単には約束されない。たとえ、地域住民が主体となった活動ではあっても、自治体や商工団体等との協働がなければ、エコミュージアムの成立要件を満たしきれてはいない。まさしく、官民対等のもとでのしくみづくりが不可欠だからである。

4　都市観光の可能性をひきだすエコミュージアムのしくみ
4.1　旧中心市街地における協働体制づくり

　谷山地区でのエコマップづくりワークショップがもたらした、まちづくり、とくに都市観光の可能性を考えるとき、エコミュージアムのしくみづくりにはどの

ような意義や課題があるのだろうか。

　日本に限らず、エコミュージアムによる地域の活性化は、過疎に悩む農山漁村をはじめとした、いわゆる都市以外での導入が主流である。第一次産業の衰退、少子高齢化といった地域課題に対して、その対応策を練らなければ、コミュニティの維持はもはや立ち行かなくなる。この危機感に対する実感のちがいは、エコミュージアムの成否の根本にある地域住民と自治体との対等な関係に影響を与える。すなわち、農山漁村といった過疎に直面する自治体の住民や行政機関ともに地域問題の認識とその解決に対する意識が共有されやすいのである。つまり、地域の活性化やコミュニティの維持の必要性を感じる地域住民と、それを施策として推進したい自治体との考えが一致したとき、はじめて円滑な協働体制を築くことができるのである。

　谷山地区のまちづくりについて、自治体は前述の『鹿児島市谷山地区中心市街地活性化基本計画』にもとづき、優先すべき事業に鉄道高架化と区画整理事業の完了を掲げる。谷山地区に現存する路地景観や文化遺産などを再発見して活用を図るエコミュージアムのようなソフト面を優先した施策ではなく、モータリゼーションのすすんだ旧中心市街地の路地が、交通渋滞の緩和や鉄道の利便性の改善において障害となっているために、それを解消して新たな市街地空間を形成する将来像を優先した議論がすすんでいるのである。ここからわかることは、旧中心市街地では多様なコミュニティの維持の方法があり、さらにハード面やソフト面からのアプローチによって、いずれかを優先した施策が採られていく側面も有している。そのために、エコミュージアムの成立は、農山漁村とは異なる難しさを抱えているのである。それを解消していくには、改めてつぎのような条件が求められる。

①主体となりうる地域住民の存在

　この条件は、新井（1995）も述べているようにまずはその初期段階において不可欠なものである。今回のワークショップでは、地域住民の意識と自治体の施策上での位置づけにおいて、意思統一が図られる機会があったとはいえない。結果として、両者の協働がすすまなかったためここでの中心的なまちづくり手法としてとらえられるまでには至らなかった。

②自治体施策との協働

　エコミュージアムづくりには、その成立を図る初期の段階から、地域資源の活用に地域住民がかかわることが必要とされている。それとともに、ハード面による整備計画との整合性をはじめとした、自治体との協働は不可欠である。

　フランスでは、むしろ自治体の側からエコミュージアムの構想を「地域振興策」として用いている（岩橋，1996）。前節で取りあげたように、山形県朝日町では地域住民がエコミュージアムづくりを推進し、それが自治体の施策と合致したことではじめて実効的な協働体制が築かれていった。谷山地区での試みは、地域団体や地域住民の方から積極的に地域資源の再発見への視点がむけられたことは特筆に値する。しかし、旧中心市街地において、マジョリティな意見とはなりえていないのが現状である。

　これまで述べてきたように、地域住民と自治体や商工団体等の地域団体の協働体制があってこそ、はじめてエコミュージアムというソフト面を充実させたまちづくりが促進されるのである。そうするためには、エコミュージアムを成立させようとする対象が、どれだけ地域住民にとって地域資源が豊かで心象的なよりどころとしてとらえられているかを把握する必要もある。つまり、今回のように地域団体が企画したワークショップに参加した地域住民が、エコミュージアムのしくみに活性化の可能性を感じて活動することにより、地域に対するよりどころを再発見し、そこで得た地域の魅力を発信していくことが不可欠である。

　エコミュージアム成立の可能性は、地域に対する住民のよりどころの度合いによって高低がわかれるといっても過言ではない。そして、最終的にはフランスの多くのエコミュージアムのように、学びの活動から成立した観光対象として注目されるケースも増加していくと考えられる。この点については、次項でふれることとしたい。

　以前、筆者は有馬ほか（2004；2005）において、ブームに流されることなく持続的にコミュニティの活性化を図るときには、地域外からの訪問者にとって観光の対象となり得ることも意識しながら、地域住民が主体性をもって地域資源を再発見する視点を共有するというとりくみが必要であるのを指摘した。ミュージアムの歴史は長いが、エコミュージアムの手法にかぎれば意外に短い。とくに日本では、その概念が移入されて約20年が経過したが、従来のミュージアムも同様に、

ただ単に「箱モノ」をつくり、そこに地域資源を保存し、展示・保管・研究に専念していけばよい時代はおわった。エコミュージアムではこれらをコア施設と位置づけ、運営や管理といった段階から地域住民が関与していくことで、有効な箱モノとして機能するのである。

4.2　旧中心市街地における都市観光の新たな可能性

　旧中心市街地は、固定化したイメージをもたれやすい。かつて谷山市の中心地としてにぎわっていたが、現在は空洞化の著しい「シャッター通り」というのが最も定番であろう。

　しかし、ここでみてきたワークショップの事例では、参加者である地域住民が自然環境や人間環境のなかにある地域資源に積極的な価値をみいだそうとしていた。すなわち、NPO法人が「エコマップ作成」という1つの目標のもとにワークショップを企画・実行し、そこで参加者の地域資源の再発見という視点が深まっていったことはまぎれもない事実である。具体的には、谷山地区で空き店舗の解消など、商店街の活性化に直接的な効果を期待した経済活動からではなく、商店街を構成する景観にまで対象をひろげ、そこに点在する文化遺産や路地、自然環境を活用するしくみづくりを意識している。とくに、対象となる地に活用可能な地域資源が存在していることを、参加者の目線から探していく過程は特筆される。このような視点は、ワークショップを実施したNPO法人が事前に意図したか否かにかかわらず、現代の都市コミュニティ形態に対応した地域資源の魅力を発信につなげる意欲の表れといえる。すなわち、コミュニティは、テーマ・コミュニティの結節を重層化したものであるが、テーマ・コミュニティは地域住民どうしの自由な協働意思にもとづき成立している。そして、このようなシステムにおいては、自由な協働体制を築く存在としてNPO法人のもつ特徴が活かされてくる。今回の事例から、条件不利に陥っている旧中心市街地のまちづくりをすすめるうえで不可欠である地域住民による再発見の視点の伸長が、地域への固定化したイメージを学びの活動をとおして転換させていく過程を詳細に把握することができた。

　このことは、いわゆる「市民参加の9段階」として知られるように、地域住民が主体となったまちづくりを担うなかで「関心・知識」の充実という基礎的な段

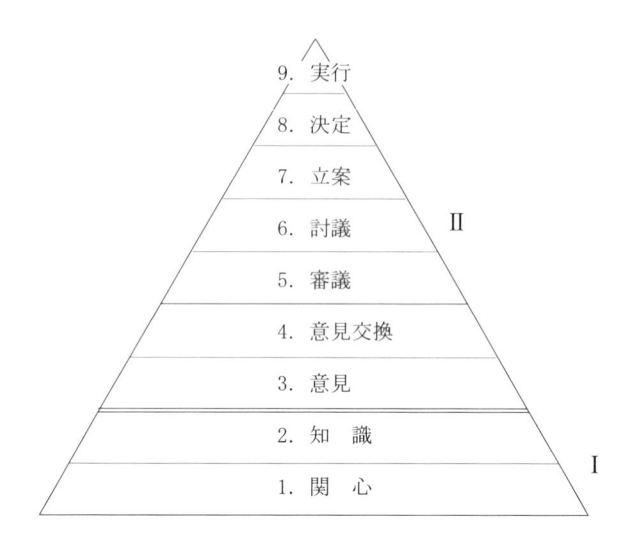

```
        /\
       /9.\実行
      /―――\
     /8. 決定\
    /―――――\
   / 7. 立案  \
  /―――――――\
 /  6. 討議   \ Ⅱ
/―――――――――\
\  5. 審議     /
 \―――――――/
  \ 4. 意見交換 /
   \―――――/
    \ 3. 意見 /
     \―――/
      \2. 知識/ Ⅰ
       \―/
        \1. 関心/
```

図3.4　地域住民が主体となる「市民参加の段階」
従来、まちづくりへの関心は、Ⅰ段階(学び手)とⅡ段階(担い手)が分断されがちであった。これを地域資源を再発見し、Ⅰに立脚して「3.意見」を抱く過程をたどることで、学びのもつ役割とそれらを企画・実行する地域団体の存在意義は高まる。
加藤・菊竹編著(1990)を改変して筆者が作成。

階(図3.4のⅠ)から、再発見の視点の伸長を経ることによってコミュニティの形態など地域特性に立脚した意見を抱いていく発展的な段階(図3.4のⅡ)への円滑な接点を築くのに有効である。これはまさしく「多様な市民活動自体が政策の発生源となる」利点を発揮しているといえる(松下,1991)。

5　おわりに

　本章でみえてきたのは、旧中心市街地という、これまで日本においてにおいてほとんどエコミュージアムづくりの対象として位置づけられてこなかった対象地域でも、有効な手法として導入が可能であるという点である。
　また、交流をともなうコミュニティの活性化を意図したまちづくりには、必然的に観光の要素をふくむ学びの活動が求められることになるだろう。ただ、ここで注意すべきなのは、アーバン・ツーリズムの考えは、淡野(2004)も指摘するように、「これまでの都市の産業の主体であった工業が衰退し、その結果として

人口が減少し、商業が衰退し、居住環境が悪化するという一連の問題に対する解決策として、アーバン・ツーリズム」に注目する必要があり、直接的な経済効果だけではなく、観光をとおした都市コミュニティの再生という「壮大」な意義が含まれている点である。ところが、実際にその再生につながるアーバン・ツーリズムの初期段階として、学びの活動を主題に取りあげ関連づけさせるような実証的な研究はそれほど多くない。

　それだけに、コミュニティ回復という意義が今回のワークショップで見出せたことは評価すべきことである。一方で、このようなとりくみは、短期間で大きな成果が見込めるというものではない。つまり、マス・ツーリズムのように大量流入、大量消費はおこりにくく、いわばコミュニティの活性化に寄与するポスト・マスツーリズム的な存在として位置づけていくべきである。エコミュージアムとは、そのような地域特性に立脚した観光の可能性をもたらす1つのツールであり、持続的なとりくみによってその利点が発揮される。さまざまな地域でエコミュージアムのしくみづくりがなされていくことに大いに期待したい。

付　記

　本章の内容は、2003年度環境事業団（現・独立行政法人環境再生保全機構）地球環境基金助成「鹿児島市谷山地区におけるエコマップ作成事業」（代表者：深見聡、番号：ハー124）による成果報告の一部として、鹿児島国際大学附置地域総合研究所『地域総合研究』34（2）に掲載した論文を大幅に加筆修正したものである。

注
1) 参与観察のうち、実践者と観察者が同一の地域団体のなかに属していながら「明確な分掌の約束の下」に、ある観察対象の事例の意義や課題を共有しつつ被観察者により肉薄する方法のことをいう（深見，2006）。
2) 谷山地区の旧中心市街地の空洞化をおこしている要因として、労働力人口の郊外への移転による人口減少と地域住民の高齢化、歩行者通行量の減少などが大きく影響している。
3) 1998年7月に施行された中心市街地活性化法にもとづき、空洞化により停滞している旧中心市街地の活性化を図るために、地域コミュニティを構成する各種の団体が横断的に連携してまちづくりをすすめる組織をいう。TMO（Town Management Organization）は、国によって認定され、旧中心市街地を一体のものに位置づけ、活性化に必要な手法を総合的に担うものとされている。旧市街地の活性化をすすめる際には、これまで各種の推進団体や地方自治体などの連携したとりくみが乏しく、そのことが地域特性を活かしたまちづくりを阻害しているという問題点が指摘されていた（南川，2002；辻井，2005）。なお、まちづくり3法

(都市計画法・中心市街地活性化法・大規模小売店舗立地法)のうち、中心市街地活性化法が2006年に改正された。これにともない、少子高齢化などに対応した都市機能の集約化(コンパクトでにぎわいのあるまちづくり)が図られることになった。従来の「中心市街地活性化基本計画」および「TMO構想」は法的な効力を失い、国の支援を活用した活性化策を実施していくための新たな基本計画を策定する必要がある。谷山地区は、大筋ではこれまでの基本計画をふまえながら既決の施策を実行に移していくことが確認されている(2006年12月6日開催の鹿児島市谷山地区中心市街地活性化対策推進協議会の議事録による)。

4) 谷山地区の郊外で人口が増加したことにより、旧中心市街地では慢性的な交通渋滞が発生している。これを解消するために、土地区画整理事業・JR指宿枕崎線谷山駅周辺での鉄道高架化事業など、大規模な資金をともなうハード面からのまちづくりが先行して計画・着手がなされている。

5) エコミュージアムに存在する地域資源からみれば、旧中心市街地は農山漁村に比べ地域資源が同等に存在すると考えられる。都市化する過程の人間環境の変遷が重層的に存在しているからである。たとえば、谷山地区には鹿児島市内唯一の河川に現存し現役で使われている(2003年当時)19世紀建造の石造の3連アーチ橋、近世から近代にかけて塩田が広がっていたことを伝える塩釜神社がある。また、樹齢百年を超える市の保存樹(クスノキ)や、地域に親しまれた景観の保全を目的2008年6月にスタートした景観重要樹木指定制度で2009年7月にその第1号となった、永田川沿いにある春日神社のクスノキとタブノキがある。ところが、これらを地域資源と位置づけ、積極的に都市観光につなげる活動は乏しいままであった。また、ここでの事例は、エコミュージアムの手法が都市観光につながるまちづくりへの「万能論」となることを述べるものではなく、あくまでも地域住民の主体性の伸長の視点を具体的な活動として反映させる場合において、この手法が地域の特性を把握する際に有効であることに価値を見出している点に留意してほしい。

6) フランス語では「エコミュゼ」いう。エコミュージアムとは三つの理念から構成されるとした。すなわち、①地域住民が多世代に連携し、生活・産業・慣習等を反映する、②地域の自然環境と人間環境とのかかわりを表現する場であり、従来の博物館とは過去から現在に至る時間の流れのなかで人々の生活をとらえ、実際の地域資源を現地で目にすることにより、将来の当該地域を予測するもの(図3.2)、③「自然環境と人間環境に関する史的研究と、それにもとづき未来を予測し開発の道(まちづくりのあり方)を求める」「点在する自然・文化遺産を保護する」「地域住民が学び、地域の再生の活動を促進する学校」の三大任務をもつとした。新井(1989)に詳しい。また、フランスにおけるエコミュージアムの発足やその歴史的背景については、岩橋(1994;1996)を参照されたい。

7) たとえば、カナダ・スウェーデン・スペイン・ポルトガルで同様の歴史があるという(日暮, 1995)。

8) このうち、以前は旧中心市街地に居住していて、のちにベッドタウンに転居したという参加者が半数をしめた。

9) 2003年9月13日聞き取り。

10) これには多世代による共有された学習の機会が不可欠となる。たとえば、戦前から子どもの遊び空間の代表は道路である(大屋, 1993)。また、大西(2004a)が指摘するように、都

市部でも、高度経済成長期前までは、「空き地や雑木林などで遊ぶことができ、寺や神社の境内なども子どもどうしで共有できる遊び空間」であった。しかし、都市化による土地利用の変化や「習い事の増加」で遊び時間が減少し、多世代で集う場の形成は困難になった。このような現代社会において、かつての地域コミュニティにおいて子どもの遊び空間を提供していた伝統的な地域性集団にかわり、ネットワーク型による地域コミュニティの担い手である今日型地域性集団であるNPO法人のおこなう多世代の地域住民が集まる生涯学習活動の場の創出は、高齢者のもつ景観や遊び場の記憶が子どもをふくめた他の世代に継承されていく点で大いに評価される（大西、2004b）。

11) 2003年9月13日、同年11月8日聞き取り。
12) 1615年の大阪夏の陣で敗れた豊臣秀頼が、谷山に落ち延びてきた伝説が残されており、伝・秀頼の墓とされる石塔をさしての発言である。また、旧・薩摩藩領内のみにみられる田の神石像は、江戸時代中期以降におもに農民の手によってつくられるようになった。旧中心市街地が、かつて水田であったことを伝える地域資源である。
13) マップ発行後に訪れた自治体は、姶良郡隼人町（訪問当時。現・霧島市隼人町）と福岡県である。隼人町は鹿児島県内での先駆的なエコミュージアムの実践をおこなっている自治体で、旧中心市街地での活動という点に大きな関心をよせていた。また、福岡県の場合、NPO法人箱崎まちづくり放談会（理事長；今里　滋　九州大学名誉教授）の活動の一端を担うスタッフになっている職員が新聞記事やホームページによって情報を得て、参加したという。同NPO法人は、福岡市東区の箱崎駅周辺にのこる古い街なみを活かしたまちづくりを推進しており、コミュニティレストラン「箱崎公会堂」を拠点に活動している。
14) ワークショップの参加者募集記事を南日本新聞（2003年9月8日付『自然や街なみ・谷山の宝探そう』）、活動のようすを西日本新聞（2003年9月14日付『谷山の"お宝"探せ-活性化に絵地図-』）、マップ完成を南日本新聞（2004年3月22日付『谷山の自然・歴史一目で』）、毎日新聞（2004年4月28日付『鹿児島・谷山の魅力発見-マップ作成・自然や歴史を紹介-』）、朝日新聞（2004年3月13日付『鹿児島市谷山地区・地図で魅力再発見-田の神・水神…15ヵ所を紹介-』、同年8月13日付『まち歩き情報マップ作りが好評』）が掲載した。
15) ある商工業に携わる地域住民は、「中心市街地の活性化の柱に挙がっていても、直接、自分たちに利益のみえにくい事業にはなかなか時間を割く勇気もない。だからといってその活動がいらないとは思わない。だからこそ、なかなか、難しいよ。」と語っている（2003年度に開催された谷山TMO懇談会のなかでの出席者の発話）。
16) フランスでは、エコミュージアムとして政府が認定した対象については、法律によって活動の自由が保障され、「民主的な運営」がなされているという（大原、1996）。
17) 谷山TMOが発行している「たにやまTMOだより」や、南日本新聞などの報道機関によると、「谷山は県都の副都心として整備」の文字がよくとりあげられ、鉄道高架化事業等の中・長期的な旧中心市街地の再生策の推進に力点が置かれていることがわかる。また、鹿児島市が設置した鹿児島市谷山地区中心市街地活性化対策推進協議会の委員の1人として、筆者も当該地区の動向を注視してきたが、議題のほとんどがハード面の整備が中心であった。

文　献

新井重三（1989）：野外博物館総論．博物館学雑誌，17，pp.21-46.
新井重三（1995）：日本型エコミュージアムの未来．エコミュージアム研究，創刊号，pp.6-12.
有馬晋作・陳真鳴・橋口幸紘・深見聡（2004）：これからの観光のはなし－発展的観光論に基づいて．鹿児島大学大学院人文社会科学研究科地域政策科学専攻，プロジェクト研究報告集，創刊号，pp.1-20.
有馬晋作・陳真鳴・橋口幸紘・深見聡（2005）：これからのエコミュージアムのはなし－エコミュージアムの台頭とその役割．鹿児島大学大学院人文社会科学研究科地域政策科学専攻，プロジェクト研究報告集，2，pp.26-46.
岩橋恵子（1996）：フランスにおけるエコミュージアムの現状と課題．九州教育学会研究紀要，22，pp.59-66.
呉　宣児（2001）：語りからみる原風景－地域の共同性に焦点を当てて．福岡発・アジア太平洋研究報告，10，pp.87-98.
大西宏治（2004a）：地理学における子ども研究．『子どもの初航海 - 遊び空間と探検行動の地理学』，寺本潔・大西宏治，古今書院．
大西宏治（2004b）：社会の変化と遊び空間．『子どもの初航海 - 遊び空間と探検行動の地理学』，寺本潔・大西宏治，古今書院．
大原一興（1996）：エコミュージアムの潮流と現代日本における可能性．地域開発，378，pp.32-38.
大原一興（1999）：『エコミュージアムへの旅』．鹿島出版会．
大屋霊城（1993）：都市児童遊戯場研究．園芸学雑誌，4，pp.1-80.
加藤秀俊・菊竹清訓編著（1991）：『都市の研究』．放送大学教育振興会．
衣川　恵（2004）：鹿児島市谷山地区中心商店街の活性化とまちづくり．地域総合研究，32（1），pp.1-25.
淡野明彦（2004）：『アーバンツーリズム－都市観光論』．古今書院．
辻井啓作（2005）：中心市街地活性化の推進のための組織ととりくみの方法－基本計画、TMO構想、TMO計画の提出状況の分析から．流通経済，427，pp.13-23.
馬場憲一（1998）：地域文化政策としてのエコミュージアム（地域参加型博物館）構想．法政大学多摩地域社会研究センター研究年報，2，pp.89-120.
日暮晃一（1995）：地域経営におけるエコミュージアムの役割．開発学研究，5（2），pp.62-69.
深見聡（2006）：地域コミュニティの再生と「気づき」の視点 - キーワードの整理とアプローチ手法に関する考察 -．地域政策科学研究，3，pp.67-90.
松下圭一（1991）：『政策型思考と政治』．東京大学出版会．
南川忠嗣（2002）：TMOの課題と役割．南大阪大学紀要，4（2），pp.123-132.
吉兼秀夫（1993）：エコミュージアムの概念と実態．環境文化研究所研究紀要，4，pp.1-16.
Fukushima,D. & K.Ishihara（2004）: Practical Research on Educational Dissemination for Volcanic Disaster Prevention—A Case Study Based on the Ecomuseum Concept. *Annuals of Disas.Prev.Res. Inst,*,Kyoto Univ., 47, pp.163-169.

トピック3　嘉例川エコミュージアムのコア施設・嘉例川駅

　私が学部学生のとき、鉄道好きな友人に誘われて、青春18きっぷで九州各地を各駅停車でまわったことがある。そのときJR肥薩線を走破しようと、2両編成の列車に乗り、途中、鹿児島県霧島市隼人町の嘉例川駅にも停車したが、そのとき印象は、人の気配がほとんどなく古い無人駅というありふれたものだった。今から10年以上も前のことだが、この駅がいまのように脚光を浴びることになるとは想像もしていなかった。

　南九州を走っていたローカル線は赤字が重なり、大きな改修や改築をおこなう余裕がなかった。ついには、廃止の憂き目にあった路線も多い。そのなかで、霧島市を縦断し熊本県八代市にいたる肥薩線は、明治期に鹿児島線の名で開通し、昭和前期まで鹿児島と県外を結ぶ唯一の鉄路としての大動脈の歴史が、路線廃止を食い止めたともいえる。

　嘉例川駅の駅舎（写真1）は、1903（明治36）年9月の隼人～吉松間の開通に先がけた1月に完成した。かつてここは炭鉱の坑木供給地として栄え、全盛期には、離合ホーム用と貨物車両の待避用のあわせて3車線が使われていた。1984年から無人駅となり、使用されるホームも1本になったが、2004年の観光特急「はやとの風」の運行開始で、静寂のたたずまいが新たな人気を呼ぶようになった。駅弁「百年の旅物語かれいがわ」が販売され（写真2）、さつまいもなどが入ったかき揚げてんぷらである「ガネ」など飾らない味が好評を博し、JR九州の駅弁人気度ランキングでも販売開始以来つ

写真1　嘉例川駅
筆者が撮影。

写真2　駅舎内での駅弁販売
筆者が撮影。

ねに10位以内に入っている。1つ1つ竹の皮で手づくりされた弁当箱もぬくもりを感じさせる。ちなみに、ガネとは鹿児島の方言で、料理のときにでる野菜の切れ端をかき揚げにしたものをいう。駅弁を売り始めた当初、「こんな粗食が売れるのだろうか」「立派な中身でないからはずかしい」といった声もあったそうだ。しかし今では、平日30個、休日には200個と予想を上まわる販売数で推移している。

　このような動きに先がけて、2002年、嘉例川駅の木造駅舎をコア施設と位置づけ、志學館大学生涯学習センター・自治体・地域住民が協働して嘉例川エコミュージアム研究会が誕生している。嘉例川集落にある地域資源を、複数の散策ルートを設定して掲載したマップを作成し、駅や町内外の観光案内所等に常置している。

　また、駅前の広場に、「かれい川小さな博物館」と看板のかかった木造のたてものがある。地域住民たちが自宅に眠っていた民具や古写真などを展示する、まさに手づくりの博物館で、原則日曜日に開館している。事前に予約があれば、住民によるガイドもおこなっている。

　同じく霧島市内の大隅横川駅も1903年築である。両駅の駅舎ともほぼ同一の規格であり、当時の地方駅の規範をよくとどめている。現存する鹿児島県内最古の木造駅舎として、ともに2006年に国の登録有形文化財に指定された。

（深見　聡）

第4章　エコミュージアムと観光（Ⅱ）
―温泉地における導入の可能性―

井出　明

1　はじめに

　エコミュージアムは、地元住民と観光客をつなぐしくみづくりとなる可能性を有している。本章では、エコミュージアムのコア施設として、長野県千曲市にある温泉地の博物館（上山田温泉資料館）を取りあげる。元来、株式会社の社史編纂事業として始まった本資料館は、近年、地域との連携が深まりつつある。このようなつながりは、地域資源とよばれる歴史や文化の蓄積を住民と観光客がともに知ることになり、観光客のリピーター化が促される可能性を示唆している。この種の事例に注目することで、温泉地の抱える地域特性に立脚した振興策のモデル提起が可能となる。

2　温泉観光の変化

　近年、温泉を活かした観光振興の形態に変化が生じつつある。とりわけ近年の観光形態は、通過型から滞在型へ、マス・ツーリズムからスモール・ツーリズムへと転換が図られている。とくに温泉地は旅館や温泉そのものへの需要のほかに、その土地に固有の地域資源（文化遺産・自然景観・体験等）を活用したり、泉質がもたらす効能を若い世代にも発信したりするなど、生き残りをかけた模索を続ける動きとして表出しつつある。

　そのような転換を図るしくみづくりにおいて、地域の連携体制の構築は欠かせない。そこで注目されるようになったのがエコミュージアムの考え方である。この概念を導入することで、大規模な投資を必要とせず、今あるヒトやモノを機能的にとらえた振興策が確立していくことが期待されるのである。

　本章では、長野県の戸倉上山田温泉にある上山田温泉資料館の活動を取りあげ、それをとおして、温泉地でのエコミュージアムの考え方を整理し、その可能性に

ついて考察してみたい。また、エコミュージアムと温泉地とのかかわりについて概観した後、上山田温泉と資料館がもつ特徴を整理している。そのうえで、対象地をエコミュージアムのしくみとしてとらえた場合の可能性について検討を加えることとする。

3 温泉地におけるエコミュージアム

エコミュージアムは、その名称を名乗るか名乗らないかの違いはあるものの、前章でも述べたようにしくみづくりの工夫が求められる。その際、温泉地は、地域に特有の資源として位置づけやすく、また、温泉への観光客のニーズの高まりという背景からエコミュージアムを展開するうえで優位的な素地をもっている。

たとえば、北海道の川湯エコミュージアムは、川湯エコミュージアムセンターをコア施設とし、カルデラ湖である屈斜路湖一帯をテリトリーとしている。また、NPO法人桜島ミュージアムはその名のとおり桜島をまるごと博物館ととらえ、桜島国際火山砂防センターや桜島ビジターセンターをコア施設とし、島内に点在する温泉を1つのサテライトととらえて活動している。別府温泉では、浜田温泉館をコア施設、別府八湯温泉博覧会（通称ハットウ・オンパク）など多様なまち歩きイベントで地域資源（サテライト）の魅力を訪ねる活動が定着してきた。

ここで紹介した事例はごくわずかに過ぎないが、成功した施設に共通して見出せるのは、「温泉」そのものへの観光ニーズの高まりと、エコミュージアムというしくみへの関心の高まりをいかに結びつけられるかという点である。すなわち、温泉地がもつ滞在型・保養型といった側面に回遊性を付加するとともに、地域固有の特徴を掘り下げることこそが、エコミュージアムのしくみづくりと地域の活性化に直結していると考える。

4 上山田温泉資料館の試み

本節では、上山田温泉資料館の先駆的なとりくみについて報告する。

4.1 戸倉上山田温泉の地域特性

戸倉上山田温泉（写真4.1）は、近隣の別所温泉など他の温泉地とは歴史的特性を異にしている（滝澤，2008）。別所温泉は、江戸時代にすでに自然湧出していたため、温泉地としての歴史が長い。一方、戸倉上山田温泉は、明治期に入っ

写真4.1　戸倉上山田温泉街入り口のようす
筆者が撮影。

写真4.2　館内にある温泉の権利関係を記した書類
筆者が撮影。

てからの掘削で誕生しており、その歴史は比較的短い。戸倉上山田地域では、元来、千曲川の洪水の時期に「温かいお湯がわき出る」という現象が古より知られていたが、この経験則から明治期に入って掘削がおこなわれたのである。したがって、本資料館が所蔵・研究の対象としている時期は、基本的に近代以降となるが、これは温泉地として長い歴史を有している白浜や有馬の博物館とは大きなコントラストをみせている。しかし、「長い歴史」を誇る温泉地が多いなか、戸倉上山田温泉についての研究を概観することは、温泉を通じて日本の近現代史を学ぶことになるため、本資料館の独自の存在意義は大きいといえよう（写真4.2）。

4.2　上山田温泉資料館のミッション

　前述の通り、戸倉上山田温泉の歴史を「近現代史の凝縮」と考えた場合、当資料館には独自のミッションが肯定される。

　戸倉上山田温泉は、明治期の共同浴場時代を経て、大正期から歓楽街として発展していった。そして、戦後の高度成長期の波に乗り、最盛期には120軒を越える旅館数と年間130万人ほどの観光客が訪れた。ただし、歓楽街としての成功は、のちに街に影をもたらすことにもなる。

　戸倉上山田温泉に限った話ではないが、1956年に制定された売春防止法は、近隣の遊郭から温泉地に性風俗産業を呼び寄せることになってしまった。高度経済成長期の観光産業が、「酒と女」というキータームで表され、「旅の恥はかきすて」という風潮を生み出したのは、往年の温泉旅行がもつ負の側面を起源として

いることは否定できない。このようなコンテクストを鑑みれば、近年の団体旅行の減少に際し、あえて一人旅で温泉地を訪れようとする観光行動があまりみられないことも得心がいく。同時に、旧来の温泉観光地のなかには、一見の客から不相当な対価を受け取ろうとする旅館業・飲食業者も存在するが、それらが発生する根本的な理由として、地域の光をみせてリピーターを獲得する意欲に乏しいことが挙げられるのではないかと考えられる。旅先での、不幸な体験は、訪問した地域に対する悪感情を生み出し、リピーターの獲得どころか、口コミを通じた新規顧客の開拓にも影響を及ぼす。さらに、歓楽街の温泉地で育った若い世代には、その複雑な社会的背景故に、自己のふるさとに対する愛着をもてずに地域を去り、温泉地の過疎化が進んでしまうという現象も見受けられる。

しかし、このような状況をすべての温泉地における総体であると考えることは誤っている。

ここで取りあげている戸倉上山田温泉は、もともと地元住民からの拠出金で掘削された経緯をもち、地域の人びとの熱い願いによって誕生している。また、温泉歓楽街の歴史を概観すれば、さまざまな過去をもつ人たちが、温泉地で地元の住民とともに働き、そこに都市でも農村でもない特殊なコミュニティが形成されたことも事実である。三味線や各種の話芸、そしてテキ屋が開く射的などの出店、さらには大衆演劇やストリップに至るまで、戦後のサブカルチャーの一端を温泉文化が担ったことも確かである。このように考えれば、温泉地の様相が決して単純なものではなく、重層的で多面的な色彩を帯びているといってよい。

しかるにこれまで、温泉街が運営する施設で、地域研究の観点から地元についての調査・展示をおこなってきたものはほとんどなかった。いきおい、地元で育つ子どもたちが、地域に対して正しい理解をすることもなく、また地元住民が地域に対して愛情をもつという意識も希薄であった。

本資料館は、もちろん工学・理学をはじめとした自然科学の見地から上山田温泉の特徴や意義を検討しているが、同時にここまで述べた「社会現象としての温泉」についての研究・展示にも力を入れている。「社会現象としての温泉」について、歴史的経緯や社会的内実を子どもたちに伝え、正しい理解にもとづいて地域に対する愛情と誇りをもてるようにすることが本資料館の基本的ミッションである。同時に、そこに住み、そこで働く人たちが、やはり地域に愛情と誇りをも

写真 4.3　芸者置屋のようすを再現した座敷
筆者が撮影。

つための「場」として本資料館は機能しつつあるが、この点については後に述べたい。また、観光客が戸倉上山田温泉について理解を深め、単なる観光客から地域のサポーターへと転換するための装置としても役割を果たしつつある。

　博物館の本来的機能としての、資料の収集・保存も重要な任務であり、これまで地元住民が重要だと思っていなかった各種パンフレットや掘削に関する機械の保存にも力を入れている。各地の温泉地でさまざまな資料が散逸してしまっている現状をみるにつけ、地域の博物館が地域の資料を保存する重要性が再認識されつつあることの証といえる（写真 4.3）。

4.3　上山田温泉資料館の特徴

　本温泉資料館は、上山田温泉㈱が百周年を期に社史を編纂することとなり、その執筆を滝澤公男氏が受けたことに端を発する。会社の資料室や倉庫を調査してみると、希少価値のある物品が多く発見された。たとえば、展示物として目を惹く掘削機は、昭和前期に新潟鉄工㈱が販売していたものを、上山田温泉㈱が戦後に購入して使用していたものであるが、この掘削機が現役を退いた後、鉄需要が高まった時期にも手放さずに保存していた。同社にはこのような貴重な物品が多く眠っていたため、本格的な資料館設立の構想が生まれたのである。

　国内には、いくつかの温泉に関連する博物館が存在するが、当該資料館は興味深い特徴を有している。

　第一に挙げられる点として、本資料館が私設であることが特筆される。また、年間開館日数などの制約から、博物館法における博物館の定義はもとより、博

写真 4.4 館内にある掘削機器の一部
筆者が撮影。

館相当施設にも該当せず、あくまでも「私設の資料館」というスタンスを貫いている。すなわち、公によってオーソライズされていないため、公的助成が受けられないなどのデメリットはあるものの、補ってあまりあるメリットも存する。具体的には、公設でないが故に、展示にしがらみがなく、自由に構成できるという点が大きい。公設の博物館の場合、地域の負の側面については、展示内容について関係各所と詰めなくてはならないが、私設であるがゆえに、社会的・学術的に価値のある資料は、比較的自由に展示することが可能である。これは、観光政策上も非常に有効に働いており、公設であれば民間業者と緊密な連携が難しくなるが、私設であるが故に、各種旅行代理店などと連携したツアーが組みやすくなっている。同時に、私設であるため、来館者増加要求などの外的圧力に屈する必要もなく、設置者と研究者の信念に立脚して運営を続けることが可能となっている。

　第二の特徴としては、本資料館は文理融合型の展示・研究を心がけており、資料も自然科学だけでなく、人文・社会科学に関する展示も多いことが挙げられる（写真 4.4）。

　第三の特徴として、運営面に言及しておきたい。運営は、視察の要請があった時に館長が開けるというボランティアベースとなっている。館長の滝澤公男氏は、長野県立歴史館での専門員・資料調査員の経験が長くあり、資料研究のノウハウがある。それゆえ、専任学芸員がいない他地域の温泉博物館よりも研究活動が順調に進んでいるといえるのではないだろうか。

4.4 エコミュージアムとしての現状

エコミュージアムとして温泉地の博物館を考える場合、重要なのは地域との連携である。元来、株式会社の社史編纂事業として始まった本資料館であるが、ここに来て急速に地域連携が深まりつつある。

地元中学における「総合的な学習の時間」での活用も増え、本資料館が目的としている「次世代を担う若い人たちに、地域の多面的な歴史を学び、誇りをもたせる」という使命は、少しずつではあるが達成されつつある。また、戸倉上山田温泉の温泉旅館の女将で構成される「女将の会」からも見学の申し入れがあり、およそ百年の歴史をもつこの地域について、初めて体系的に学んだという話も多く聞かれた。

さらに、千曲市の観光課や地元観光協会からのアプローチもあり、行政との連携も進みつつある。

これらは、一私企業がはじめた活動が、着実に地域住民の意識の変化を生み出している動きといえよう。

4.5 今後の展望

昭和時代に団体旅行に大きく依存していた温泉街は、近年どこもその傾向を改め、脱皮を図ろうとしている。ここで紹介した温泉資料館は、温泉地における個人客誘因の装置としての力も有している。観光の本質的意義は、自己啓発と相互交流にある（Urry, J., 1990; 加太訳, 1995）。とくに近年の個人客は、観光行動に自己啓発や文化的発見を求める傾向にあり、これまで歓楽街として認知されていた戸倉上山田に、歴史と文化の蓄積があることを知れば、観光客はリピーターに変化し、この地の魅力をより知ろうと意識を変化させる可能性がある。もてなす側も、地域に対する知識を深め、誇りをもっているならば、個人観光客との交流の仕方もこれまでとは変化してくるであろう。このような形での地域振興は、広義の持続可能な地域開発であり、日本の高度成長期における「客は旅の恥はかきすて、店はここぞとばかりに不当請求をする"略奪型観光"」からはかなり進化した観光形態となる。地域の魅力を研究し、それを内外に発信するためのハードとソフトのしくみが合ってこそ、このサスティナビリティは維持される。

来訪者対応は、資料館の重要な任務であるが、現在、本資料館では、外部対応

を館長1人で担っているため、マンパワーの面で限界がある。今後は、観光客が地域を知るためのゲートウェイとしての資料館の価値を地域で共有し、ツアーガイドについては地元の人材を育成していきたいと考えている。

人材育成と関連して、地元の小中学校との連携はより重要になる。同時に理科教育の面からは、温泉は火山活動を学ぶ端緒になり、戸倉上山田の子ども達が地域から地球へと視野を広げるきっかけになることが望まれる。中学校社会科や高校の地理歴史科・公民科において、地域をマルチ・スケールにとらえたり、社会制度を多面的に考察するための学びの場として本資料館を活用する可能性も高まると考えられる。

5　おわりに

温泉地におけるエコミュージアムの考え方は、われわれに多くの示唆を与えてくれる。日本が、本格的に観光立国へと舵を切った今日、人口減少社会や地域の財政基盤の硬直化といった課題に対して、地域振興のあり方も大きな転換を否応なく図らなければならない。

本章では、上山田温泉資料館の事例をとおして、行き詰まりを見せているいくつかの温泉地に対して、新たな観光のあり方のヒントを提示できたと考えている。庶民文化の重層的存在としての温泉を、社会的にどのように位置づけていくのかという体系的な学問は、未だに確立しているとはいえない。従来の自然科学中心の温泉研究に加えて、人文・社会科学からのアプローチも踏まえた学際的研究を発展させていく必要がある。

付　記

　本章の内容は、日本観光研究学会『日本観光研究学会全国学術論文集』23 に掲載した論文を大幅に加筆修正したものである。

文　献

Urry, J.（1990）: *The Tourist Gaze-Leisure and Travel in Contemporary Societies*. Sage Publications, London.（= 1995, 加太宏邦訳『観光のまなざし—現代社会におけるレジャーと観光』. 法政大学出版局.）

滝澤公男（2008）: 戸倉温泉・上山田温泉場成立過程. 千曲, 137, pp. 41-45.

トピック4　指宿にある鰻温泉

■鰻池の誕生と名まえの由来

　鹿児島には、県内いたるところに温泉がある。鹿児島市内の銭湯は一部を除きほとんどが天然の温泉である。また、指宿や霧島など、全国に名の知れた温泉観光地も多い。

　薩摩半島南東部は、開聞岳や池田湖、山川港やここ鰻池など、活火山が密集している。噴煙をあげるといった状態ではないが、砂蒸し温泉や地熱発電所があることから、地下にはエネルギーが多く供給されていることがわかる。鰻池の誕生は、池田湖と同じく約5,500年前で、マグマ水蒸気爆発によって爆裂火口（マール）が形成され、それが火口湖となったのである。『三国名勝図会』は、10代藩主・島津斉興が五代友厚の父・秀堯らに編纂を命じ、1843（天保13）年にまとめられた地誌書である。薩摩藩領内の寺社・史跡・景勝・物産などを挿絵つきで詳述しており、江戸末期の鹿児島の姿を知ることのできる第一級の史料である。そこには、鰻池の名の由来についてつぎのような伝承にもとづくと記されている（本文を現代語調に直した）。

　「昔、この池から水を引いて、水田をつくろうとし（池を囲む山々のうち標高の）低いところを開削した。すると、大鰻がその水路に横たわってふさいだ。そのため、地元の人たちはここの鰻を捕ることを禁止している。」

　現在では、名字が鰻というお宅もある。また、集落のいたるところに「スメ」（巣目）とよばれる天然蒸気を用いた蒸し器があり（写真1）、さつま芋や温泉たまごなどの素朴な美味を引き出してくれる。名勝図会にも、「甘藷を囊に盛りて、其内に浸せば、半時に満たずして能熟すること、鍋釜に煮るよりも、猶速なり」のくだりがある。また、疝積（胃腸障害）や湿瘡（かいせん）に効能があり、鹿児島城下から足を運ぶ人も多かったようだ。

■西郷隆盛ゆかりの湯

　西郷隆盛が入湯したとされる温泉地は、日当山・栗野岳・川内高城・吹上などあちこちにある。そのうちの一つが、ここ鰻温泉である。硫化水素

写真1　天然の蒸し器「スメ」
筆者が撮影。

写真2　鰻池は桜の名所でもある
筆者が撮影。

泉と単純泉の2種類の泉質があり、狩猟を趣味としていた西郷の身も心も癒されたことだろう。

　1873（明治6）年、いわゆる征韓論の政変で敗れた西郷は、参議・陸軍大将・近衛都督を辞し、鹿児島へと帰郷した。「武村の吉」と自らを称し、まさに晴耕雨読の日々を送っていた。

　しかし、西郷ほどの人物を旧知の同志が放置しておくはずもない。1874年2月、佐賀の乱が勃発した。首謀者は征韓論で同じく参議・初代司法卿の職を去っていた江藤新平である。彼は結束して蜂起をよびかけるために、ひそかに佐賀を脱出し、湯治中の西郷と面会するべく鰻温泉まで足を運んでいる。結局、西郷は同調せず、高知に向かう江藤を見送ったのがまさにこの地なのである。

　鰻集落では、その名のとおり明治末期から鰻の養殖業が始まり、1996年まで続いた。九州一の大きさを誇り湖畔と菜の花のコントラストが美しい池田湖とは対照的に、池畔からの眺望をひとり占めすることもできる隠れたお勧めの温泉地である（写真2）。

（深見　聡）

# 第5章　世界遺産登録と観光

鈴木晃志郎

1　はじめに
1.1　本章のねらい－世界遺産を考える

　ほんの一昔前まで、世界遺産が一般人の話題に上ることはけっして多くなかった。関連書籍といっても、創業90周年を記念した講談社が、1997年にユネスコ世界遺産センターの監修のもと『ユネスコ世界遺産（全12巻）』を出版したのが目をひく程度であった。

　世界遺産の認知度が徐々に上がるようになったのは、TBS系で『世界遺産』の放送が始まった1996年4月以降であろう。日曜の深夜番組だったが、2008年4月には『THE 世界遺産』に名前を改め、毎週日曜日の18:00～18:30に放送されるようになった。なお、2004年にはNHKもユネスコと提携して、ハイビジョンによる世界遺産の映像ライブラリー事業「世界遺産デジタル映像アーカイブス」のとりくみを始め、2005年4月から『探検ロマン世界遺産』の放送を開始している[1]。

　また、上記『世界遺産』の放送開始とほぼ同時期の1998年に設立された、世界遺産研究センター（現・世界遺産総合研究センター）により、2001年から毎年『世界遺産ガイド』や『世界遺産データ・ブック』シリーズの刊行が始まると、関連書籍も雪だるま式に増加した。2009年の今、通販サイト大手Amazonで「世界遺産」を検索すれば、関連本は和書だけで2,600冊以上。JTBや近畿日本ツーリストなどの国内大手旅行会社は、軒並み世界遺産ツアー関連の専用ウェブページを設置し、2006年にはNPO法人による世界遺産検定もスタート。そのための参考書まで出版されている。2007年にコミュニティサイト「マイボイスコム」が、登録メンバー約1万7,000人を対象に行った意識調査では、世界遺産に対して関心の高い層（「関心がある」＋「やや関心がある」）は56.4％。関心の低い層（「あ

まり関心がない」+「関心がない」）の 24.0% をはるかに上まわっていた（マイボイスコム定期アンケート , 2007）。世界遺産は今や、完全にひとつのブランドとして定着した感がある。

　世界遺産がかくも世の中を賑わせているのはなぜだろうか。観光客にとってはもちろん、候補地を抱える多くの国や自治体、あるいは地域住民にとって、世界遺産への登録は、観光地に新たな意味と権威を付与するシンボルであり、観光資源としてのブランド力を大幅に高める効果をもつからだ。

　本章では、現在、世界遺産登録をめざして活動を繰り広げている国内の各地域から、自然遺産と文化遺産における事例を 1 つずつとりあげ、世界遺産登録をめぐるさまざまな問題について考えてみよう。

2　世界遺産とは何か
2.1　世界遺産の沿革、種類と評価基準

　具体的な事例へと進む前に、そもそも世界遺産とは何かについて整理しておくことにしよう。世界遺産は、人類の共通財産としての「顕著な普遍的価値（Outstanding universal value）」をもつ遺跡、建築物、自然等の総称であり、「世界遺産条約（世界の文化遺産及び自然遺産の保護に関する条約 / Convention for the Protection of the World Cultural and Natural Heritage）」にもとづいて規定される（七海 , 2006; 加治 , 2006）。

　1960 年、アスワンハイダムの建設計画がヌビア地方のアブ・シンベル神殿群およびフィラエ島の遺跡群を水没させる危険があることが明らかになり、ユネスコは国際的な募金活動を展開。遺跡群を 20 年がかりで高台へ移設する工事をおこなった（西村 , 2004）。これを契機に、人類の共有財を国際社会が協力して保護・保全する機運が生まれ、1972 年 11 月 16 日の第 17 回ユネスコ総会で、世界遺産条約は採択された。

　1975 年には 20 か国がこれを批准し、条約は 12 月 17 日、正式に発効している。世界遺産リストの第一号は、イエローストーン国立公園を含む 12 件（自然遺産 4、文化遺産 8）で、登録は 1978 年。2008 年現在の条約締約国は 185 か国に上る。先進国中最も遅い 1992 年に世界遺産条約を批准した日本は、125 番目の加盟国である。

世界遺産はその内容によって大きく三種類に大別される。

第一のカテゴリーは「文化遺産」であり、顕著な普遍的価値をもつ建築物や遺跡などが該当する。第二のカテゴリーに属するのが「自然遺産」であり、地形や生物、景観などに価値のある地域がここに含まれる。そして第三のカテゴリーは「複合遺産」であり、文化と自然のいずれにおいても顕著な普遍的価値を兼ね備えるものがここに含まれる[2]。

また、内容上の分類ではないが、後世に残すことが難しくなっている（もしくはその強い懸念が存在する）場合、該当物件は危機にさらされている世界遺産リスト（危機遺産リスト）に加えられ、別途保存や修復のための配慮がなされることになっている。

文化遺産への登録には、表 5.1 にある 6 つの要件のうち 1 つ以上を満たす必要がある[3]（細田, 2004）。一方、自然遺産登録の評価基準は、表 5.1 に挙げた 4 要件であり、これらのうち 1 つ以上を満たすことが登録の要件とされている（松浦, 2008）。複合遺産は上記 2 つの項目群から、それぞれ 1 つ以上の要件を満たしていることが求められる。2009 年の第 33 回世界遺産委員会終了時点で、世界遺産リストに登録されているのは 890 件。うち文化遺産は 689 件、自然遺産が 176 件、

表 5.1　世界遺産登録の 10 要件

複合遺産	文化遺産	(1) 人類の創造的才能を表現する傑作 (2) ある期間を通じてまたはある文化圏において建築、技術、記念碑的芸術、都市計画、景観デザインの発展に関し、人類の価値の重要な交流を示すもの (3) 現存するまたは消滅した文化的伝統または文明の、唯一のまたは少なくとも稀な証拠 (4) 人類の歴史上重要な時代を例証する建築様式、建築物群、技術の集積または景観の優れた例 (5) 特に回復困難な変化の影響下で存続が危ぶまれている、ある文化または複数の文化を代表する伝統的集落、ないし土地利用の際だった例 (6) 顕著で普遍的な意義を有する出来事、現存する伝統、思想、信仰、または芸術的、文学的作品と、直接にまたは明白に関連するもの
	自然遺産	(1) ひときわ優れた自然美を備えた自然現地又は地域 (2) 生命進化の記録、現在進行中の地質学的な過程等で地球史の各種の段階をあらわす優れたもの (3) 陸上、淡水、海洋の生態系の進化過程において、現在或いは現在進行中の生態学、生物学の過程を表す全てのもの (4) 科学的視点から世界的に高い価値を持ち、絶滅の怖れのある種や多様な野生生物の生息地

出典：原文はユネスコ世界遺産センターで閲覧可能（http://whc.unesco.org/en/criteria/）

表 5.2　日本の世界遺産登録地および候補地一覧（2009 年 9 月現在）

登録年	世界遺産登録地	分野	暫定リストの候補地	分野
1993	法隆寺地域の仏教建造物	文化	北海道・北東北の縄文遺跡群	文化
	姫路城	文化	平泉の文化遺産 *	文化
	白神山地	自然	富岡製糸場と絹産業遺産群	文化
	屋久島	自然	国立西洋美術館・本館 *	文化
1994	古都京都の文化財	文化	武家の古都・鎌倉	文化
1995	白川郷・五箇山の合掌造り集落	文化	富士山	文化
1996	原爆ドーム	文化	彦根城	文化
	厳島神社	文化	飛鳥・藤原の宮都と関連資産群	文化
1998	古都奈良の文化財	文化	宗像・沖ノ島と関連遺産群	文化
	日光の社寺	文化	長崎の教会群とキリスト教関連遺産	文化
2000	琉球王国のグスク及び関連遺産群	文化	九州・山口の近代化産業遺産群	文化
2004	紀伊山地の霊場と参詣道	文化	小笠原諸島 *	自然
2005	知床	自然		
2007	石見銀山遺跡とその文化的景観	文化	* 世界遺産委員会へ推薦中	

複合遺産 25 件となっている。このように登録の大半が文化遺産であり、その多くがヨーロッパに集中していることは、のち 1990 年代に問題とされることになった[4]。

2009 年現在、日本からは 11 の文化遺産と、3 つの自然遺産が登録されている。初めての世界遺産登録は 1993 年のことで、この時は法隆寺地域の仏教建造物、姫路城、白神山地、屋久島の 4 つが選ばれた。これ以降、順調に登録数は増えている（表 5.2）。

なお暫定リストには、2009 年 9 月現在、12 の候補地が掲載されている。2009 年 9 月 25 日、政府はこの暫定リストのなかから小笠原諸島を世界自然遺産に、平泉を世界文化遺産に推薦することを決定。2010 年 2 月 1 日までに推薦書を提出し、2011 年の登録をめざすことになった。

2.2　世界遺産登録までの流れ

世界遺産リスト登録に必要となる前提、審査の流れ、登録後の保全状況報告などは、「世界遺産条約履行のための作業指針（Operational Guidelines for Implementation of the World Heritage Convention）」で規定されている。

世界遺産登録に関する実務的な活動は、毎年年末に開催される加盟国中の 21 か国から選ばれた専門家の集まり「世界遺産委員会」を通じて行われる。委員会は年一度の会合で、毎年加盟国から提出される候補地のなかから、世界遺産リス

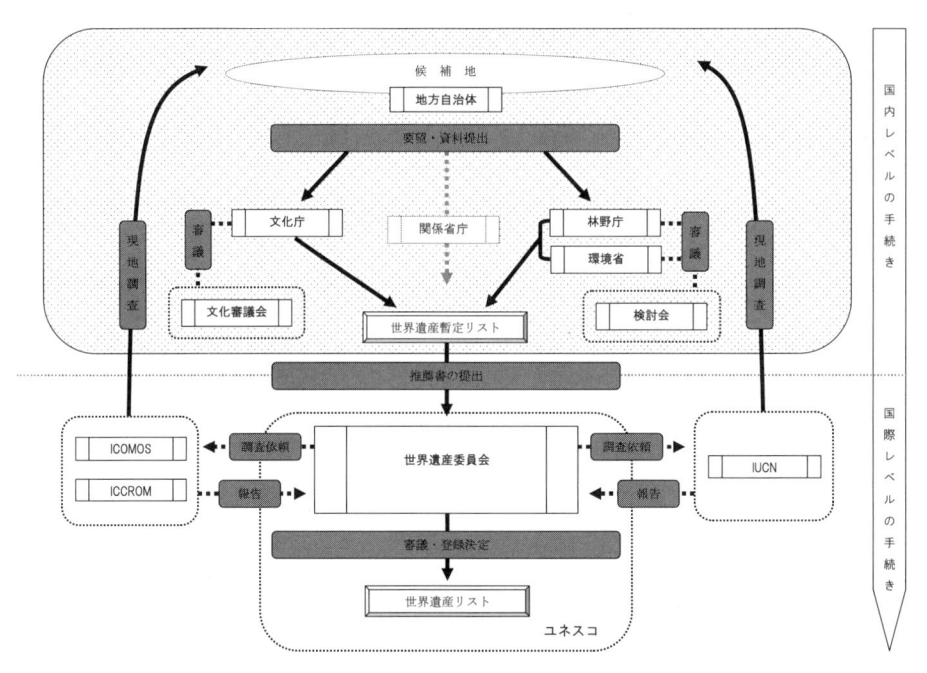

図5.1 世界遺産登録までのプロセス概念図
筆者が作成。文化遺産は図の左側、自然遺産は図の右側の流れをたどっていく。

トに加える遺産の選定をおこない、各遺産に対する評価報告書を作成するのが仕事である。

仮に日本が、世界遺産委員会に登録申請する場合で考えてみよう。図5.1の上半分は国内レベルの、下半分は国際的なレベルでの世界遺産登録の手続きを示している。上半分に記された、(1) 地方自治体方の要望・資料提供、(2) 中央省庁レベルでの有識者を交えた審議、(3) 登録候補地の暫定リストを作成し推薦書を提出……までの作業は、各批准国の国内レベルでの手続きが主となる。一方、推薦書を受理した世界遺産委員会は、(1) イコモス (ICOMOS / International Council on Monuments and Sites: 国際記念物遺跡会議) やイクロム (ICCROM / International Centre for the Study of the Preservation and Restoration of Cultural Property: 文化財の保存及び修復のための国際センター」、国際自然保護連合 (IUCN / International Union for Conservation of Nature and Natural Resources) などの専門機関に依頼して「候補地の評価調査」をおこない、(2) 毎年1回開催さ

れる世界遺産委員会で候補地を審査して登録の可否を決めることになる。

　審査結果は「登録」、「情報照会」、「登録延期」、「不登録」の4種類で公表される。「情報照会」の場合は、期日までに追加書類の提出をおこなうことで、翌年に再審査を受けることができる。一方、「登録延期」の場合は、必要書類の再提出のみならず、諮問機関の再調査を受ける必要があるため、再審査は翌々年以降になる。日本でも2007年5月に、世界遺産登録を目指していた石見（いわみ）銀山がイコモスからこの「登録延期」勧告を受け、翌年には平泉も同様の勧告をされて、関係者に大きな衝撃を与えた。また2009年には国立西洋美術館本館も「情報照会」扱いとなり、登録をいったん見送った経緯がある。この背景には、保全管理面を重視する世界遺産委員会が、近年登録数の抑制をはかっていることが関係している（2004年以降の3年ほどで、登録率は2割近く落ちている）。ちなみに「不登録」と決議された場合、再推薦は原則的にできない。日本では自然遺産での登録をめざした富士山が、ゴミ問題のために不登録となったことがあり、文化遺産での登録を目指さざるを得なくなった。

　登録の審査を担当する機関は、文化遺産と自然遺産で異なっている。文化遺産の場合は、イコモスおよびイクロムからの援助で進められる。イコモスは、国際記念物遺跡会議の名のとおり、歴史的な遺跡や建造物など文化遺産を評価し、保存、継承を進める国際的なNGOである。ユネスコの支援のもと、1964年にヴェニスで開かれた第2回歴史記念建造物関係建築家技術者国際会議において、記念物と遺跡の保存と修復に関する国際憲章（ヴェニス憲章）が採択されたのを受け、1965年に設立。ポーランドのクラクフで第1回総会を開いた。2007年までに参加国は110か国を超え、各国ごとに組織された国内委員会を通じて、文化遺産保存分野の専門家が活動を進めている。1979年に発足したイコモス国内委員会は、世界遺産化の見込みのある候補地や、登録後の世界遺産のモニタリングなどを主要な業務としているが、地方自治体などから推薦された候補地を暫定リストに含めるかどうかの審議はイコモス国内委員会ではなく、文化庁内の文化審議会世界遺産特別委員会で審議されている（ただし委員のなかに、両者を兼務している有識者がいる）。

　一方，自然遺産は、国際自然保護連合が審査を援助する。国際自然保護連合は、1948年に設立された世界最大の民間自然保護機関であり、本部はスイスのグラ

ンにある。84の国々から、111の政府機関、874の非政府機関、35の団体が加入し（2008年4月現在）、181か国から約10,000人の科学者、専門家が活動に参画している。自然遺産の場合、暫定リストへの候補地選定は環境省と林野庁が担当しており、実務は両省庁が共同で設置した学識経験者の「世界自然遺産候補地に関する検討会」がおこなっている。ちなみに、複合遺産の場合は、候補地ごとに関係する省庁が担当することになる。

　自然遺産と文化遺産とで、おのおのの登録リストを審議する主体こそ異なるものの、世界遺産登録の暫定リストへの掲載までは、各批准国内の省庁が候補地の選定や条件整備作業をし、暫定リストに入ったのちに外部のNGOや有識者会議などの援助で審査するのが、世界遺産登録までの主な手続きといえる。いずれの場合も、候補地の選定は批准国の裁量が大きく、有識者からなる検討委員会が大きなイニシアチブを握っているところに特徴がある。

3　小笠原諸島の世界自然遺産登録と観光
3.1　2つの「ガラパゴス」

　2009年9月25日、環境省は月末にも世界自然遺産の小笠原諸島の推薦書案をユネスコに提出する方針を固め、公表した。その生態系の貴重さから「東洋のガラパゴス」の異名をほしいままにしてきた小笠原諸島はいよいよ、世界遺産登録にむけた最終秒読み段階に入ったといえる（写真5.1）。

　一方、一足早く1984年に世界自然遺産登録した本家のガラパゴス諸島は、2007年6月26日、「危機にさらされている世界遺産リスト（危機遺産リスト）」に加えられ、私たちに大きな衝撃を与えた。

　いったい、ガラパゴスに何があったのだろうか。実は世界遺産登録後、観光収入の増加にともなってエクアドルからの移民が増えたガラパゴス諸島では、1980年時点でわずか18軒だったホテルが、2006年には65軒に増加（Epler

写真5.1　小笠原諸島父島のビーチ
筆者が撮影。奥の船着き場には大型船が停泊でき、船着き場周辺にビーチとペンションも集中している。

and Proaño, 2008)。1974 年に 4,078 人だった人口が、2006 年には 19,184 人まで増加したのだ（Proaño and Epler, 2008）。観光客や貨物の輸送量が増大すれば、それにともなって多くの動植物が持ち込まれる。実際、ガラパゴスの外来昆虫種の年次変化を調査した Causton and Sevilla（2008）により、490 種に上るガラパゴスの外来昆虫種の 69% は、1960 年代以降のわずか 40 年間に持ち込まれたことが明らかにされている。

世界自然遺産登録にともなう観光客増、それにともないビジネスや就業の機会を求める観光業者や労働者の増加（新木, 2004）は、オーバーユースやゴミ問題、さまざまな乱開発、さらには外来種侵入のリスクを高めることにも繋がる諸刃の剣なのだ。

3.2　なぜ世界自然遺産なのか

東京から南へ約 1,000km、年平均気温 23℃の亜熱帯気候区に属する小笠原諸島は、5,500 万年〜 3,700 万年前に火山活動によって形成され、第四紀前半にかけて海上に現れた（岡 , 2004）。ガラパゴス諸島やハワイ諸島と同様、過去に大陸と陸続きになったことがない海洋島である（図 5.2）。

海洋島では、何らかの手段で海を渡って島にたどりついた生物だけが定着し、島内で独自の進化を起こす結果、多くの固有種が分布する。一方、長距離分散することが難しいために、生物相が少なかったり、特定の分類グループに偏っていたり、哺乳類や爬虫類などの大型捕食者が欠落している場合が多い（立川, 1994；小野 , 2007）。そのため、海洋島の生態系は単純で、外来生物の侵入に対してきわめて脆弱である（写真 5.2）。

図 5.2　小笠原諸島の位置
日本白地図イラスト (http://technocco.jp/n_map/ogasawara.html) で無償配布されている素材を用いて筆者が作成。

近年、こうした小笠原独自の生態系を保護していくための手段として、活発化してきたのが、世界自然遺産への登録をめざす動きであった。2007 年 1 月 29 日には世界自然遺産候補地の暫定リストへ登録され、小笠原諸島の環境保全とツーリズムは、大きな節目を迎えている。

写真5.2　小笠原諸島父島の外来種（左はホナガソウ、右はギンネム。〇枠内は拡大図）
撮影いずれも筆者。ギンネムは陽性型木本なので、人口が集中して土地の拓けた父島北方に群生し、一部では優占種になっている。ホナガソウは、とくに父島南部の保護区域内に群生。写真左側の景観は一見、美しく見えるが、地表を一面に覆っているのは、すべて外来種のホナガソウである。

　通常、リストに登録された候補地は、翌年2月には世界遺産委員会事務局へ推薦書を提出でき、その翌年7月までに登録の可否が決定されることになっている。このため、環境省は当初、2009年に開催される第33回世界遺産委員会での登録を目指す方針を固めていた。しかしほどなく、その方針は「2011年への先送り」に転換する（毎日新聞，2006年12月22日）。当時の有識者会議の議事録をみると、方針転換の最大の理由は「保全管理（保護担保措置の強化、外来種対策と生態系保全、適正利用等）の検討と実施」にあったことがわかる。つまりは外来種による生態系浸食が予想以上に深刻だったのだ（地域連絡会議・科学委員会合同会議議事録，2007年2月22日）。

　もともと、小笠原諸島の世界遺産登録が提唱されるきっかけは2003年に遡る。環境省と林野庁が設置した「世界自然遺産候補地に関する検討会」において、屋久島、白神山地に続く候補地の1つとして小笠原諸島が選定されたのである。しかし、このころすでに、外来種の侵入による固有種、希少種の減少や自然環境の劣化は知られており、環境省は「小笠原自然再生推進計画調査」を始め、対策方針・技術の検討を進めていた。また、小笠原にかかわりの深い専門家や地元関係団体、関係行政機関等の参加を得て、翌年には「小笠原地域の自然環境の保全と再生に関する基本方針（平成16年度案）」を作成（松井・平野，2008）。それらは最終的に、2007年3月刊行の「小笠原の自然環境の保全と再生に関する基本計画」にまと

められ（小笠原自然再生推進検討会, 2007）、関係主体はこの基本計画にもとづき、適切な役割分担と緊密な連携を図りながら、それぞれのとりくみを進めることになった。

外来種対策は、外来種対策・自然再生部会が担当することになった。その初会合は2007年12月17日のことであったが、すでにこの会合には、国際自然保護連合・自然遺産評価委員のレスリー・モロイ氏によって前年に行われた、予備的な視察が見えざる影響をもたらしていた。

2006年6月15日から26日にかけて小笠原を訪問し、視察を行った氏は、登録にむけての課題として、外来種対策が研究段階の域を出ず、具体的な施策がおこなわれていない点を挙げた。そして「対策が実施段階に進めば推薦は可能だが、遺産登録の可能性をより高めるため、推薦を遅らせてでも、問題を解決できることを実証することを提案したい」とした。環境省から明確に3年延期の方針が最初に打ち出されたのは、この助言を受けた第二回科学委員会（2006年12月21日）でのことである。専門部会の設置は、小笠原の世界遺産化を見据えた自然環境の再生事業として、ある意味、2007年に新たなスタートを切ったばかりといえる。

3.3　外来種問題の系譜

世界自然遺産の登録に必要な「自然景観」、「地形・地質」、「生態系」、「生物多様性」の4つのクライテリアのうち、環境省は現在のところ「地形・地質」、「生態系」、「生物多様性」の3つで、小笠原は条件に合致するとの立場をとっている（環境省, 2007）。このうち「地形・地質」における顕著な普遍的価値は、プレートの沈み込み初期に発生した無人岩（ボニナイト）が、地殻変動で壊れることなく大規模に露出していることにある。大規模な地震災害でもない限り、この要件に瑕疵が生じることはまずないだろう。したがって問題は残る2つの要件、つまり動植物の織りなす生態系の価値ということになる。

東京から1,000km離れ、長く無人島だった小笠原には、非常に多くの固有種が存在する（表5.3）。しかし、それらの生物のうち、植物3種と陸産貝類24種は、すでに絶滅してしまった。また、絶滅危惧種に指定されている生物は、植物120種、哺乳類1種、鳥類21種、爬虫類1種、陸産貝類18種、昆虫類1種に上る（鈴木・鈴木, 2009）。岩と違って、捕食や気候変動で容易に壊れてしまうのが生態系だ。

表 5.3　小笠原の主な動植物種数と固有種数

	種数	固有種数	外来種数	固有種率
植物	765	161	318	21%
哺乳類	10	2	6	20%
鳥類	195	13	1	7%
爬虫類・両生類	8	1	5	13%
昆虫類	1378	373	27	27%
陸産貝類	127	84	20	66%

数値は 2005 年現在。鈴木・鈴木 (2009) より筆者が作成。

　そして残念なことに、これら固有生物の減少・絶滅の原因としてとくに有力なものが、小笠原に人が入植して以降に入ってきた外来生物による攪乱の影響なのである。

　代表的な例として挙げられるのが、1960 年代に父島に持ち込まれたイグアナ科のトカゲ、グリーンアノールだ。1980 年台後半には父島および母島全土に分布が拡大し、在来昆虫の強力な捕食者として、在来昆虫相の種数や個体数を激減させてしまった（槇原ほか, 2004）。同じく、固有陸産貝類へ深刻な脅威をもたらしたニューギニアヤリガタウズムシも、1990 年代に植栽用として沖縄本島から取り寄せた樹木にくっついて侵入したとされる（大林, 2006 ; 2008）。主な動物だけでも、ほかに野生化したネコやカンショオサゾウムシ、ヤギ、ネズミ類、ブタ、アフリカマイマイ、オオヒキガエル、セイヨウミツバチがおり、植物ではギンネムやリュウキュウマツ、ホナガソウ、アカギなども定着している。一度侵入してしまったこれらの外来種を根絶するのは、ほぼ不可能といってよい状況だ。

　皮肉にも、これらの被害が最も深刻なのは、人の生活する父島と母島の二島である。現在、小笠原は週一便ペースのフェリーでのみ外界と繋がっており、片道数万円の旅費と片道 25 時間半の所要時間が、一種の障壁となって、観光客とともにやってくる外来動植物から小笠原の自然を守っている状況なのだ。

3.4　世界自然遺産登録にあたって何が必要か

　小笠原の世界自然遺産登録を目前に控えた今、私たちは何を考えなくてはいけないのだろうか。現在登録にむけて進められている施策に、問題点はないだろうか。ここで簡単に検討しておくことにしよう。

現在、小笠原で進められている世界遺産登録のための施策は、環境省が 2007 年にまとめた「小笠原の自然環境の保全と再生に関する基本計画」を指針にしている。そこでは、基本方針として（1）固有種・希少種・独自の生態系の保全、（2）外来種の攪乱された生態系の健全化、（3）自然と共生した島づくり、（4）小笠原の自然を保全・再生するためのしくみづくりと小笠原ルール、の 4 点が掲げられている。この指針に沿って、現在とられている施策を検討すると、ひとつの大きな問題点がみえてくる。

　4 つの指針のうち（1）と（2）はいわば表裏一体であり、モロイ氏の指摘にもあるとおり現在、最も喫緊の課題といえる。このため、両省庁も対策を重点的におこない、2002 年の段階で公学連携的な研究グループによって、相当の成果があがっている（社団法人日本林業技術協会 , 2003；2004）。また小笠原に「小笠原研究センター」という研究拠点をもつ首都大学東京を中心に、有識者の蓄積してきた研究は膨大な数に上る。ところが、（3）および（4）になると、基本計画中に具体的な研究成果はほとんど紹介されていない。

　これは小笠原諸島が、世界自然遺産を目指せるほどに学術的価値の高い自然環境を有する一方、1830 年まで定住者のいない無人島であり（小笠原村産業観光課 , 2007）、固有の歴史や文化の蓄積がきわめて乏しいことに起因すると考えられる。一部の例外（e.g. ロング編 , 2002）を除くと、人文・社会科学の研究者にとって、小笠原は研究対象となりにくい場所だった。人文・社会科学の研究者の少なさは、結果的に省庁の設置した有識者委員会や検討会の人選にも反映し、小笠原の自然環境を登録後も守っていくために必要な枠組みの整備が手薄になる結果へと繋がってしまったのである。このように、世界遺産登録にむけた課題は、すでに対策が進みつつある外来種対策よりも、むしろ再生された自然環境を維持していくための体制づくりであり、多方面からみて公正な「小笠原ルール」の策定にあるのではないだろうか。

　小笠原で、エコツーリズムの観点から適正利用に関する明確なルールが整備されたのは、2002 年、南島を対象に、東京都が小笠原村と締結した「東京都版エコツーリズム」と称する協定である。ここでは、一日あたり 100 人の入島制限やガイドの同伴義務、入島時間制限などを定めた適正利用に関するルールが明文化された。

ただ、先の南島におけるとりくみを除くと、そのほとんどは規制が特定の動植物種に限定されていたり、単なる観光客への呼びかけに過ぎなかったり、規制に科学的な裏づけが乏しいのが実情だ。さらに、関係者がおのおのの立場を超えて意思疎通や連携をはかり、総合的な観光政策の枠組みを練り上げる試みも、いまだ手探りの域を出ていない。今まさに外来種問題に揺れている「東洋のガラパゴス」が、本家ガラパゴスと同じ道を辿らないよう、登録後を見据えた維持管理ビジョンを、早急にうち立てておく必要があるだろう。

4 鞆の浦の世界文化遺産登録と観光
4.1 文化遺産と景観論争

小笠原の事例がそうであるように、自然遺産の場合、動植物の固有種率などを指標にすれば、当該遺産の「顕著な普遍的価値」には相当程度、客観的な評価を下すことができる。しかし、文化遺産にこうした一義的な価値判断を下すのは容易なことではない。

パリ・セーヌ河岸といえば、1991 年には世界遺産にも登録された美観地区である。ユネスコの世界遺産センターが「ルーヴルからエッフェル塔、コンコルド広場からグラン・パレとプチ・パレにかけて、パリの革新の歴史はセーヌ河岸から見ることができる」としているように、かつてパリが最先端の文化発信地であることを華々しくアピールした建築物の数々が、世界文化遺産の認定に大きな貢献を果たしたことは、説明するまでもないだろう。しかし、エッフェル塔の建造が始まった 1887 年当時、この塔の評価は今とはずいぶん違ったものだった。塔がパリの景観美に馴染まないとするパリじゅうの芸術家や文化人たちは、「目がくらむほどの馬鹿げた無意味な塔」、「黒くてばかでかい工場の煙突」、「野蛮なかたまり」などと非難した抗議文を、工事の総責任者宛の署名入りで新聞発表。かくてエッフェル塔は、芸術家や文化人と技術者との間の、景観美をめぐるイデオロギー対立の火種になったのである（荒又, 2004）。それから 100 年後、ルーブル美術館の正面に設置されたガラス製のピラミッドをめぐって、再びパリで景観論争がまき起こったのは記憶に新しいところであろう（荒又, 2003）。論議を呼んだこのピラミッドも、やがて小説『ダ・ヴィンチ・コード』で、エジプト文化に傾倒していた大統領ミッテランが、西洋で不吉とされる「666」にちなんで

666 枚のガラス板を使っているとの脚色を交えて言及され、今では旅行案内書でも必ず紹介される新名所になっている。

これらの例が物語るように、文化遺産の価値は、おのおのの遺産が生まれた社会的・文化的状況、歴史的背景、地理的特性と分かちがたく結びついた文脈依存的なものなのだ。

4.2　鞆の浦と「世界遺産」

世界遺産への登録をめぐって、景観美をめぐるイデオロギー論争が起きている場所は、実は日本にもいくつか存在している。本稿でとりあげるのは、広島県福山市にある鞆町（通称、鞆の浦）。福山市の南、沼隈半島の東南端に位置する小さな港町である（写真 5.3）。

2000 年 10 月 11 日、この小さな港町を突如、世界文化遺産財団（World Monument Watch）が「100 の危機に瀕する遺産リスト」に登録した。さらに 2004 年 10 月にはイコモスが、愛媛県で民家建築委員会の年次会議を開催し、5 項目からなる「鞆宣言」を採択した。それまで全国的にはほとんど知られていなかった小さな集落の景観が、国際的な格付け機関のリストに掲載されるほどの価値を有しているとのお墨付きが与えられた瞬間だった。

イコモスは 2005 年の第 15 回総会において、鞆宣言を追認する「鞆の浦歴史的港湾保存勧告」を発表。「鞆を世界遺産に」のスローガンは、国際的な権威により、さらなる裏づけを得た。かくて鞆の浦の知名度は、たちまち全国区となった。やがて在京の文化人のなかにも、映画監督の大林宣彦氏に代表される賛同者が多数現れ、2008 年には、鞆の浦で構想を練ったとの触れ込みで宮崎駿監督の映画『崖

写真 5.3　東側から鞆の浦港湾部の美観地区をのぞむ

筆者が撮影。対岸の稜線に沿って延びた道路が県道。現在は麓から写真右手側へ迂回しているが、架橋道路は対岸から水際に沿って埋め立てをおこない、写真中央に見える灯篭（常夜燈）左脇から写真手前側の岸まで橋を架けて、手前の県道と連結する計画である。

の上のポニョ』が封切りとなる。これらの相乗効果からか、数年前までは年間110万人ほどだった観光客数は、2008年度には175万人にまで急増した（山陽新聞備後版, 2009年6月5日）。「世界遺産登録」のスローガンはこの点で、観光地として鞆の浦を甦らせたのである。

4.3 鞆の浦の沿革と、葛藤のおこり

　背後に急峻な山々が迫り、前には瀬戸内の海。二者に挟まれたわずかな平地に人口5,000人ほどが暮らす。土地条件はけっして恵まれてはいない。しかし鞆には、瀬戸内の海に向かって口を開けた、円形の美しい湾部があった。潮の流れが船の航行に大きく影響した時代、その地形は、瀬戸内の海運拠点として最適な条件を有していた。

　結果、古くは万葉集や延喜式にまで登場するほど、鞆は瀬戸内の水上交通の要所となった。江戸時代に入ると福山藩の藩港となり、朝鮮通信使や北前船などの寄港地として繁栄を謳歌する（福山市鞆の浦歴史民俗資料館, 2004; 福山市鞆の浦歴史民俗資料館友の会, 2004）。海運や漁業のほか、舟釘や錨など鉄製船具の生産地としても栄えた。

　また大小の島々が沖に点在するその自然景観は、大正時代から昭和初期には名勝地指定を受け（1925年）、瀬戸内海国立公園の一部として日本で最初の国立公園に指定（1934年）されるなど、戦前は日本有数の景勝地としても評価されていた。こうした動きが、観光業の胎動をうながしていたことにも注目したい。

　しかし、明治維新後の社会変化は、鞆に次々と負の影響をもたらすことになる。藩港の地位はほどなく失われ、動力船の出現で潮の流れを待つ必要もなくなった。さらに道路網の発達で、物資の輸送手段は徐々に陸上交通へと変わっていった。これらの要因が重なり、鞆は徐々に衰退へと向かっていった。人口は減り、急速に進む高齢化。1970年に1万2,000人弱を数えた人口は、2005年時点で5,000人強にまで減少、高齢化率も40％にまで達している（広島県・福山市, 2006）。

　こうした若年層の「鞆離れ」の原因のひとつとされたのが、歴史ある街ゆえの慢性的な交通事情の悪さである。クランクを多用した城下町特有の街割や、古い街ゆえの狭小な道路幅員のため、鞆町はほぼ全域に渡って、車の離合すら難しい。これが鞆町を通過する車両の渋滞を引き起こし、救急・消防サービスの遅延など

に拍車をかけてきた（写真5.4）。幅員狭小はまた、下水管の埋設工事に必要な車両通行規制も事実上不可能にしている。このため、鞆は現在もなお公共下水道の普及率がゼロであり、住民は生活排水を直接海に流すか、半ば自腹で浄化槽を設置するかの二者択一を強いられている。

この問題を解消すべく、自治体は1983年に、港を横切る架橋道路の建設計画を提示した（図5.3）。鞆を挟んだ両岸までで寸断された2つの幹線道路を、港を横断する680mの道路橋で結ぼうという計画である。これにより、鞆の交通渋滞を解消するのみならず、フェリー乗り場や小型船用の係留設備、港湾管理施設のほか、観光客むけの駐車スペースを創出する狙いがあった（広報ふくやま、2007年6月）。

ところが、この計画が具体化すると、あちこちから反対の声があがってきた。歴史ある街ゆえに、鞆町には江戸期の古い建築物や土木遺構が多数残っており、いつしかそれが歴史的景観という、ひとつの観光資源になっていたのだ。街並みの歴史的価値を最大限尊重し、不自由を承知で景観を現状のまま保全するか、あ

写真5.4　鞆町内の朝の渋滞
県道の迂回路（地図右手から左手方向を望む）。歴史的町並みが軒を連ねた、町一番の目抜き通りであるが、幅員が狭いため離合が難しく、乗り合いバスや不慣れな観光客が通りかかると、このような渋滞が生じる。筆者が撮影。

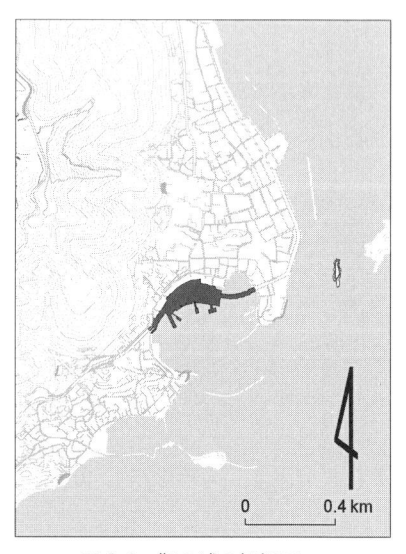

図5.3　鞆の浦の概観図
ArcGISを用いて筆者が作成。中央部の黒っぽい箇所が架橋部分。幅員の広い両岸の県道を結び、鞆町内の迂回路から港湾上へと、通過交通を流す構造になっている。

第 5 章　世界遺産登録と観光　89

写真 5.5　相剋する価値観（左は架橋反対派の、右は架橋推進派の住民が掲げた掲示物）
撮影いずれも筆者。反対派は「ポニョ」と「世界遺産」を、推進派は「生活権」を、それぞれアイコンに用いているのがわかる。

るいは住民の生活の利便性を確保すべく海上に架橋し町を改変するか。架橋事業をきっかけに、町は相容れない 2 つの立場の間で大きく揺れ動くことになった（写真 5.5）。

　2008 年、架橋を推進する自治体側は、埋め立て免許の交付に必要な国土交通相への認可申請を行った。対する架橋反対派の住民は、県と市によって申請中の埋め立て免許を、知事が交付しないよう求めた差し止め訴訟を起こし、本稿を執筆中の 2009 年 10 月 1 日、広島地裁は原告側の全面的な勝訴判決を出した。架橋反対派の掲げた「歴史的景観の保全」のイデオロギーが、利便性を盾にした大型公共事業の推進に待ったをかけた瞬間であった。

4.4　何のための世界遺産か

　当初、港湾架橋問題は、あくまで直接の利害関係者である鞆町の住民の間で話し合われていた課題のひとつにすぎなかった。双方の議論の過程で、当初 4.6ha を埋め立てる予定だった計画案は、二度の変更（1995, 2000 年）を経て 2.0ha に

まで縮小された。しかし根本的な解決には繋がらず、問題はこじれた。

架橋によって生活環境が改善されると考えた地域住民の多くは、町内会や自治会などの地域団体を通じて署名活動を重ね、市や県への活発な陳情をおこなって問題の解決をはかった。とくに平地区（図5.3左下側の集落）の住民は、地理的条件の悪さから架橋計画への期待が大きく、架橋道路の開通を見越して進められた平地区側の県道拡張工事では、多くの住民が先祖代々受け継いできた土地の売却に応じたという。当初、架橋により漁協施設の移転や補償問題で難色を示した漁業関係者も計画の変更で推進派に回り、署名では8割以上が賛成。1990年代半ばには地元の総意は固まったとの思いが、推進派の住民たちにはある。それだけに、推進派のリーダーたちは自らが住民側の利益代表者であるとの自負が強く、外部の有識者や文化人が後から地域の問題に口を挟んでくることに対して、被害者意識や拒否反応に近いものをもっている。

架橋反対派の声が急速に顕在化し、鞆の浦の港湾架橋問題が全国区の知名度を獲得していったのは、ちょうどその直後、2000年ごろからであった。新たなリーダーが現れて住民運動を牽引し、有識者、文化人による町外からの応援を味方につけ、メディアの報道による精力的な周知活動を展開していったからである。その過程で、港湾部分の土木・建築遺構の学術調査にもとづく「5点セット」の提唱や、世界遺産登録のスローガンが用いられるようになった。さらに有識者たちは、日本イコモス国内委員会を通じて先に述べた勧告や宣言を引き出すことにより、反対派の活動を側面的に支援したのであった（鈴木ほか, 2008）。

4.5 生活権と景観保全

鞆町の外部から寄せられる架橋反対の声の強さに比して、地元住民の声は掬いとられにくい。そこで筆者らは2008年に住民意識調査を行った。調査の結果、実際に旧鞆町内で生活している住民の65％は港湾架橋に対して肯定的で、否定的なのは21％、積年の町内の対立に胸を痛めつつ態度を決めかねている住民も多く存在することが確かめられた（中国新聞, 2009年4月2日）。

世界遺産を目指すこの町では、登録にむけた合意を形成する前の段階で、世界遺産登録とは切り離すことのできない「架橋」という争点によって、地域に相互不信と断絶が生まれてしまっているのである。住民にとって世界遺産登録は、観

光誘客効果を高め地域を活性化する可能性をもたらすと同時に、彼らの「生活権」に外から加えられる制約ともなりかねないのだ（Van Der Aa *et al.*, 2005）。

　河岸の自然と歴史的集落とが一体となった景観美が保たれていることが評価され、2004年に世界遺産登録されたドレスデンのエルベ川流域はその後、ドレスデン郊外の4車線道路橋の建設をめぐって、鞆の浦と同様の二者択一を迫られた。住民投票の結果、架橋推進が決まったことから、2009年6月の世界遺産委員会は史上二番目となる登録抹消を決めたばかりである（ユネスコ世界遺産センター, 2009年6月25日）。

　私たちが、ゲスト側の目線に立って抹消を惜しむのは簡単だ。しかし、世界遺産登録ゆえに生活者が受苦を被る現実も、またたしかに存在していることを、これらのケースは物語っている。世界遺産登録は、一面においては、貴重な遺産を景観破壊から守り、観光客の増加によって地元を潤すかもしれない。しかしながら一方では、外部の権威によって地域住民の平穏な生活を攪乱してしまう暴力性をも秘めた、諸刃の剣なのだ。地域住民の生活権と、人類の共有財の保全とのバランスはいかにあるべきか。観光学にとって最も難しく、またチャレンジングな課題の一つである。

5　おわりに－世界遺産と観光をめぐる課題と展望

　世界遺産は人類全体にとっての「顕著な普遍的価値」を、国際機関であるユネスコが承認するものであり、いわば人類の共有財として価値づけるものである。しかし、価値づけの対象はおのおのの国・地域に属しており、管理・運営の裁量権は当該国・地域に多くが委ねられている。本章では、これから世界遺産に登録しようとしている国内各地の候補地から自然・文化それぞれ1つずつ事例をとりあげ、世界遺産登録と観光とのかかわりのなかで、おのおのの問題点と課題をみてきた。

　自然遺産の登録を目指す小笠原の事例が我々に教えてくれるものは何だろうか？　それは、世界遺産登録はけっしてゴールではなく、「顕著な普遍的価値」を保つための長期的ビジョンなしには容易にその価値が傷つけられ、失われてしまう財産なのだということである。

　世界遺産条約では、加盟国に対して自国内の文化遺産・自然遺産を保護するた

めの措置を講ずるように義務づけてはいるものの、各批准国の国家主権を優先するため強制力はない（高樋, 2003）。これは、国家主権を優先するあまり、遺産の質的維持が困難になったり、危機遺産化を充分防ぎきれないリスクが絶えずつきまとうことをも意味している。登録にともなう観光客の激増、無計画な観光開発路線の拡大で危機遺産化したガラパゴス諸島や、登録後に長く清掃登山の努力が必要になったサガルマータ国立公園などの先例を貴重な教訓として、登録後の維持管理をいかに世界標準でおこなうか、そのビジョンまで含めた「世界遺産登録」のあり方を考えていく必要がある。

　一方、鞆の浦の事例が我々に語りかけてくれるのは、いわば世界遺産とイデオロギーの問題であろう。すなわち「顕著な普遍的価値」とは一体、誰にとっての価値なのかという問題である。

　前述の通り、世界遺産条約では各批准国の国家主権が優先され、遺産の選定にあたってイニシアチブを握るのも国内委員会であり、選考過程の多くはブラックボックスの状態だ。ゆえに、国内レベルの議論に現地住民の意向がほとんど反映されない国や地域と、世界遺産委員会からの警告よりも住民投票の結果が優越されるような国や地域とでは、登録までの障壁の高さや、登録後の維持管理の方向性にも大きな差が出てくるだろう。対応いかんによっては、特定の国家や民族の政治目的のために世界遺産が利用される危険も避けられない[5]。「文化」に優劣を付け、新たな権威を付与することも、また文化的な営みであり、政治的な意図を含まずにはおれないのだ[6]。だからこそ特定の国家や地域、民族の枠組みを超えて、正しく「世界の多様な文化を反映し、信頼性のある世界遺産リストを作成する」ことが、世界遺産登録の最大の意義であり、目標となっているのである[7]。

　しかし逆に、世界遺産が国際的な枠組みを志向すればするほど、その目線は当事者から遠くなり、生活者の現実から目をそらしたものになりがちである。そのような世界遺産はいわば「傍観者のイデオロギー」を体現したものでしかなくなってしまう。

　世界遺産委員会はあくまでも人類の共有財としての価値を評価するだけで、登録の結果生じる観光客増加のインパクトや、地域住民の生活権の攪乱に対する配慮や対応がなされるわけではない。また価値の認定はあくまで登録時点のものでしかなく、状況によっては削除されうる。それでいて、登録後の維持管理ビジョ

ンについて助言や指針が示されたり、登録要件にその提示が含まれているわけでもない。その結果、世界遺産の登録が却って開発や観光客の過度な流入を招き、危機遺産化を促進したり、地域住民との軋轢を生む不幸な結果を招いてしまいかねない。

　世界遺産の維持管理責任が各国に任されている以上、世界遺産そのものの信頼性を保ち、高めていくのは、世界遺産条約を批准したひとつひとつの国や地域であり、世界遺産登録をめざす各国の専門家、そして地域住民たちなのだ。それぞれの人々が対等に対話と連携を重ね、きめ細やかな合意形成をはかったうえでこそ、世界遺産は正しく「人類の共有財」としての代表性を確保できるのではないだろうか。

付記
　本稿の内容は、文部科学省科学研究費補助金：若手研究（B）「『開発＝保全』問題に直面したコミュニティにおける住民意思決定のメカニズム」（研究代表者：鈴木晃志郎、課題No.20700673）の成果の一部であり、首都大学東京大学院都市環境科学研究科『観光科学研究』3 に掲載した論文を大幅に加筆修正したものである。

注
1) なお『探検ロマン世界遺産』は 2009 年 3 月で放送を終了したが、その後も後番組『世界遺産への招待状』と名前を変えて現在も放送中である。
2) このほか、2003 年にユネスコ第 32 回総会で採択され、2006 年 4 月に新たに発効した『無形文化遺産保護条約』にもとづく「無形文化遺産」も存在する。しかし、諮問機関の審査無しに「代表一覧表」に記載されるなど、いわゆる世界遺産とは性格が異なるため、本稿では取り扱わないことにした。ちなみに日本では、2007 年 11 月から文化庁が文化審議会文化財分科会内に「無形文化遺産保護条約に関する特別委員会」を設置し、対応を協議した末、重要無形文化財、重要無形民俗文化財、選定保存技術の一覧を目録としてユネスコ事務局に提出する形で対応している。
3) ただし、要件（6）については、ほかの要件と併せて運用されるのが望ましいとされている。
4) 世界遺産の 52％が欧州地域に集中し、文化遺産の割合が 8 割にまで達していたため、やがて登録数や登録地域の偏りが問題になった。1999 年の第 12 回世界遺産条約締約国会議で採択された「世界遺産一覧表における不均衡是正の方法と手段に関する決議」では、すべての締約国に対して、いまだリストに充分に反映されていない遺産のカテゴリーに焦点をあてて暫定リストを準備または再検討することが指示された。また、欧州諸国など既に相当数の世界遺産を登録している締約国に対しては、自発的に推薦の間隔を置くことや、世界遺産を登録していない締約国がおこなう推薦と連携すること、いまだ充分に代表されていない分野

に属する資産のみ提出するよう勧告されている（新井, 2008）。その後、若干の是正が進み、2008年までに欧州の占有割合は45%まで減少した。
5) たとえば、中国における世界遺産の暫定リストへの登録申請状況を扱った加治（2006）は、登録申請事業そのものが中国政府の強力なトップダウンによって実施されていることに注目している。世界遺産登録を中国共産党が取りしきること、それは結果として「文化の多様性を『中華民族の伝統文化』へと還元させることを可能」にし、国内各民族統治の正当性を国際的に主張するための手段になっているという。
6) 良い例として「負の世界遺産（負の遺産）」を挙げることができる。世界遺産には、原爆ドーム、アウシュヴィッツ＝ビルケナウ強制収容所、奴隷貿易の拠点であったゴレ島、マンデラ大統領の幽閉地ロベン島など、戦争や人種差別など人類の犯した罪を証明するようなものも登録される。こうした負の遺産を世界遺産とする場合は、登録自体が特定民族・国家による愛国主義的なプロパガンダにユネスコのお墨付きを与える格好となり、特定イデオロギーの幇助にも繋がりかねない。たとえば2004年、南京大虐殺記念館（中国名：侵華日軍南京大屠殺遇難同胞紀念館）が、世界遺産への登録を視野に入れているとの報道がなされたことがあった（人民網日本語版2004年3月13日：http://j.people.com.cn/2004/03/13/jp20040313_37553.html）。同館は歴史的建造物や遺跡とはやや異なり、日本の右傾化傾向への警戒から、鄧小平および中国共産党中央委員会が出した指示にもとづき、愛国主義教育の推進のための拠点（愛国主義基地）として政策的に設立された経緯がある。三好（2007）は、こうした施設に設置されている「留言録」（落書き帳）の内容を報告し、結果的に展示内容が「感情を剥き出しにした反発しか参観者に生みださせないとすれば、そしてそれでよしとしているのならば、「愛国主義教育」の内実がほの見えてしまうのではないだろうか」との問題提起をおこなっている。負の遺産が本来もっている「戦争の悲劇を記憶し、その教訓を生かさなければならないという「人類の共通の記憶装置」」（中本, 2006）としての役割を、特定国家や民族、地域の政治的・社会的意図からいかに距離を置きながら付与することができるのか。まさにこうした場面で、世界遺産という国際的な枠組みの存在意義が最も鋭く問われてこよう。
7) 1994年の第18回世界遺産委員会において、「世界遺産一覧表における不均衡の是正及び代表性、信頼性の確保のためのグローバルストラテジー」が採択されている。

文　献

新井直樹(2008)：世界遺産登録と持続可能な観光地づくりに関する一考察. 地域政策研究, 11(2), pp.39-55.

新木秀和（2004）：ガラパゴスにおける社会紛争－海洋資源管理問題を中心に. 人文研究, 154, pp.1-27.

荒又美陽（2003）：ルーヴルのピラミッド論争に見る現代フランスの景観理念. 地理学評論, 76 (6), pp.435-449.

荒又美陽（2004）：都市景観をめぐる認識の変容—パリのモニュメント論争から—. 一橋論叢, 132（2), pp.138-155.

伊東孝（2007）：鞆の浦の港湾遺産. 季刊まちづくり, 16, pp.78-81.

大林隆司（2006）：ニューギニアヤリガタウズムシについて—小笠原の固有陸産貝類への脅威—.

小笠原研究年報, 29, pp.23-36.
大林隆司（2008）：続・ニューギニアヤリガタウズムシについて―小笠原におけるその後の知見―. 小笠原研究年報, 31, pp.53-58.
岡秀一（2004）：小笠原の自然的背景. 東京都立大学理学研究科生物科学専攻, 東京都立大学小笠原プロジェクト2003（研究代表者：可知直樹）小笠原の人文と自然, pp.45-61.
小笠原自然再生推進検討会(2007)：『小笠原の自然環境の保全と再生に関する基本計画』. 環境省.
小笠原村産業観光課（2007）：『History of Bonin Islands ～小笠原歴史探訪ガイドブック～』.（自家出版）.
小野幹雄（2007）：海洋島における種の分化. 地球環境研究, 9, pp.105-106.
加治宏基（2006）：世界遺産文化をめぐるUNESCOの理念と登録申請国の政策意図. 愛知大学国際中国学研究センター若手研究者研究成果報告論集 ,1,pp.1-6.
環境省（2007）：『小笠原の自然再生に向けて―外来植物「アカギ」の駆除事業の開始』. 日本森林技術協会.
木村俊郎（2003）：「鞆の浦」の歴史的文化景観問題―「鞆の浦」の歴史的文化景観と埋立・架橋計画の交錯―. 追手門経済・経営研究, 10, pp.91-113.
社団法人日本林業技術協会（2003）：『平成14年度小笠原地域再生推進計画調査報告書』. 環境省自然環境局.
社団法人日本林業技術協会（2004）：『平成15年度小笠原地域再生推進計画調査（その1）報告書』. 環境省自然環境局.
鈴木晃志郎・鈴木玉緒・鈴木広（2008）：景観保全か地域開発か―鞆の浦港湾架橋問題をめぐる住民運動. 観光科学研究, 1, pp.50-68.
鈴木晃志郎・鈴木亮（2009）：世界遺産登録に向けた小笠原の自然環境の現状. 小笠原研究年報, 32, pp.27-47.
髙樋さち子(2003)：「世界自然遺産白神山地」における森林環境保続について. 経済科学研究所, 33, pp.63-71.
立川浩之（1994）：海洋島小笠原の自然概観. みどりいし, 5, pp.27-29.
七海由美子（2006）：世界遺産の代表性. 外務省調査月報 ,2006（1）,pp.1-34.
広島県・福山市（2006）：『鞆地区道路港湾整備事業』. 広島県福山地域事務所建設部・福山市建設局土木部港湾河川課.
福山市鞆の浦歴史民俗資料館（2004）：『北前船とその時代―鞆の津のにぎわい―』. 福山市鞆の浦歴史民俗資料館活動推進協議会.
福山市鞆の浦歴史民俗資料館友の会（2004）：『朝鮮通信使と福山藩・鞆の津 その1（慶長～天和）』. 福山市鞆の浦歴史民俗資料館活動推進協議会.
細田亜津子（2004）：文化的景観による世界遺産の可能性 I. 長崎国際大学論叢, 4, pp.73-81.
中本強（2006）：国際観光資源に関する一考察. 『新ツーリズム学原論』, ツーリズム学会編集委員会編, 東信堂.
西村幸夫（2004）：『都市保全計画 歴史・文化自然を活かしたまちづくり』. 東京大学出版会.
日本ユネスコ協会連盟・日本ユネスコ協会連盟.（2009）：『世界遺産年報（2009）』. 日経ナショナルジオグラフィック社／日経BP出版センター.

マイボイスコム（2007）：マイボイスコム定期アンケート＜日本の世界遺産＞. http://www.myvoice.co.jp/biz/surveys/11110/

前野まさる（2004）：はじめに. Japan ICOMOS Information, 6（2）, pp.1-2.

槇原寛・北島博・後藤秀章・加藤徹・牧野俊一（2004）：グリーンアノールが小笠原諸島の昆虫相、とくにカミキリムシ相に与えた影響. 森林総合研究所研究報告, 3-2（391）, pp.165-183.

松井孝子・平野邦臣（2008）：小笠原における自然再生・外来種対策を巡る動き. 地図中心, 430, pp.18-19.

松浦晃一郎（2008）：『世界遺産 ユネスコ事務局長は訴える』. 講談社.

三好章（2007）：「愛国主義教育基地」・「烈士陵園」雑感（光陰似箭）. 中国研究月報, 61（9）, pp.58-61.

ダニエル・ロング編（2002）：『小笠原学ことはじめ』. 南方新社.

Causton, C. and Sevilla, C.（2008）: Latest records of introduced invertebrates in Galapagos and measures to control them. In Cayot, L. ed. *Galapagos report 2006-2007*. CDF, GNP and INGALA.

Epler, B. and Proaño, M.E.（2008）: How many tourists can Galapagos accomodate? In Cayot, L. ed. *Galapagos report 2006-2007*. CDF, GNP and INGALA.

Proaño, M.E. and Epler, B.（2008）: Tourism in Galapagos: a strong growth trend. In Cayot, L. ed. *Galapagos report 2006-2007*. CDF, GNP and INGALA.

Van Der Aa, B.J.M., Groote, P.D., Huigen, P.P.P.（2005）: World heritage as NIMBY? The case of the Dutch part of the Wadden sea. In Harrison, D. and Hitchcock, M.（eds.）*The politics of world heritage: Negotiating tourism and conservation,* Channel View Publications.

●トピック5　観光の立場からみた世界遺産への提言

　観光旅行者の視点に立ちながら、350か所以上の世界遺産を訪れてきた筆者の目からみると、ユネスコによる世界遺産登録の「乱立」は目に余るものがある。近年は登録基準の整備が進められ、登録数はやや抑制傾向にはあるものの、世界遺産の数は年々増え続けていく一方であり、このような傾向が今後とも続けば、いずれは世界の主立った史跡や自然などの大半が世界遺産となるようなことにもなりかねない[1]。また、欧州の文化遺産の登録数が圧倒的に多いという地域的・種類的偏重がみられることも、世界遺産の問題点として、特記に値する。

　もとより世界遺産は、とくに全地球的に保護・継承していく必要があると考えられるものについて登録されるべきものであり、その点において「希

少価値」を帯びているのであって、数が増えれば増えるほどその一つ一つの価値は実質的に下がることとなり、世界遺産ではない「その他多くの遺産」との分水嶺が不明瞭になってしまう。同時に、これはユネスコの意図するところではないかもしれないが、多くの観光旅行者にとって、世界遺産は訪問場所を決める際のメルクマールの一つとなっていることにも目をむける必要があろう。すなわち、世界遺産に登録された観光地への観光旅行者数は、当該登録を契機として、おおむね増加する傾向にある[2]。自分がこれから旅行しようとするエリアに世界遺産があれば、訪れたくなるのが観光旅行者の常であり、なかには世界遺産の観光を目的として訪問地を決めることさえあるからである。とりわけ、日本においては、世界遺産に登録されることで観光旅行者を呼び込もうとする動きが指摘されているほどである[3]。

　ところが、この世界遺産の数があまりに多いと、観光の観点からどの世界遺産が本当に訪れるべきところなのか、見極めがつかなくなってしまいかねない。つまり、世界遺産登録の本来の趣旨と、派生的に生じる観光のメルクマールとしての効果とが、相互矛盾をきたすという事態が生じているのである。

　したがって、観光の見地からは、本来はこれ以上世界遺産を登録すべきではないとも考えられるのであるが、そのようにしてしまうと、今度は先に（古くから）申請があった遺産のみが登録されるという「不公平」が生じることになってしまう。そこで、観光旅行者の視点から、世界遺産の「乱立」を防ぐための手立てとして、以下の3つを提言する。これらはいずれももっぱら観光という視点のみに依拠した筆者の私見であり、実現可能性をまったく意識していないが、「観光のための世界遺産」としての理想像を示すものとして、ご理解いただきたい。

■既存の世界遺産をランク付け（分類）する

　同じ「世界遺産」という冠をいただいている遺産でも、その中身やスケールには大きな差異がある。これは世界遺産のどのような特徴に注目するかにもよるのであるが、少なくとも観光旅行者の視点でみた場合、「きわめて見応えのある」世界遺産と「ほとんど訪れ甲斐のない」世界遺産との格差

写真1　ザンビア側からみたビクトリアの滝
原生的な自然が広がる。ジンバブエ側からはより間近に滝を見学することができる。1997年9月、筆者撮影。

写真2　オロモウツの聖三位一体柱
写真の右側が聖三位一体柱。このようなタイプのモニュメントは欧州各地でみられるため、観光旅行者にとってのインパクトは弱い。2003年8月、筆者撮影。

写真3　シュコシャン鍾乳洞
この地下に壮大な別世界が広がり、観光旅行者にとって見応えがある。2003年5月、筆者撮影。

写真4　メ渓谷内
植生等に詳しくない限り、観光から得るインパクトは乏しいと思われる。2003年4月、筆者が撮影。

――これは観光旅行者の受ける生身のインパクトや感動といった主観的要素による評価である――は大きい。たとえば、ペルーの「空中都市」の異名を持つ遺跡「マチュピチュ」やジンバブエとザンビアとの国境に位置する原生的な自然遺産「ビクトリアの滝」などは、誰が見ても世界遺産であることを疑わないであろうが、フランスの「ナンシーのスタニスラス広場」やチェコの「オロモウツの聖三位一体柱」などは、本当に世界遺産として訪れる価値のあるところなのかどうか、疑問が残るであろう（たとえ学問上の価値のある遺産であっても、観光旅行者にとっては観光的「見応え」ないしインパクトが乏しければ訪れる価値は低くなる）。

　したがって、文化遺産、自然遺産といった種類別の分類とは別に、既存の世界遺産をランク付けし、本当に世界遺産としての価値を強く有するものとそうでないものとを区別してはどうだろうか。本来はA、B、Cの3段

階程度にランク付けし、検討のうえで世界遺産としての価値が薄いと考えられるものについては世界遺産登録を外すことが望ましいが、それが現実的に困難ということであれば、せめて既存の世界遺産を「特別世界遺産」（仮称）と「世界遺産」との２つに大別するなどの方策を検討することが一案として考えられる（特別世界遺産とは、世界遺産のうち相対的に観光価値がとくに優れたもの、観光旅行者からみて見応えの豊富なものを指すものとする）。世界遺産の一部を特別世界遺産に「格上げ」することにもなるが、このような形で各世界遺産の観光価値を大別すれば、観光旅行者が実質的に関心の対象とすべき世界遺産は絞られることとなり、真に価値の高い遺産の新規登録も妨げられない。分類にあたっての客観的な基準の設定が難しいところであるが、実際に訪れた際の印象こそが重要であることから、ここはある程度、訪問者（観光旅行者）の「主観」にもとづく評価に頼らざるを得ないのではなかろうか。

■自然遺産を厳選する

「自然」は人類が築き上げたものではなく、もとよりその姿で存在するものであり、それが保護に値するものであれば、世界遺産に登録せずとも皆でそれを守っていくのは当然のことである。地球温暖化や森林伐採などによる環境破壊が進行する現在、自然保護への要請はますます高まっているといえるが、その度合いは当該自然が世界遺産か否かで判断すべきものではない。また、観光旅行者の視点からみると、世界自然遺産の多くは、範囲が広すぎてどこまでが対象なのかが曖昧であることが少なくなく、また実際にそれをこの目で確かめようとしても、アクセスが非常に不便であるとか、広大な敷地のごく一部しか確認できずにその真価が見いだせないといったケースが多い。

したがって、自然遺産については、とくに見応えのあるものに限って厳選して認定すべきであり、単純に保護対象区域であるからといってやみくもに世界遺産とすべきではない。アクセス可能な見応えのある自然の姿と保護すべき地球環境とは明確に区別して考えるべきであり、観光の見地から世界遺産としての登録の必要性があるのは前者であると考える。このような観点に基づけば、たとえばスロベニアの「シュコシャン鍾乳洞」やべ

ネズエラの「カナイマ国立公園」（高低差世界一の滝エンジェル・フォールのあるところ）などは疑いなく世界自然遺産であり、セイシェルの「メ渓谷」やスリランカの「シンハラージャ森林保護区」などは世界自然遺産登録に疑問が残るものとなる。後者のタイプに属するもので、すでに世界自然遺産として登録されているものの今後の扱いについては難しいところであるが、前項で述べたのと同様に、「特別世界遺産」との差別化を図る方法などが考えられる。

■**類似の価値を有する世界遺産は一括りにする**

現状の世界遺産は、類似の価値を有するものであっても、それが単独で登録されていたりグループで登録されていたりするなど、必ずしも統一性が確保されていない。たとえば、世界遺産の教会についていえば、ブルガリアの「ボヤナ教会」やドイツの「ヴィースの巡礼教会」のように単独で世界遺産登録を受けているものもあれば、フィリピンの「バロック様式教会群」やキプロスの「トロードス地方の壁画教会群」のようにグループで登録を受けているものもある。前者のタイプはグループ化できないものが単独登録された結果であるという見方もできなくもないが、実際には早い時期に登録されたものほど単独登録が多い傾向にあることがうかがえる。

そこで、すでに登録された世界遺産を見直し、共通項の多いものについては、まとめて一つの遺産としてはどうであろうか。このような措置を実施すれば、氾濫ぎみの世界遺産の総数はかなり抑えられることとなる。たとえば、建築様式などにかかわらず、フランスの世界遺産の聖堂・教会を「フランスの伝統的聖堂・教会群」（仮称）などのテーマで一括りにすれば、少なくともシャルトル、ヴェズレー、アミアン、ランス、ブールジュ、サン・サヴァンなどの各聖堂・教会はそれぞれに個別の世界遺産登録を受ける必要がなくなり、既存の遺産の登録を解除することなく世界遺産の総数を減らすことが可能となる。各遺産の歴史的・学問的価値などを考慮するとやや無謀な括り方であるが、このような大括りの世界遺産の例は枚挙にいとまがない。たとえば、イギリスの「グイネズ地方の城郭・城壁群」しかり、ギリシアの「テッサロニキのビザンツ様式の建造物群」しかりである。

観光の見地からみると、世界遺産はまさに「玉石混交」であり、事前の

情報収集などによるその価値の見極めが重要となる。また、世界遺産に目をむけるあまり、世界遺産以外の観光資源をないがしろにすることがないよう、充分に配意する必要があろう。 　　　　　　　　　　　（海野敦史）

注
1) 2009年時点で890件の世界遺産が登録されている。
2) たとえば、2007年に世界遺産登録を受けた石見銀山の観光者数をみると、2008年においては、2006年の約40万人の2倍以上の約81.3万人に及んでいる。平成20年島根県観光動態調査結果および平成18年島根県観光動態調査結果参照。
3) 佐滝剛弘（2006）:『旅する前の「世界遺産」』. 文藝春秋社.

トピック6　世界自然遺産・屋久島の現状

　日本における島嶼部（とうしょ）の多くは、過疎化が顕著にみられ、社会生活を支えるさまざまな機能は、規模の縮小傾向がつづいている。こうしたなかにあって、屋久島は注目すべき例外的な島となっている。世界自然遺産への登録により一種のブランドを確立して以来、エコツアーなど観光を目的とした来島者数は持続的な増加傾向で推移している。

　屋久島は、1993年12月、白神山地とともに日本第1号の世界自然遺産に登録された。島全体の約20％にあたる107 km^{2}は①日本の固有植物であるスギの森林が優れた生態系のもとに成立していること、②温帯から亜寒帯の気候区をもつことから、東アジアにある植物の多くが生息していること、③照葉樹林が広範囲にかつ原生状態で残っていることの3点に普遍的価値があるとされた。「洋上アルプス」と称される屋久島は、一躍、世界からの注目を集めた。

　屋久島への入り込み客数は、1980年代前半までは最高でも10万人あまりで推移していた。ところが、1990年を境に急激な増加がみられ、2007年度には40万人台に達した。入り込み客には、屋久島の住民の利用や出張等の仕事による来島者もふくまれているが、岩手大学農学部准教授の柴崎茂光氏によると、全体の65～69％は観光客と推定される。ということは、今では30万人近くの観光客が屋久島を訪れていることになる。とくに最近では、

写真　千尋の滝　　筆者が撮影。

高速船の増便などで交通アクセスがよくなり、関東からのパックツアー企画の増加などの影響が大きく、エコツアーガイドや宿泊施設数もそれ比例して多くなってきている。

観光客の訪れるスポットは、二極分化の傾向が現れつつある。人気が高いのは、世界自然遺産の区域内にある白谷雲水峡や西部林道、わずかな増加や逆に減少に転じているのは、千尋の滝（写真）や石楠花（しゃくなげ）の森公園、志戸子ガジュマル園など集落やその周辺部にある場所となっている。また、観光客の増加による経済効果は、中央の大手旅行代理店と結びつきの強いところほど顕著であったものの、屋久島全体としてみたときには、世界遺産登録の前後で比べてほとんど変化をもたらしていない。筆者が聞き取り調査をおこなったときも、「いっそのこと、指定されなければよかった。」という声も聞かれた。

すでに売上高の面からみれば、観光業は屋久島の基幹産業となっている。今後、自然環境の保全にくわえて、それらを長年守ってきた地域住民が観光客とのかかわりの機会をもてるか否かが、持続可能な観光への分岐点といえる。

白谷雲水峡などへの急激な入山者の増加は、白谷小屋にあるトイレ利用の増加もまねいた。長年、自然埋設による処理をおこなってきたが、それではもはや対応できなくなり、2006年度から、白谷小屋からし尿の人力搬出をはじめた。入山規制や島への上陸そのものに上限を設けるといった対策案も聞かれるが、このようなし尿による環境負荷の増大をむしろ好機ととらえたらどうだろうか。屋久島を訪れる人々に、自然環境と人間環境とのかかわりを学んでもらうという、エコツーリズムがもつ理念を具体化していくときが、世界遺産登録から15年余りをへてようやく到来しようとしている。

（深見　聡）

第6章　近代化産業遺産を活かす（Ⅰ）
―鹿児島の尚古集成館を事例として―

深見　聡

1　はじめに

　近代化産業遺産への関心は、日本においても2000年代以降とくに高まってきた。経済産業省は2007年4月に産業遺産活用委員会を設置し、一定の基準を設けてその登録を開始した。それに先がけて、NPO法人などの地域団体は、各地に点在する近代化産業遺産に注目し、これを地域に固有の観光資源ととらえ、さまざまな活用策にとりくみはじめた。これは、従来の「遺産」には少なかった、文化財行政の主要な役割である保存や展示といったレベルを超えた動きととらえることができる。

　しかし、あまり歴史に興味をもたない者にとって、近代化産業遺産という存在は、それほど魅力をもった観光資源とは映っていないのではないだろうか。観光とは、場所の移動と非日常性のなかの楽しさを希求するものという性格上、歴史に関心をもたない者にとって、近代化産業遺産の解説をうけることは、むしろそれは単に苦痛としか感じられないものかもしれない。

　また、「産業」を対象としたもののうち、現在稼働している工場の見学や体験ができる産業観光は高い人気を誇っている。焼酎工場では蒸留の工程が見学できるうえに試飲を楽しめる。焼き物窯では彩色や描画といった製作の体験ができる。すなわち、「本物にふれる」ことや「そこでしか味わえない」というニーズに対応できているのが人気の理由の1つにあげられる。産業観光は、私たちに身近な衣食住にかかわる観光資源として地域の活性化に貢献しているのである。

　ところで、近代化産業遺産と現代産業とは、本来は時系列的にみればたがいに連続した存在として不可分の関係にある。しかし両者を扱う観光への注目度は決して同じではない。端的に考えられるのは、産業観光の場合、必ずしも歴史を切り口とする必要はなく、たとえば理科や家庭科、図工科的といったさまざまな切

り口からのテーマ設定が容易な点で異なる。近代化産業遺産の場合、近代という過去（＝歴史）を主題とする活用がスタートラインにあり、現代産業に感じられるような身近さを提示しきれていないのではないか。そのため、もっぱら歴史に関心をもつ者とそうでない者との間に、近代化産業遺産をみつめる価値観の乖離が生じかねない状況が予想される。

　そこで、本章では、幕末・明治期の鹿児島において島津斉彬がはじめた集成館事業を取りあげ、それをとおして、近代化産業遺産の観光資源化の過程に、歴史以外の切り口を準備して身近さを演出していく具体的な提案をおこなってみたい。本事業は、2009年に世界遺産暫定リストに掲載され、全国的にみても近代化産業遺産の観光資源化がいち早くみられる対象と考えられ、そこから身近さを演出する示唆を獲得する試みは、ほかの近代化産業遺産においても有効なものといえよう。なお、本章の内容は、以前発表したワークショップの実践報告の成果[1]とあわせてご一読いただくとありがたい。

2　集成館事業とは

　1851（嘉永4）年、11代薩摩藩主の座についた島津斉彬は、1858（安政5）年に急逝するまで、軍事をはじめ薩摩切子・白薩摩焼から、パンや洋酒といった食料品にいたるまで幅広い近代化の事業実用化をすすめた。鹿児島市吉野町磯地区に工場群を築き、これを集成館と名づけた（写真6.1）。当時、薩摩藩はいち早く西欧列強のアジア進出に危機感を覚え、軍備の近代化をすすめた。製鉄や造船をはじめ、機械工場の操業にこぎつけ、工業用アルコールの原料を米からさつま芋に転換し大量製造への道を開いた。これが現在鹿児島の代名詞ともなっている芋焼酎づくりのはじまりである。その後、集成館関連のたてものは1863（文久3）年の薩英戦争で焼失するが、

写真6.1　集成館事業がおこなわれた鹿児島市磯地区
筆者が撮影。

斉彬の死後に薩摩藩の権力をにぎった島津久光が兄の遺志を継いで再興し、1864（元治元）年に石造の機械工場が操業を開始した。これが、現在の博物館・尚古集成館の本館にあたる。また、外国人技術者の誘致も積極的におこなった。異人館は、日本初の洋式紡績工場である鹿児島紡績所（操業期間：1867～1897年）の英国人技師7名の宿舎として1867（慶応3）年に建てられた。同紡績所の技術を全国に広めようと考えた12代藩主・忠義は、ここから機械の一部を泉州堺に送り、1870（明治3）年に堺紡績所を設立している。

　これらは、非西洋地域における最初でかつきわめて短期間に発展をとげた日本の近代化を象徴する存在として、集成館事業をふくむ22の遺産が「九州・山口の近代化産業遺産群」として2009年1月に世界文化遺産の暫定リストに掲載されるにいたった。

3　世界遺産登録への期待と問題点

　世界遺産に登録されると、それまで全国的に無名に近かった地域に、日本はもとより海外からも短期間で観光客が集中することが予想される。しかし、世界遺産とはそもそも観光振興を目的としたものではない。世界的に普遍的価値を有する自然や文化を保護・保全することを前提として、結果的に観光客の増加といった現象が生じているのである。

　世界自然遺産の鹿児島県屋久島（1993年登録）は、長らく10万人程度で推移していた入り込み客数が、1990年代には約30万人、2000年代後半には約40万人に達した。現実には、地域振興への期待が登録にむけたエネルギーになったといっても過言ではない（朝倉，2008）。屋久島では、すでに観光関連の業種による売上高が他業種をぬいて1位となっており、島の基幹産業としての地位を不動のものにしようとしている。ところが、地域経済への波及効果は観光関連業に従事する一部の島民に限られ、多くは島外の大手旅行会社がその恩恵に浴した。長年、島の自然を守ってきたと自負する島民の多くは、世界自然遺産登録の前後で収入にほとんど変化はなく、むしろ世界自然遺産になったことで平穏な生活を奪われるような事態がたびたび新聞等報道で問題視されるようになった。世界文化遺産においても、熊野古道の損傷の報道が記憶に新しい。

　このような現実を考えたとき、これから世界遺産登録をめざすような地域、と

りわけ本章で扱っている近代化産業遺産の活用を図る地域は、どのような問題点の克服につとめる必要があるだろうか。

それには、近代化産業遺産のもつ特徴に立ちかえり、地域においてそれがどのような意味をもつものなのか、地域住民たちが中心となって価値の再発見をしていく必要がある。先駆的な事業がおこなわれた事実とは裏腹に、その中心的な存在と評価される遺産であっても、後世になり必ずしも恵まれた条件下で存在していないものが意外に多い。現存しない建造物の場合はなおさらで、記念碑のみがひっそりと建っているだけだったりと、そこでどんな先人たちの足跡があったのかを知る機会が決して恵まれた状況ばかりとはいえないのである[2]。

ここで登場するのが、理科的な地域特性という切り口である。たとえば、写真6.1に写っている自然の景観は集成館事業がおこなわれていた当時と、ほぼ同じである[3]。また、「歴史」以外の切り口を準備することにもなり、近代化産業遺産を身近に感じられる裾野をひろげるうえで少なからず貢献するものと考えられる。

4 理科的な地域特性の活用—集成館事業の場合

ここで、集成館事業を事例に、理科的な地域特性という新たな切り口を列挙してみることにする。

4.1 原料

近代化事業において、製鉄は不可欠な技術である。薩摩藩は薩摩半島を中心にたたら製鉄が在来技術として根づいており、原料である砂鉄を鹿児島湾内などの砂浜より採取していた。

また、砲台を鋳造していた反射炉の土台や機械工場となった尚古集成館のたてもの（写真6.2）には、溶結凝灰岩が使用されている。鹿児島湾奥部は約2万5,000千年前にシラス（入戸火砕流堆積物）を噴出した世界最大規模の姶良カルデラである。火山は災害をもたらす一方で、比較的やわらかい（＝加工しやすい）溶結凝灰岩を産出することにつながり、それを用いることで近代工場の現場に耐えうる強度を確保することができた。

島津斉彬は、第2節で述べたように、軍事面にとどまらず、近代化を多方面においてすすめた。その1つに工芸品の開発があり、薩摩切子が代表的なものとして知られる。そのうち、赤色のガラスは精製の過程で金を必要とした。鹿児島は

写真 6.2　溶結凝灰岩でつくられた尚古集成館
筆者が撮影。

写真 6.3　疏水溝の取水口
筆者が撮影。

現在、金の産出量が第 1 位の県であり、藩政時代も山ヶ野金山（霧島市）をはじめ複数の金鉱山が稼働していた。そのため、金の入手は他地域にくらべ容易であるという利点があった。

4.2　動力

　蒸気機関を動かす石炭は、薩摩藩内で産出しなかったため、これに代わるものとして、写真 6.1 の背後にせまる吉野台地で大量の木炭をつくった。また、それだけでは動力が不足するため水車を稼働させて動力とするべく、吉野台地を流れる稲荷川から疏水溝を約 8 km にわたって整備した。台地の高低差をうまく利用しながら写真 6.1 の左手斜面まで水路をひき、そこから下降させることで加速度を利用した水車の回転力を高めた。その取水口は現存し（写真 6.3）、いまも地域に農業用水を供給する役割を担っている。

　ここで紹介したのはほんの一部にすぎないが、鹿児島のもつ理科的な地域特性があったからこそ、集成館事業という近代化の足跡が刻まれていった点が理解できる。そして、それを活用した人間のあゆみ（＝歴史）が創りだされたのである。
　繰り返し述べているように、近代化産業遺産といえば、とかく歴史を切り口においたものがほとんどである。しかし、いまを生きる私たちにも影響をあたえる自然景観や地形・地質といった理科的な特徴は、近代化をすすめた幕末や明治期にも姿を変えず存在していることが多い。そのことは、近代化産業遺産の稼働し

ていた時代を遠い過去のこととらえず、連綿と地域に受けつがれ根づいてきた証しであり、地域住民にとっても「遺産」を生きた「歴史」として関心の目をむける契機となると考えられる。

また、世界文化遺産の暫定リスト入りをしたことは、決して特別な一部の先人たちによる「歴史」が評価されたのではない。ここにあげた地域特性に立脚した固有性や先駆性に大きな価値があり、それを地域住民がどの程度、わがまち意識のなかで観光資源化していけるかが今後問われていくものと考えられる。

5 おわりに

本章では、世界文化遺産暫定リストに記載された集成館事業を事例として、近代化産業遺産の観光資源化における特徴や工夫の方法など提案的な考察をおこなってきた。

近代化産業遺産は、品は変われどもいたる地域に存在している（表6.1）。現存していなくとも、人間が生活を営んできたところにはそれぞれ理科的な地域特性

表6.1 近代化産業遺産の分類と観光資源化の例

	幕末～明治初期	明治中期～昭和初期(戦前)	観光資源化の例
製造業 加工業	たたら、手織り機 ろくろ、醸造器具 登り窯、紡織機 製紙具、漆器具	自動織機、工作機械 製鉄所、陶器工場 各種製造工場	工房作業 (製糸、製織、製紙、窯業)
鉱　業	鉱山(金・銀・銅・錫)	炭田等の各種鉱山	砂金採取、坑道探検
エネルギー 産　業	風車、水車、発火具 水道(高枡・石管) ため池	発電所、ダム 浄水場	動力おこし (ミニ水車作り、手動発電)
交通・通信	駕籠、人力車、荷車 橋、半鐘台、船着場 防波堤、灯台、運河	動力船、造船所、 鉄道(車両・駅舎・トンネル) 道路構造物、港湾施設	乗車船
農林水産業	農具、林業器具 漁具、漁船、塩田	動力漁船、農業機械 林業機具、漁業機具	農林水産業体験 物産館販売・購入

須田（2005）をもとに筆者が作成。

を活かしたあゆみである「歴史」があり、それらが継承されてきたからである。今後、地域に固有の観光資源の発掘は、さらに高度な水準を求められていくだろう。その際に、地域住民の理解があってこそ持続的な展開が可能となる。現在、近代化産業遺産への関心は高まりつつあるが、切り口の多様化などをとおして、一過性の注目で終わらせることなく、観光資源化の過程をより重視していく必要がある。

　日本の近代化の端緒をひらいた遺産は、現在まで世界遺産への登録はゼロである。いいかえれば、「九州・山口の近代化産業遺産群」がその第1号となる可能性が現実的にみて最も高い。まさに、身近さを演出していく具体的なとりくみをはじめる正念場にたっており、今後もその動向に注目していきたい。

付　記

　本章の内容は、2008年度長崎大学高度化推進経費「新任教員の教育研究推進支援経費」による成果の一部であり、日本観光研究学会『日本観光研究学会全国大会学術論文集』24に掲載した論文を大幅に加筆修正したものである。

注
1) 筆者は、2001年にNPO法人まちづくり地域フォーラム・かごしま探検の会を設立し、2008年9月まで代表理事として、歴史を活かしたまちづくり活動にとりくんできた。そのうち、集成館事業について学習するワークショップを開催した成果を深見（2005）としてまとめた。
2) この点について、集成館事業の普及・研究活動の第一人者である寺尾美保氏は、「これまでの地域の歴史が、政治を舞台とした歴史を主流として語られることが多すぎて、国内の産業史に照らして地域の歴史を評価していく作業が遅れている弊害であるかもしれない」と指摘している（寺尾, 2007）。
3) ほぼ同じ地点から明治初年に撮影された古写真が残されている。それと対比すると、海岸線に鉄道や道路をつくるために海岸線の護岸工事が施された以外は、ほぼ当時のまま自然の景観が残されていることがわかる。

文　献

朝倉俊一（2008）：世界遺産登録に伴う国内観光地の入込客数の変化についての考察．日本観光研究学会全国大会論文集, 23, pp.329-332.
須田寛（2005）：「産業観光」を考える．Region, 創刊号, pp.12-14.
寺尾美保（2007）：集成館事業と市民研究．地理, 52（12）, pp.44-47.
深見聡（2005）：近代化遺産とエコミュージアムによるまちづくり．社会教育, 60（6）, pp.61-65.

トピック7　欧州の近代化産業遺産を歩く

　欧州には、近代化産業遺産の保存・継承に積極的な国が少なくない。とりわけ、ドイツ、スウェーデンなどに残る近代化産業遺産の多くは、産業構造の変化に応じて破壊されずに保存され、世界遺産にも登録されているものもあり、当該国内および諸外国から訪れる観光客が後を立たない。
　たとえば、ドイツ西部のザールラント州のフェルクリンゲンの町には、鉄道駅に隣接する約6万m^{2}の敷地のなかに、巨大な鉄のモニュメントとでもいうべき製鉄所が残されている。このフェルクリンゲン製鉄所(世界遺産)は、第二次産業革命期の1873年に建設されたもので、1986年に操業停止に至るまで、欧州でも有数の製鉄所として製鉄業を支え続けたところである。19世紀末から20世紀初頭の世界経済の発展に支えられつつ、東のザールブリュッケンからは石炭が、西のルクセンブルク南西地域からは鉄鉱石が採掘されるという立地上の好条件が相まって、1970年代に欧州の製鉄業全体の不況とそれに伴う経営危機に直面するまで、数多くの新技術を開発した。なかでも、「ガス送風棟」、「ゴンドラ式トロッコ」、「乾式ガス精錬装置」、「連続焼却設備」などは世界各国の製鉄所において採用された。現在は、記念博物館として、当時の設備の多くが往年の威光をとどめる形で保存されており、ガイドツアー形式で時間をかけてその様子を堪能することができるようになっている。同時に、各種文化行事の会場やザールラント造形大学の実習場としても活用されているという。
　エッセンの近くにあるツォルフェライン炭鉱業の遺産群も、ドイツを代表する近代化産業遺産の一つである。ここでは1847年から採掘が開始され、以降1932年までに12の縦坑が整備されたが、なかでも最も美しいと称される第12坑は、炭坑プラントの計画を中心に手がけていたフリッツ・シュップ（Fritz Schupp）とマルティン・クレマー（Martin Kremmer）によって設計され、1932年に操業を開始したものである。バウハウスの機能主義をも体現するこの建築群は、開業直後から地域の石炭処理の中心的役割を担い、

第6章　近代化産業遺産を活かす（Ⅰ）

写真1　ファールンの大銅山地域における工場
銅山採掘跡や工場が一般公開されている。2003年9月、筆者撮影。

写真2　ヴェルラ砕木・板紙工場
1964年に閉鎖され、博物館となった。2004年7月、筆者撮影。

最盛期の雇用者は5,000人から8,000人にのぼったといわれる。しかし、石炭需要の低下を背景に坑区は1986年に、コークス炉は1993年に、それぞれ操業を停止した。現在はドイツ語のガイドツアーにより当時の面影をしのび、また広大な敷地内を散策することができる。ここも、一部の建物がイベント会場や美術館などとして活用されていることが特徴的であり、産業遺産が国民および観光旅行者に肯定的に認知されるだけでなく、文化的催しが誘致されることで、地域活性化に資する役割をも果たしている。

これらのほか、ドイツにおいては、968年に騎士ラムの愛馬が蹄で地面を掻いて銀のありかを伝えたのが始まりとされ、1988年まで1000年以上も銀や鉛などの鉱物採掘の現場となったランメルスベルク鉱山も世界遺産に登録されている。

スウェーデンにおいては、世界有数の鉄鉱石の産出国としての地位を支えたファーガシュタ地方のエンゲルスバーリに、14世紀初めから19世紀まで稼動していた製鉄所が残されており、世界遺産にも登録されている。この製鉄所は、1523年、デンマークから独立したグスタフ1世により設けられ、大砲の普及などを背景とする鉄に対する需要の増加に支えられて繁栄し、1681年には最新式の溶鉱炉が新たに設けられたところである。水力エネルギーを鉱山内のポンプに供給可能なプールヘム・ホイールという機械の導入によって、採掘作業の向上に資し、スウェーデンの基幹産業を支えたといわれる足跡を、現在もなお存分に見学することができる[1]。

写真3 アイアンブリッジ
現在では橋の上は歩行者のみが通行可能である。2000年6月、筆者撮影。

写真4 D.F. ヴァウダ蒸気水揚げポンプ場
建物内部では大きな設備が稼働している様を見学できる。2004年4月、筆者撮影。

　同じくスウェーデンのダーラナ地方のファールンに残る大銅山（世界遺産）は、9世紀ごろから採掘が始まり、17世紀には世界最大の銅の産出量を誇ったところである。1992年に閉鎖された後も、おもに17世紀後半から19世紀にかけて建設された工場、住宅、採掘坑などが保存されており、観光旅行者に開放（ただし、ヘルメットを着用しての見学となる）されている。敷地内には巨大な露天掘りの現場も残されており、往年の時をしのばせてくれる。

　さらに、フィンランドの製紙工業の発展を支えたヴェルラ砕木・板紙工場（世界遺産）も興味深い。ヴェルランコスキ川の流域で1872年に操業を開始して以降、2度火災に遭遇したが、そのたびに再建されたという。工場は重厚な赤レンガの建築がベースとなっており、その床には当時の最新技術である鉄筋コンクリートが使われている。

　他方、ポーランドのクラクフ郊外には、ヴィエリチカ岩塩坑（世界遺産）があり、アウシュヴィッツ強制収容所（世界遺産）とともに、クラクフを訪れる多数の観光旅行者を惹きつけている。この岩塩坑は、10世紀末にピアスト朝のボレスワフ1世の時代に採掘が開始され、13世紀ごろから本格的な採掘の実施に至ったもので、産出された岩塩は、14～16世紀にはポーランドの歳入の約3割を占めたといわれる。17世紀ごろから衰退し始めたものの、現在でも岩塩の産出はあり、現存する岩塩坑としては最古の部類に入る。岩塩坑はガイドツアー形式で見学できるが、内部には見事な岩塩の彫刻や礼拝堂まであり、観光旅行者を圧倒させている。

オーストリアのセンメリング鉄道（世界遺産）も、近代化産業遺産の一つである。これは、標高995 mのセンメリング峠を越えて、シュルツツシュラークとグロックニツとの間の約41 kmを結ぶ鉄道であり、アルプス山脈の山を初めて越えて走ったものとして知られている。登山列車の珍しくない現在では、センメリング鉄道に乗車しても壮大な山岳の景観を楽しめるということ以上の感慨はなかなか味わえないかもしれないが、当時の土木技術を駆使してつくられたそのレールやトンネルは、後世代に継承されるにふさわしい産業遺産であるといえる。

　イギリスには、世界初の鉄橋アイアンブリッジ（世界遺産）がほぼ建設当時のままの姿で残されている。この鉄橋は、1779年、コールブルックテイルという小さな町を流れるセヴァーン川に架けられた。鉄橋建築法が開発されていない当時の木材建築法による架橋であったため、世界で唯一のボルト不使用の鉄橋となっている。周辺には、当時の溶鉱炉や工場が博物館として保存されており、鉱石を運んだトロッコなども展示されている。

　また、ユニークな世界遺産の多いオランダのレメルには、排水の動力として現在もなお蒸気を活用して稼働するD.F.ヴァウダ蒸気水揚げポンプ場（世界遺産）があり、観光旅行者を集めている。1920年に完成したこのポンプ場は、ヨーロッパでも最大級の規模を誇り、国土の約4分の1が海抜下にあるオランダの国情を象徴する大変興味深い近代化産業遺産である。

　このように、近代化産業遺産の保存・観光資源化は特に欧州において顕著であり、「まちづくり」のみならず「ものづくり」を大切にする気質が如実に反映されているといえる。近年、日本においてもようやく近代化産業遺産に着目した動きがみられるようになったが、欧州の事例から学ぶべき要素は非常に多いと思われる。

（海野敦史）

注
1) なお、エンゲルスバーリの製鉄所については、銑鉄を鋼に容易に変えるベッセマー法の出現が、衰退の大きな要因となったとされる。

第7章 近代化産業遺産を活かす（Ⅱ）
－大牟田・荒尾の事例から－

永吉　守

1 はじめに

　わたし[1]は、旧三池炭鉱[2]が存在した大牟田市に生まれ育ち、現在も在住している。1990年代半ばに福岡市内の大学の学部学生として文化人類学などを学んでいた折、福岡の街の雰囲気と大牟田のそれとが相当に異なっていることに着目し、それが炭鉱労働とその生活といった人的側面に起因するのではないかと考え、ジェンダー的観点から炭鉱に関与してきた女性の姿を卒業論文のテーマとした（永吉，1994）。さらに大学院修士課程では、炭鉱労働者とその家族に労働そのものや日常生活などについて、インタビュー形式で半生を語ってもらうライフヒストリー調査・分析を実施して修士論文を提出した（永吉，1996）。修士課程修了後の1995年より近郊の街の某企業博物館で学芸員職に就いたが、しばらく後の1997年3月に三池炭鉱は閉山した。その前後から、三池炭鉱関連の施設や炭鉱の面影が消失していくことに危機感を覚えたわたしは、多くの人々の協力を得ながらNPO法人大牟田・荒尾炭鉱のまちファンクラブ（以下「ファンクラブ」と略記）を組織してそれらを近代化産業遺産と認識しながら保存活用活動を進めてきた。本章では、ファンクラブの活動を概観するとともに、それらの活動が地域社会とどのように関わっているかを明らかにし、地域社会を運営していく主役は、行政でも企業でもなく、市民であることを確固たるものとして位置づけながら、近代化産業遺産の活かし方の一方策について論じてみたい。なお、本章の執筆にあたり、Dicks,B.（2000）、Smith,L.（2006）、荻野編（2002）、加藤（1999）、永吉（2003;2004;2008;2009）、西山・池ノ上（2004）の論点から着想を得ている。

2　NPO活動への胎動－ウェブサイトから生まれた動き－

　わたしは、三池炭鉱閉山に際して一人の地域住民として直面し、「炭鉱のま

ち」の衰退や工場・坑口施設の解体、商店やデパートの閉店など、まちの景観の変化についてある種の残念さを感じつつも、そうした変化は「仕方のないこと」と感じていた。そのような日々のなかで、失われつつある坑口施設の写真、三池争議時の写真や証言などが満載された「異風者からの通信」というサイト[3]（写真 7.1）に目がとまった。その制作者は、

写真 7.1　WEB サイト「異風者からの通信」

大牟田市に隣接する荒尾市で幼少時代を炭鉱労働者の息子として過ごした滋賀県彦根市在住の A 氏（1954 年生まれ）であった。彼は、2000 年 3 月、ウェブサイトの閲覧者およびウェブサイト併設の BBS（電子掲示板）参加者を中心に、メーリングリスト、および「オフ会」（実際の親睦会、年に 1 ～ 2 回）を兼ねた、「net 大牟田・荒尾がんばろう会」を結成した。彼は、三池炭鉱に関するノスタルジアを前面に表現するとともに、多くの三池炭鉱関連施設を近代化産業遺産だと認識しており、保存していこうという志向をもっていた。

　当初、わたしは彼のウェブサイトをただ閲覧するのみであったが、それまで勤務していた企業を退職したこともあり、2000 年 10 月に A 氏の組織に入会した。ほどなくして、わたしは A 氏のウェブサイト上で大牟田・荒尾を再活性化させたいと望む数人の人たちと出会った。とりわけ、東京のある大手建設会社の都市プランナーであった B 氏は、とくに大牟田・荒尾の縁故者ではなかったが、大牟田・荒尾の景観に「まちのポテンシャル」を感じ、その再活性化を思い立ったという。彼は、海外の近代化産業遺産保存活用のとりくみなどを見聞しており、さらに東京で市民活動としての NPO やコミュニティ・ビジネスの先駆的実践者でもあり、それらのノウハウやワークショップ的手法にも長けていた。わたしは、そのころには大牟田の炭鉱施設やその関連施設が破壊され、街の景観が妙に「きれい」になっていくジェントリフィケーション的状況は、この地の「顔」を消去し、人々の記憶から「炭鉱」という存在を消去し、この地の歴史やその文化まで消去・破壊しているのではないかと確信するようになり、自身の博物館学芸員の経験と、現地在住の市民の一人として「この地全体が博物館である」というエコミュージ

アムの認識をもっていたので、B氏のビジョンにすぐに共鳴した。

こうしたなかで紆余曲折あってA氏の「がんばろう会」の活動ではなく、別組織の現地NPOとして、2001年10月「ファンクラブ」をわたしが代表者となり設立した。

ファンクラブの目的（ミッション）は、「炭鉱のまちの風景・心象を次世代へ継承すること」である。このことを、設立趣旨および活動の基本理念として、定款の第三条の「目的」にも掲げている。この文言には、いずれも都市計画の専門家であるB氏、D氏、F氏による「まちの風景の継承」というアイデアが含まれている。なお、「炭鉱のまちの風景・心象を次世代へ継承する」ことを具体的にイメージする際に、わたしは、大牟田・荒尾の空間全体をエコミュージアムとみなし、それぞれの近代化産業遺産はその博物館の展示物だと考えた。それは、三池炭鉱とその関連産業の近代化産業遺産群が、「まち」全体、つまり面的に及んでおり、「産業景観」をなすものであるからである。また、同時に、大牟田・荒尾の地が「近代」の学習の場となると考えたからである。この考えは、ファンクラブの「目指すは、まち丸ごと博物館！」というキャッチフレーズに活かされている。

また、ファンクラブは住民主体の組織にする必要があり、また、これまでの行政による閉山対策が不調に終わっていることから、行政がコントロールするような団体にしたくないというのが結成時の多数意見であったので、B氏の協力を得て任意団体のNPO（後にNPO法人）とした。ファンクラブの趣旨に合致すれば、行政や企業と協力・協働体制をとるが、それらからの圧力を受けないという方針をとり、市民セクターの特徴のひとつでもある、「行政から独立性を持たせた団体」をめざした。また、任意団体であってもNPOとして責任ある行動への自覚と社会的信用を得るため、設立当初からNPO法人化を想定し、定款も準備して運営することにした。

ファンクラブは①正会員（NPO法人の社員。定例会に参加し、運営やイベント企画などに積極的に参加・協力。年会費6,000円）、②賛助会員（イベントや研究会に参加・協力、または資金的に協力。年会費一口3,000円）、③サポーター会員（応援、およびサポートを担当。年会費無料）の3種の会員制度をもち、2003年4月に任意団体からNPO法人へと移行し現在に至っている[4]。

3 炭鉱のまちファンクラブの活動

ファンクラブでは、近代化産業遺産を活用しながら保存するためのさまざまな活動を実施している。以下、具体的に述べる。

3.1 「TantoTanto まち探検」とマップづくり

「TantoTanto まち探検」ではファンクラブのメンバーや一般参加者も交え、近代化産業遺産のある場所まで実際に歩き、ゴール地点では、KJ 法やブレインストーミングを応用し、付箋紙を地図上に貼っていく形式のワークショップ（写真 7.2）を開催している。近代化産業遺産はもとより、その道中の新たな発見や気づいた点を発表しあいながら、ウォーキングルートを検討し、ルートマップを作成する。これまでに、「ヤマめぐり編」「海めぐり編」「ルーツめぐり編」「廃線めぐり編」の 4 種のルートマップを発行している。

写真 7.2　TantoTanto まち探検でのワークショップ
D 氏提供。

3.2 「TantoTanto ウォーク」

「TantoTanto まち探検」をもとに作成したルートマップを生かしながら、年に 2 回、「炭鉱のまち」を歩きながら近代化産業遺産を探訪するイベント（写真 7.3）。歩くことにより、それぞれの近代化産業遺産間の経路（ルート）に存在する風景や心象を五感で自然に感じることができることも目論んでいる。「TantoTanto ウォーク」では、いくつかの趣向をこらしている。たとえば、坑口施設内を見学する際に、実際に使用されたヘルメットとキャップランプを参加者に着用させて炭鉱労働者の雰囲気を味わってもらったり、坑口施設の解説を元炭鉱労働者に思い出を交えて語ってもらったり、かつて三池炭の船舶積み込みに従事した与論島出身者の集会

写真 7.3　TantoTanto ウォーク
D 氏提供。

場を経路上に組み込み、与論島出身者に三味線と唄の演奏を披露してもらったりしている（写真 7.4）。万田坑施設でおこなわれたイベントに協賛し万田坑施設内でのギターコンサート開始時刻に合わせてウォークのゴールを設定したり、三池鉄道敷跡を部分的に経路に組み込んだり、昼食・休憩時間の最後に、炭鉱にまつわるクイズ大会を催したり、といった仕掛けを展開した実績がある。このようないく

写真 7.4　与論島出身者による
三味線練習風景を見学
G 氏提供。

つかの仕掛けは、かつてこの地に炭鉱と関連工場が存在し、そこにはマイノリティを含むさまざまな人々が存在し、彼らの文化が交錯し、この地特有の風景と心象を再び想い起こさせることを目論んでいる。また、この仕掛け自体が、人間味あふれる生活文化、喧騒、活気などのような「炭鉱のまちの風景・心象」を現在の大牟田・荒尾にとりもどす実践ではないかと考えている。なお、いまだ充分に事業化できていないのであるが、TantoTanto ウォークの応用編として、修学旅行や研修旅行などバスツアー客むけに、バスに乗り込んで「炭鉱のまち」（大牟田・荒尾市内）を案内するガイドや宮原坑のスポットガイドも依頼に応じ有料で実施している。

3.3　資料館等運営とガイド事業

2006 年度より、荒尾市万田炭鉱館の指定管理者受託のほか、2005 年度より大牟田市石炭産業科学館にて企画・学芸業務を受託した。万田炭鉱館の指定管理業務の一環として元炭鉱 OB や万田坑周辺住民で組織する市民団体「万田坑ファン倶楽部」[5]と協働で万田坑跡施設をガイドする「万田坑市民ガイド」（写真 7.5）を実施し、好評を得ている[6]。

写真 7.5　万田坑市民ガイド
G 氏提供。

3.4 近代化産業遺産を保存・活用するための署名・清掃・修復・シンポジウムなどの各種イベント

年1回の「万田坑市民まつり」企画・運営のほか、子どもむけワークショップ（写真7.6）や各種シンポジウムの企画および他団体主催のシンポジウム等への登壇、学習会などを実施。また、遺産の保存活動として、署名活動や遺産の草刈清掃活動を実施し、一部の草刈活動は他のボランティア団体や周辺住民と協働で実施している。さらに、近代化産業遺産について話し合うシンポジウムや学習会も適宜実施している。また、民間や行政を問わず各種助成団体からの助成金を積極的に活用してイベントを開催しており、財団法人トヨタ財団から2回の助成を受託したほか、さわやか福祉財団、労働金庫、福岡県、大牟田市、文化庁建造物課などからの委託をうけ、万田坑山の神コンサートや宮原坑での地域住民を対象としたワークショップなどを開催した実績がある。

写真7.6　子どもむけワークショップ
宮浦坑の煙突の高さを三角測量。G氏提供。

3.5 情報の発信と連携

会報発行ウェブサイト[7]、ブログ、メーリングリスト運営などを実施している。イベント開催時には、大牟田市や荒尾市の広報なども活用するほか、いわゆる「口コミ」も重要な広報手段として活用している。

3.6 「炭都」グッズの開発・販売

「炭都」（「炭鉱のまち」という意味）関連のグッズ開発にも力を入れている。たとえば、ご飯の中のミニ海苔巻や蒟蒻を岩盤のなかの石炭にみたて、それを竹細工のツルハシとシャベルで「掘り出して」食べるというオリジナルコンセプト弁当「炭都物語」（写真7.7）を開発・販売しているほか、地域住民から句を募集し、

写真7.7　弁当「炭都物語」
G氏提供。

それに地域の美術協会員が絵をつけてかつての「炭都の風景・心象」を再現した「石炭今昔三池かるた」というオリジナルカルタなどを開発し、販売している。

3.7 定例会

月例で開催し、理事・運営委員の区別なく合議制で実行するという運営方法を採用している。意思決定としては冗長とも思えるが、少数の意見も反映させるという体制がファンクラブを少なくとも約8年にわたり存続させてきた要因であると考えられよう。

3.8 他団体との連携と「世間遺産」

活動を継続していくうちに、ファンクラブと同様のとりくみをおこなっている他地域の活動を知るようになった。そのような中で、九州内で連携する気運が高まり、端島（軍艦島）の保存活動にとりくむ「NPO法人軍艦島を世界遺産にする会」などとともに、2006年2月、九州の近代化産業遺産の保存・活用活動を中心にする地域団体、九州産業考古学会、学識経験者、九州内のシンクタンクなどが集まり「九州伝承遺産ネットワーク」を組織し、わたしは副会長に就任している。おりしも、産業遺産・産業観光の普及活動に携わっている実業家や近代化遺産を所有する自治体が連合し、「九州・山口の近代化産業遺産群」をユネスコ世界文化遺産の暫定リストに記載すべく活動を始めており、九州伝承遺産ネットワークはその後方支援をおこなうことにもなった。しかしながら、九州伝承遺産ネットワークは「世界遺産」に認定されるかどうかにかかわらず、地域の人々が活用し、伝承していくものこそが「遺産」であると考え、活動をおこなっている。そして、そのことを端的に示す遺産概念が九州伝承遺産ネットワークのメンバーZ氏から発せられた。それが「世界遺産」ならぬ「世間遺産」である。

「世間遺産」とは、「先人の知恵や技術など、次世代に伝承すべき遺産のなかで、地域の人々（市民）が自ら発見し、地域の宝物として価値付ける遺産。「世界遺産」と対等な価値を持つ」（Z氏の概念をわたしがまとめたもの）というものである。「世間遺産」という概念・価値観は、ユネスコ世界遺産の価値観を補完するものとしてもとらえられるのだが、同時にあたらしい価値観であるとも考えられる。それは、世界遺産を「ありがたがり」、「観光活用やそれによる経済活性化のみが

喧伝される」という、日本における「世界遺産ブーム」に警鐘を鳴らすものでもある。地域住民が置き去りにされた日本のいくつかの世界遺産の現状とその弊害は、本書第5章などでも指摘されていることであるが、われわれは世界遺産として認定されるかどうかにかかわらず、「世間遺産」として、「地域」の人々が伝承していく遺産こそが真の「遺産」であると信じ、活動をおこなっている。そのほか、地域のネットワークとして大牟田市内のNPO法人で構成する「おおむたNPO連絡会」を組織し、情報交換や協働イベントを開催している。

4　学習型観光への期待

　前節3.2のウォークや3.3の資料館等運営・ガイド事業のように、ファンクラブの具体的な主業態は観光業だとみなすことができる。しかしながら、われわれは、けっしていわゆる物見遊山的な観光をめざしてはいない。あくまでも「炭鉱のまちの風景・心象を次世代へ継承すること」が目的であると考えている。

　近年、日本の人文・社会科学においても議論されているが、従来からのマス・ツーリズム型の観光や世界遺産登録などによる文化遺産地の極端な観光開発は「観光公害」などのかたちで地域社会にマイナスの影響を及ぼすとともに、「観光のまなざし」によって「芸能」や「景観」が創出され、「地域色」そのものを地域間で競う構造になってしまっているために、地域社会のありかたを歪めていると批判されている[8]。こうした問題点を克服するための「持続可能な観光開発」や「グリーン・ツーリズム」なども叫ばれて久しいが、結果的に地域社会を観光という商業主義的なフィールドに引きずり出すための体のよい宣伝文句に過ぎないという指摘すら存在する[9]。そしてわたしもこれらの観光批判に部分的に同意する。

　一方で、大牟田・荒尾の現状として、炭鉱の歴史そのものが、事故や労働争議、肉体労働やマイノリティの抑圧などをともなっていることもあり、また、地域の人々が炭鉱のあった時代やその遺物をあまりにも「あたりまえ」の存在と認識していることもあって、簡単に観光化するような状況になく、観光客のニーズそのものを発掘していかねばならない状況にある。事実、世界遺産暫定リストには記載されたものの、そのことで観光ニーズがとくに激増したわけではなく、ファンクラブ自体も観光業で収益を高めているわけではない。

　しかし、わたしは、このような状況は、けっしてマイナスではないと考えてい

る。なぜなら、現状として「観光公害」を心配する状況にないのであれば、地域における近代の歴史をあくまでも「学習」してもらう、といった、従来型の観光ではない「学習型観光」を受け入れ側（着地側）で提案できるチャンスではないかと考えているからである。

　その鍵を握っているのは、炭鉱跡地や昭和レトロに直接的なノスタルジアをとくに感じるわけではない、次世代の人々（＝子どもたち）なのではないだろうか。したがって、前節 3.4 や写真 7.6 で示した「子どもむけワークショップ」などに力を入れていきたいと考えている。同様に、10 歳代〜 20 歳代の若い人々の鋭敏な感性による学習にも期待したい。そのための「仕掛け」をファンクラブで考えていくことが、今、求められているのではないだろうか。こうした「仕掛け」の土台づくりについて、次節で紹介したい。

5　炭都の心象・風景を「世間遺産」として次世代に

　旧三池炭鉱の近代化産業遺産の代表的なものである、宮原坑跡[10]と万田坑跡[11]に関しては、それらの建造物が 1998 年に国の重要文化財として、敷地が 2000 年に国の史跡として指定され、2009 年 1 月には「九州・山口の近代化産業遺産群」としてユネスコ世界遺産暫定リストに記載された。また、宮浦坑跡煙突と旧三川電鉄変電所、および大牟田市役所本庁舎旧館は国の登録有形文化財となっており、旧三池集治監外塀・石垣は福岡県指定文化財、旧三井港倶楽部に関しては、大牟田市指定文化財となっている。つまり上記 7 件については、行政や所有者によって「文化財」として保護の対象となっている。

　ところが、わたしやファンクラブで「近代化産業遺産」と認識しているものはけっして 7 件のみではない。とくに、1908 年に三井鉱山の團琢磨（だんたくま）（1858 〜 1932）の陣頭指揮によって竣工した三池港と、「炭鉱のまち」の景観・風景を形成していることの構成要素として、大牟田・荒尾市内を半円状に結んだ三池鉄道敷（写真 7.8）は重要なものであると認識している。しかし、三池港も三池鉄道敷も、文化遺産としては危機的状況にあるといってよいであろう。三池港は、旧三井鉱山（現在の日本コークス工業株式会社）によって設立・運営され、いまではその一部が福岡県の公共埠頭となっているが、閘門施設など大部分が旧三井鉱山系企業によって所有・運営されている。また、三池鉄道敷は、一部の区間は三

井化学株式会社専用線として利用されているが、その大部分は 1997 年 3 月の三池炭鉱閉山時に線路が撤去され、廃線となっているものの、旧三井鉱山がその土地（大部分は土手や谷となっている）を所有しつづけている。三池港および鉄道敷双方とも、行政による文化財調査および文化財への指定打診や地域団体による重要性の指摘にもかかわらず、それらの文化財指定は旧三井鉱山が拒んでいるのが現状である。

写真 7.8　産業景観をなす三池鉄道と石炭化学コンビナート
D 氏提供。

　つまり、文化財に指定されたもの以外の近代化産業遺産の消失・解体が危惧されており、「保存されるもの」と「保存されないもの」の二極化が進行している。実際、上記 7 件以外に、ファンクラブで大牟田・荒尾における近代化産業遺産は 30 件ほどにのぼっているのである。とりわけ、歴史的にみてもまた近代化産業遺産の価値としても重要なのは三池港と三池鉄道敷であろう。

　それでは、三池港と三池鉄道敷の心象と風景を次世代に継承するためには何が必要であろうか。当然ながらそれらの所有者である旧三井鉱山や三池港の一部を所有する福岡県などの協力は不可欠であるが、まずは地域住民にとって、三池港と三池鉄道敷が地域住民によって「我々の遺産」（＝世間遺産）であるという認識をより広めていく必要がある。

　そこで、2008 年度に、わたしが中心となり、「三池港と炭鉱のまちのこれからの 100 年を考えるまちづくりワークショップとシンポジウム」というタイトルで財団法人トヨタ財団より「2007 年度地域社会プログラム：助成番号 D-07-L-146」として助成を受け、いくつかのイベントを複合させることで市民にアピールすることにした。

　具体的には、「炭都の風景を切り撮る」写真展（10 月 25 日～ 11 月 3 日）、三池港周辺ミニウォーク（11 月 2 日午前中）、「炭都の風景を市民の手で伝えよう」シンポジウム（11 月 2 日午後）というイベント群で、三池港と三池鉄道敷跡の文化遺産的な価値とその保存活用の必要性、および住民主体で保存活用をしてい

く重要性を、とくに炭鉱の遺産に興味をもつ者だけでなく、地域全体で共有していくことをめざした。

まず、多くの地域住民にとっては、三池港と三池鉄道敷にとくに関心があるわけでもなく、加えて「見慣れた普通の風景」である。そこで、わたしの知人である熊本大学の教官に相談し、2008年7月に熊本大学、福岡大学の土木や都市計画のゼミを中心とした大学の学生に三池港と三池鉄道敷を「学生の視点」でみてもらい、その過程でブレインストーミング形式のワークショップ（写真7.9）も交えて大牟田・荒尾の近代化産業遺産の魅力について整理した。翌8月には、学生の視点でとらえた三池港と三池鉄道敷、その他大牟田・荒尾の近代化産業遺産を中心とした「炭都の風景」を写真という形で切り取る（本イベントではこれを「切り撮る」と表現した）という写真撮影会を実施した。9月には、同様のコンセプトで、炭鉱の遺産に興味があるアマチュア写真家による写真撮影会を実施した。

そして、撮影された写真群は、ワークショップによってまとめた遺産の魅力や個人の撮影意図にしたがって工夫したタイトルがつけられ、「ヒストリカルランドアート」（歴史的な景観芸術）という作品に仕立て上げた。それらを10月25日から11月3日まで、三池鉄道敷の変電所跡である旧三川電鉄変電所（現：サンデン、国登録文化財）で写真展という形で展示（写真7.10）するとともに、JR大牟田駅のコンコースおよび1番ホームにも展示した（写真7.11）。

さらに、11月2日には、三池港と三池鉄道敷をテーマとし、学生によるヒストリカルランドアートのプレゼンテーションや景観まちづくりの有識者による講演および九州伝承遺産ネットワークメンバーによるパネルディスカッションを含む事前ミニウォーク付きシンポジウムを開催した。

なお、JR大牟田駅コンコースおよび1番ホームに展示した写真は、全体約100点の作品のなかから選ばれた入賞作品8点である。これらの入賞作品はとくに地域住民にとって見慣れた風景を学生やアマチュア写真家の視点によって

写真7.9　ワークショップのようす
H氏提供。

第 7 章　近代化産業遺産を活かす（Ⅱ）　125

写真 7.10　旧三川電鉄変電所での写真展示
H 氏提供。

写真 7.11　大牟田駅 1 番ホームでの写真展示
筆者が撮影。

「再発見」ないし「発掘」された風景や景観だといえよう。たとえば、グランプリを獲得した作品「三池港数え唄」（福岡大学学部生 NA さん、写真 7.12）は、三池港の風景で発見できる「数字」を撮影し、組写真にしたものである。また、優秀賞を獲得した作品「最近電車来ないよね」（アマチュアカメラマン FY さん、写真 7.13）は、三池鉄道敷の廃線踏切跡に生えたキノコを撮影し、家族に見立てたキノコにタイトルで「語らせる」というものである。このような視点は、写真展の来場者アンケートからもうかがえるが、地域住民の目に新鮮にうつったものと思われる。このような新たな視点による再発見・発掘とその提示による地域住民との視点の共有が「世間遺産」の意識を醸成していくものと考えている。

写真 7.12　ヒストリカルランドアートグランプリ「三池港数え唄」
NA 氏制作。

写真 7.13　ヒストリカルランドアート優秀作品「最近電車来ないよね」FY 氏制作。

　つまり、これら一連のワークショップ、撮影会、写真展、シンポジウムは、必ずしも行政による世界遺産登録や文化財指定という「お墨付き」に頼らない、地域に根ざした遺産を活用した地域主導による学習型観光、もしくは地域づくりの萌芽となることを企図したものなのである。

6　おわりに

　これまで述べてきたように、わたしを含むファンクラブの活動は旧三池炭鉱における風景と心象を近代化産業遺産の保存活用を通じて次世代に伝承する活動を展開している。もっとも、「炭鉱」や「近代化産業遺産」というテーマのためか、一般の方の関心をひく度合いや気軽に参加しようという人の割合は低いのが現状である。したがって、観光客やユーザーのみならず、新規運営メンバーの人材発掘に苦労している状況であり、助成金や行政からの委託料が収入の中心で観光事業そのものの収益を柱とするまでには至っていない。したがって、たとえば英国ナショナル・トラストのように、遺産の直接的な買収や保存活動を NPO の手で実施するような状況にはないのが現状である。

　しかし、わたしたちの活動によって少しでも「炭鉱のまち」が語り継がれ、その風景・景観が「語り」のリアリティに必要なものとして保存されていくならば、やや甘い見通しかもしれないが、そこには自然と学習型の観光が根付くものと考える。

注

1) 本稿では、筆者自身の市民活動家としての活動を中心としているので、あえて「わたし」という表現を使用することにする。
2) 旧三池炭鉱は、福岡県大牟田市、みやま市高田町、熊本県荒尾市および近辺の有明海海底におよぶ炭鉱であった。1469年に石炭が発見されたという伝承があり、江戸時代中期（1700年代）から石炭の鉱山として事業化された。1873（明治6）年からは官営炭鉱として、1889年からは三井の経営となり、船舶燃料、各種蒸気ボイラ燃料、金属精錬や製鉄に必要なコークス原料、コークス産業に付随する化学コンビナートとして日本のみならずグローバルに近代化のエネルギー源となった。明治以来第二次世界大戦期までは、石炭採掘および運搬労働には一般の男性のみならず、囚人、女性、与論島からの移住者、朝鮮半島からの移住者や徴用者、戦時中の中国からの徴用者や連合国軍捕虜なども従事した。石炭はいわゆる「産業のコメ」であったが、第二次世界大戦後には日本の主要エネルギーが石油へとシフトするとともに、採炭コストが割安な海外炭との価格差もあいまって、国の石炭政策は国内炭生産縮小へと動いた。この大きな流れのなかで、1959年に三池争議が勃発、総資本対総労働とも呼ばれる激烈な闘争が繰り広げられたが、労働組合の分裂が起こり、結果的にストを実施した組合が敗北した。さらに1963年には死者458人、一酸化炭素中毒患者839人を出した三川坑炭じん爆発事故が起こった。1984年にも死者83人と一酸化炭素中毒患者16人を出す有明坑坑内火災事故が起こった。旧三池炭鉱は国内有数の採炭条件の良い炭鉱であったが、平成時代となり国の石炭保護政策終了が確定的となった1997年3月30日、閉山した。
3) ウェブサイト「異風者からの通信」、1997年A氏により開設、2009年10月時点のURL http://www.miike-coalmine.org/
4) わたしは、ファンクラブの活動において、2001年〜2003年3月に任意団体の代表、2003年4月〜2004年7月にNPO法人の理事長、2004年8月〜2006年9月に運営委員（うち2005年4月〜2006年8月は従業員として大牟田市石炭産業科学館企画学芸担当）、2006年10月〜2009年6月に理事、2009年7月より運営委員（うち2009年9月より荒尾市地域文化財関連担当）である。
5) 2000年7月に結成された万田坑施設の保存活用を中心とした任意団体。炭鉱労働者OBや荒尾市の万田坑周辺在住の地域住民を中心に構成されている。
6) 2009年1月より2010年4月までの予定で万田坑施設改修のためガイド事業も一時休止。
7) 2009年10月現在のURL（ブログもサイト内よりリンク）　http://www.omuta-arao.net/
8) たとえばUrry,J.（1990）、荻野（2002）、山本（2006）、岩本編（2007）などがある。
9) 岩本編（2007）参照。
10) 1898年開坑、1931年閉坑（排水施設として1997年まで稼動）の坑口施設。現存の第二立坑は1899年開鑿、1901年竣工、1931年閉坑。主に人員の昇降を目的とし、資材昇降、排水を兼ねた深さ約150〜160mの立坑。鋼鉄製の立坑櫓は1901年竣工で高さ約22m。レンガ造の第二立坑巻揚機室内にはケージを昇降させる巻揚機、重量物を昇降させるウインチが格納されている。
11) 1902年開坑、1951年閉坑（排水施設として1997年まで稼動）の坑口施設。深さ約270m余りの立坑が2本掘られており、その周囲に、石炭の生産や資材の運搬、それに付随する動

力設備、鉱員・職員の入出坑設備、福利厚生施設、「山の神」など、さまざまな施設が造られた。第一立坑が揚炭、入気、排水、第二立坑が人員、資材の昇降、排気、排水に使用されていた。大正～昭和初期には年間平均75万トンの出炭量であった。現存の第二立坑は、1898年開鑿、1908年完成、立坑の深さは約274m、立坑櫓の高さ18.8m。レンガ造の第二立坑巻揚機室(1909年竣工)には、入昇坑用のモータと直径約4mの巻胴、蒸気動力時代のジャック・エンジン、巨大なギアをもつウインチなどを格納。そのほかにも入昇坑口、安全燈室、少数作業員のための風呂場、山の神祠、事務所、煙突跡などが現存し、三池炭鉱の施設の中でも最も「坑口システム」がわかる施設である。

文　献

岩本通弥編（2007）:『ふるさと資源化と民俗学』. 吉川弘文館.
荻野昌弘編（2002）:『文化遺産の社会学—ルーヴル美術館から原爆ドームまで—』. 新曜社.
加東康子（1999）:『産業遺産』. 日本経済新聞社.
永吉守（1994）:炭鉱の民俗誌—大牟田・三井三池炭鉱における女性の生活をめぐって—. 西南学院大学文学部卒業論文.
永吉守（1996）:炭鉱労働者の生活史にみる自己イメージ—三井三池炭鉱の事例から—. 熊本大学大学院文学研究科修士論文.
永吉守（2003）:エコミュージアム型産業遺産保存・活用のNPOの実践と研究. 九州人類学会報, 30, pp.28-39
永吉守（2004）:「炭都」の風景・心象をとりもどす実践—「大牟田・荒尾 炭鉱のまちファンクラブ」設立顛末記—. DeMusikInter. 編. 音の力＜ストリート＞復興編. インパクト出版会, pp.152-165
永吉守（2008）:市民に寄り添う活動家兼研究者—近代化産業遺産活用の事例より—. 九州人類学会報, 35, pp.30-45
永吉守（2009）:『近代化産業遺産の保存・活用実践とその考察—大牟田・荒尾 炭鉱のまちファンクラブの事例より—』. 西南学院大学大学院国際文化研究科博士学位論文, 自費出版.
西山徳明・池ノ上真一（2004）:地域社会による文化遺産マネジメントの可能性. 国立民族学博物館調査報告, 51, pp.53-75.
山本理佳（2006）:近代産業景観をめぐる価値—北九州市の高炉施設のナショナル／ローカルな文脈—. 歴史地理学, 48（1）, pp.45-60
Dicks, B.（2000）: *Heritage, Place, and Community*.University of Wales Press.
Smith, L.（2006）: *Uses of Heritage*. Routledge.
Urry,J.（1990）: *The Tourist Gaze-Leisure and Travel in Contemporary Societies*.Sage Publications,London.（= 1995, 加太宏邦訳『観光のまなざし—現代社会におけるレジャーと観光』. 法政大学出版局.）

トピック8　山ヶ野金山のあゆみ

　鹿児島といえば、火山に温泉というイメージがすぐに浮かぶ。桜島・霧島、トピック9でとりあげる薩摩硫黄島は、いまも白煙をあげる。また、その近くにはどこも温泉がわいており、私たちの体を癒してくれる。一方、鹿児島は日本一の金の産地ということは、意外にもあまり知られていない。なぜ、鹿児島には金鉱山が多いのであろうか。これは、金が地下でどのように生成されているのかと深いかかわりがある。地下にはさまざまな岩石が存在するが、熱水による変成作用を受けることで金鉱石がつくられていく。つまり、火山や温泉と、金が多く産出することは一体の存在ということもできる。
　今回は、江戸時代を中心に栄えた山ヶ野金山をご紹介する。

■ 300年の歴史をもつ金山のまち

　鹿児島おはら節に「花は霧島、煙草は国分」の一節がある。これは、江戸前期に、島津久通（宮之城島津家第4代当主）が、霧島市国分地域での煙草栽培を奨励したことに由来する。また、久通は、金鉱採掘にもとりくみ、1640（寛永17）年、山ヶ野金山を操業した。周囲3里20町余り（約12 km）を柵で囲い金山と名づけ、東西2か所に番所を置いた。『金山万覚』によると最盛期には15の鉱山所と36の町に約1万2,000の人びとが暮らしていたという。江戸から遊女を招き、長崎・門司とともに九州三大遊郭の一つに数えられた田町遊郭が置かれた。その後、次第に産出量は減ったものの、藩の財政を潤してきた。
　廃藩置県により、金山の運営は島津家に移った。1877（明治10）年、フランス人技師ポール・オジエを雇い、蒸気による杵の運転など機械化を進め、川下には金鉱石から金を採りだす青化精錬所をおくなど、近代化が図られた。一方で、藩政時代からの水車動力の技術も見直され明治20～30年代には約300台が用いられていた。
　その後、1907年に、さつま町永野に電力による精錬所が完成して以降、次第に山ヶ野を離れる鉱夫が増え、往時の賑わいは次第に失われていった。

写真　山ヶ野金山跡に残る主坑道
筆者が撮影。

　1912年には西郷隆盛の子・菊次郎が鉱業館長に就任、戦後は麻生鉱業の協力を得て「夢よ再び」の機運が高まったものの、1958年、ついに300年余り続いた歴史に幕を下ろした。
　約2km離れた山ヶ野集落とさつま町永野集落は坑道でつながれ、くもの巣状に斜坑や竪坑が伸び、鉱山の規模の大きさがしのばれる（写真）。

■『三国名勝図会』にみる賑わいのようす

　1640年に幕府が採掘許可を出して以降、薩摩藩各地からはもちろん、他藩から採掘に夢を託した人びとが集まった。その数は、産出のピークを過ぎた19世紀中頃（『三国名勝図会』が刊行されたころ）でも1千人に達していた。薩摩藩領内への立ち入りは、ときに二重鎖国とよばれるほど厳重で困難であったという。しかし、鉱脈を掘り当てるには熟練の技術が必要であることから、他藩から山師など専門知識をもった人びとの力が必要とされたのである。
　また、佐渡金山のように、幕府や藩による直轄経営ではなく、自稼の方式をとった。これは、採金請負業ともよばれ、鉱石を石臼などで細かくし、金のみを選り分け、それを精錬して藩の奉行所に納め、その金の品位により代金を受け取るしくみである。
　『三国名勝図会』には、金の粒が鉱石のなかにどのように含まれているのかを「砂石の内に粟米大豆を雑へたる如くなる」（砂金）、あるいは「水晶に細筋あるいは漫文に（ばらばらに）金」が付いているといったように、描写に苦慮した跡がうかがえる。「其の道を知らざれば、数万両の金石眼前

第7章　近代化産業遺産を活かす（Ⅱ）　131

図1　山ヶ野金山のようす①（『三国名勝図会』より）

図2　山ヶ野金山のようす②（『三国名勝図会』より）

にありといへども、かつて知ることなし」と、金採掘は素人では難しいことも記している。

　今回の挿絵は、坑道近くで鉱石を粉末状にして金を採り出すようす（図1）と、精錬した金を秤にかけ品質などを吟味している場面（図2）である。一時期は佐渡金山をしのぐ産出を誇るほどで、霧島市国分地域で鹿児島湾に注ぐ天降川の川筋直しと新田開発の財源を賄うことにもなった。

(深見　聡)

第8章　災害過程における観光産業

井出　明

1　はじめに

　観光産業はこれまで、一種の平和産業とみなされ、災害の発生時にはなすすべもなく営業を停止するという受け身の姿勢でとらえられがちであった。しかし、観光産業は多くの危機管理のノウハウを有しており、災害の各過程で大きな役割を担うことが可能である。本報告では、米国同時多発テロ事件（2001年）や新潟県中越地震（2004年）における経験を踏まえ、旅行業者の立場から情報の伝達や安否確認、ひいては初期段階での被災者支援に対する観光産業のかかわりに至るまで、観光産業が災害過程で演じられる役割について概観したい。なお本章では観光産業と旅行産業という用語を併用して用いているが、前者についてはホテル・旅館業や輸送サービスまでも含む広い概念でとらえているのに対し、後者については、いわゆる旅行業法における旅行事業者という限定的な意味合いで用いることに留意されたい。

　本章の全体像としては、まず日本における観光産業の特殊な性質を説明したうえで、林（2003）による時間的なフェーズ区分にしたがって、各フェーズごとに観光産業の役割を位置づけたい。フェーズは、災害発生後、時間の経過を10の累乗で区分したものであるが、観光産業は各フェーズごとに有用な役務を提供することが可能である。

　なお災害発生1,000時間以降は復興期であり、ここでも観光産業は産業復興において大きな役割を果たすことが期待されている。観光復興は、非常に大きな論点であり、それ自体が独立した研究テーマとなるため、今回は詳述せず、第12章で別途記述している。

　本章については、㈱トップツアーの渡部邦彦氏・関口伸一氏・徳野浩司氏のブレインストーミングから生じたアイデアを、筆者が文章化したものであることを

付記しておく。

2　日本型観光産業の特質

　観光産業は、余暇産業の代表であり、「優雅な仕事」というイメージがあるかもしれない。しかし、ある意味では一種の危機管理産業ともいえるのである。身近な例では、沖縄やグアムに行った際に台風が通過したため、現地で足止めを経験した人は多いであろう。その際、旅行業者は宿泊の手配をおこなうとともに、新しい帰国便を用意する、これは最も単純な危機管理の例であり、このレベルの危機管理はすでにマニュアル化されていて、ルーティーンに処理が可能である。一般に台風など、数日前に事前予測が可能な危機に関しては、旅行業者は既存のマニュアルに従って対応している。

　このように日本の旅行業における危機管理のノウハウは、世界と比較しても非常に完成されたものであるといえる。これは日本型観光旅行の特殊性に起因している。欧米の旅行は、個人旅行が中心であり、日本のような団体移動を中心としたツアーは珍しい。欧米の業者にとって、客が現地でどのような危難に遭遇しようとも、それは基本的には自己責任であり、業者の関知するところではないと考えている。日本の旅行業者は自分たちで商品を企画し、責任をもって顧客を出発から解散までサポートすることが期待されているため、顧客サービスの一環として危機管理のノウハウを蓄積させていった。本来は自己責任に帰するようなケースも「困った時に何もしてくれない」という悪評を恐れ、企業努力をしてきた。旅行業は競争が激しいうえに商品の差別化が難しい業界であり、一度離れた顧客はなかなか取り戻すことができない。危機発生時における業者の対応はリピーターを獲得するための最大の営業機会であったのである[1]。

　では、前述の台風などと異なる「予測できない危機」に遭遇した場合、旅行業者の対応はどうであろうか。日本の旅行業は、これまで多くの突発的な危機に遭遇してきた。本章の初出論文を共同執筆した実務家たちの所属する法人が関係した事件だけを取りあげても、1988年に高知学芸高校が遭遇した上海列車事故、1991年湾岸戦争、1997年ルクソールの日本人襲撃テロ、1999年の台湾地震、2001年米国同時多発テロ事件（写真8.1）、鳥インフルエンザ、SARS、2002年バリ島の爆弾テロ、2004年のスマトラ沖地震など枚挙にいとまがない。この種

写真 8.1　ニューヨークグラウンド 0
かつて WTC ビルがあった。9.11 テロ後、更地になった。筆者が撮影。

の事前予測が不可能な緊急事態についても、日本の旅行業者はひたむきな対応を行ってきた。次節以降、日本の旅行業が貢献可能な災害の各過程における対応について、フェーズに分けて分析する[2]。

3　危機発生直後の観光産業の対応（フェーズ 0）

　フェーズ 0（災害発生後 10 時間まで）において、旅行業はどのような対応が可能であろうか。フェーズ 0 の段階では、被災者自身は自力で生きていかねばならず、その点については旅行業の貢献はまだない。しかし、海外での被災者に対する安否確認のノウハウについては、すでに情報システムを応用した蓄積があり、米国同時多発テロ事件においても有効であった。

　旅行業者が有している安否確認の対象は、主として 2 系統存在する。一つは、レジャーとして海外に出かけている旅行者であり、もう一つは駐在や出張などでの業務渡航者である。この安否確認システムは現在も進化を続けており、トップツアー（旧・東急観光）では、パックツアー参加旅行者に対しては T-BOS-P、駐在者・出張者に対しては T-BOS-eye というシステムを準備している。具体的には、航空券の予約・発券記録とホテルやレンタカーの予約・決済履歴から、検索対象の人物が、今どこにいるのかを瞬時にみつけることができる[3]。

　このシステムは、原理的には今後の国内の安否確認システムへの応用が可能である。IC カードによる乗車は都市圏ではもはや常態化しており、同じ IC カードを使ってコンビニなどで少額決済がされる例も増えてきている。緊急事態における安否確認について、カードの所有者とプライバシーの取り扱いをあらかじめ取り決めておくことで、T-BOS と同じ手法での安否確認が容易にできる。安否確

認のための情報システムの進むべき方向性として、T-BOS は一つの指針を示しているといえよう。

4 危機発生後 10 時間〜100 時間（フェーズ 1）
4.1 「いのちを守る」の意味

　この段階から組織的な救援活動が始まるが、フェーズ 1 における最重要点は、「いのちを守る」ことにある。この段階におけるこの言葉は、どのような意味をもつであろうか。

　中越地震において、死者がいつごろ出て、死因が何であるかという点については大きな論点になっていたが、このフェーズの終わるころから、重傷者以外の多くの者が血栓症（いわゆる「エコノミークラス症候群」を含む）で死亡しはじめていることが日本経済新聞 2004 年 11 月 1 日 東京夕刊などで報道されている。彼らは、被災直後はけが人でも病人でもないため、病院に入ることもなかった存在である。快適な避難生活が送れていたのであれば死ななかったはずの人々であり、災害対応の拙さから命を落としていった被害者といえよう。このような事態に、柳田邦男氏などは、自衛隊による快適なテント提供の可能性に言及していたが、自衛隊という組織は本来サービスの提供を目的としているわけでなく、またそのための訓練を受けているわけでもない[4]。

　こういった状況下、宿泊施設の空き情報を一元的に有し、緊急時の移動ノウハウをもつ企業は観光産業のみである。どだい、旅行業をはじめとする観光産業の本質はホスピタリティ産業であって、単なる斡旋業ではない。旅行業者もホテル・旅館業も顧客ごとに最適なサービスを提供することが本来的任務であって、この原則はまさに被災者支援の精神に合致する。

　中越地震におけるこの時期のホテル稼働状況は表 8.1 の通りである。高い稼働率であり、例年以上の稼働率をみせているが、聞き取り調査によれば、増加した宿泊客の大部分はプレスと保険会社の関係者であり、被災者ではなかった。

　では、被災者は自費で快適な避難場所を求めるという行動をとらないのであろうか。この時期に、被災者が自腹での快適な宿泊を求めるのではないかという仮説は、「外化」の自己回復事例として説明可能である。村上（1998）によれば、人々は安全を求めるにあたって、個人の領域を「公」にゆだねることがあり、これを

表 8.1　長岡地区の 2004 年 11 月の主要ホテル稼働率

長岡ターミナルホテル	100 %
グリーンホテル（本館）	98.49 %
ニューグリーンパルホテル	94.38 %
ニューグリーンプラザホテル	97.54 %

各ホテルへの聞き取りにより筆者が作成。

個人領域の「外化」という概念で説明している。たとえ「外化」を行ったとしても、人々が「公」の提供するサービスに満足しないときは、人々は私費を投じてよりよいサービスを手に入れる。このように「公」が提供するサービスに不満なとき、いったん「外化」された個人領域が自己の領域に再び回復するという現象はしばしば見られる。前掲の村上（1998）では、警察のサービスと警備会社のサービスを例にあげているが、病院の差額ベッドのしくみもこの「外化」と自己回復によって説明がつく。すでに柴田（1999）などにおける詳細な報告などから、被災直後の人々の避難所生活が過酷であることはよく知られているところである。にもかかわらず、「外化」された避難所生活に関して自己回復がなされないのは、多分にインターフェースの問題である可能性が高い。観光産業においては、この時期に被災者が自分に適した快適なサービスを手に入れることが可能となるようなインターフェースを整備することが可能であり、さらにパッケージ化されたビジネスモデルが構築できるのではないかと考えている。

　なお阪神・淡路大震災においては、大阪地区のホテルには相当数の被災者の宿泊が確認できた。ただし、すべてのホテルで被災者の宿泊があったわけではない。震災以前から、メディア・プレスの定宿となっていたホテルでは、震災発生直後から記者たちが多く入り、それだけで 2 か月以上満室の状況となった。他方、メディア・プレスの定宿となっていなかったホテルでは、被災者が 4 月下旬まで多くみられた。被災者が多く宿泊していたあるホテルは、震災以前の年の 2 〜 3 月の客室稼働率が 70 〜 75％であるのに対し、1995 年においては 4 月下旬までほぼ満室の状態が続いた。増加分の客層の分析は正確には難しいものの、ホテルマンたちからは、増加分は被災者の宿泊であるという証言を得ている。

4.2 アメリカでの状況

　2005年のアメリカのハリケーン・カトリーナに関する被害では、公的予算によって被災者にホテルが提供されている。このホテルサービスはピーク時には8万5,000室が被災者のために用意され、建前上はこのプログラムは2006年2月7日で中止されたことになっていたが、現実にはサービスの一部は2006年の3月においてもいまだ継続されていた[5]。

　このように、アメリカでは快適な避難生活に対する支出が行われているのに対し、日本では、避難生活の快適さという観点からの提言はあまり見受けられない。避難生活は辛く苦しいものだという観念をもち続ける必然性はないのではないだろうか。日本ではこれまで、自治体や企業、そして観光事業者自身が災害時におけるホスピタリティ・マネジメントについて考えてこなかったため、観光産業が災害時に役割を演じるという発想が関係者の間になかったのではないかと考えられる。今後は、平時の段階から、災害対応について自治体や企業などと観光産業が連携する可能性が模索されてしかるべきであろう。

5　危機発生後100時間〜1,000時間（フェーズ2）

　当該フェーズでは、中越地震に関する田村（2006）でも言及されているように、避難所のオーバーフローの結果、避難所の居住環境は一段と悪化してしまう。このような状況下、被災者のケアとしてどのような対応が可能であろうか。

　旅行産業の側からの提案として、この段階では「希望疎開」という選択がありえるのではないかと考えている。旅行産業がもつノウハウのなかで、「場所の移動」はその最も得意とする分野のひとつである。フェーズ1の段階では、寸断された交通網の全体像が見えてこないが、災害発生後4〜5日たてば、使用可能な交通インフラを把握することが可能である。どの交通手段を用いて、どの宿泊施設に、何人を宿泊させるかというプランニングは、当該業界にとっては短時間で作成可能なものである。

　また、誰がどこにいてどのように暮らしているかという情報管理についても、先述のT-BOSやフリーツアー・イベント移動そして修学旅行における行程管理などの経験からかなりの蓄積があり、これを災害対応用にブラッシュアップすることが必要であろう。

この種の疎開事業は、受け入れ側のホテル・旅館にとっても経済的な意味をもつ。中越地震は、まさに中越地域で生じた災害であり、全国で5番目に広い面積をもつ新潟県では、上越地方などまったく地震の被害を受けなかった地域も多い。しかし、それらの地域でも、新潟県であるという理由だけでいわゆる「風評被害」を受け、新幹線復旧後も旅行客はなかなか戻らなかった[6]。この需給ギャップを埋めるために、被災者をホテル・旅館に誘導するという試みは合理性をもつといえよう。

筆者は、フェーズ1とフェーズ2における総合的な被災者対応を可能にする商品開発ができないかという点について検討を重ねている。需要予測や各ステークホルダーとの協力関係など、ビジネスモデルとして成り立ちうるか細部を詰めているところである。将来的には、自治体だけでなく、家族の安全を早期に確保し、従業員たちに早い段階から勤務に全力を注いでもらうための環境を担保するサービスの提供も可能になるであろうし、もしこのようなサービスが現実化した場合には、企業への販売も可能ではないかと考えている。

6　危機発生後1,000時間以降（フェーズ3）

この段階に至ると、市民の関心は復興に移る。中尾（2002）らが述べるように、復興観光はそれ自体が大きなテーマである。冒頭で述べたとおりここでは詳述しないが、観光学の世界ではすでに日本観光学会第91回全国大会（2005年）のテーマに選定されるなど、学問的研究が進んでいる。

7　災害時の積極的展開をめざして

ここまで、災害の各過程において観光産業がどのような点で関与することが可能かという点について概観してきた。被災者に対してどのような支援が可能かという需要者側の視点から行われたものであったが、本節では供給する側から災害という現象を考えてみたい。

観光産業は災害によって壊滅的打撃を受ける際たるものである。具体的には、中越地震の際は、発生から2週間あまりで37億円ほどの経済損失が発生している。日本政策投資銀行（2004）によれば、地震の影響がない地域におけるキャンセルも多数含まれていた。このように、観光産業は災害発生時には、負の波を被るば

かりで何もできなかったのは事実である。

　しかし、本章の第3〜5節でみたように、観光産業は安否確認、宿泊手配、集団移動などの面で多くのノウハウを有しており、それをビジネスモデル化しておくことで、いざ災害が発生したときにおいても、受け身の立場のまま傍観するという事態は避けられる。今後の方向性としては、自治体や大手企業に対して、事前にパッケージ化した避難総合サービスを提示し、災害発生時にも企業体としての活動が行われるようなビジネス展開についても検討すべき段階に来ていると考えている。

8　今後の課題—社会情報学の観点から

　最後に、社会情報学の観点から危機管理に関する今後の観光産業の方向性について考えておきたい。

8.1　業界の対応

　第3節でみたとおり、日本の旅行業の危機管理能力はかなりのレベルに達しており、とくに9.11の経験は各社の危機管理マニュアルの精度を飛躍的に上昇させた。しかしこれは、あくまでも各会社ごとのノウハウであって、業界全体のノウハウではない。情報は、共有してこそ意味があり、個々の旅行会社なり、添乗員なりが有している経験を早めにプールして、そこから意味のある知識を引き出す必要がある[7]。

　また、添乗員は複数の旅行会社に派遣されるため、危機管理のディファクトスタンダードのようなものは業界内の暗黙値として存在しているが、細部は添乗員なり、旅行会社社員なりの勘と経験に依存している。危機管理の研修マニュアルもせいぜい地震の際の一般的な対応が記されているだけで、危機管理を含めた人材育成はOJTに頼り切っている。昨今の頻発する自然災害に対する備えの必要性や、テロ防止の機運を踏まえ、今後は業界全体での危機管理の標準化を考えるべき時期に来ているといえよう。

8.2　政府への期待

　テロや災害などの緊急事態に際しては、各旅行業者が独自に緊急対応をおこなっている。旅行業者は、それぞれが独自のルートから情報を仕入れ、分析も各

社ごとになされている。

　しかし、緊急時は正確で迅速な情報が必要であるため、国土交通省などの政府部門で一元的な情報対応のシステムが作られることが期待されている。米国同時多発テロ事件の際も、旅行業者はテレビから流れる断片的な情報と各社ごとに集めた情報を元に分析をおこなっていた。かりに政府からの一元的な情報提供があれば各企業の負担が軽減されるとともに、うわさやデマが業界で一人歩きしていくことを防止できるのである。

9　おわりに

　本章では、復興場面のみならず、あらゆる災害過程において、観光産業がかかわりをもてる可能性を鳥瞰した。今後はこの分析を単に研究レベルにとどめるのではなく、旅行業界初の危機管理対応商品として展開する方策を考えてみたい。

付　記

　本章の研究経費の一部は、2005年度科学研究費若手研究（B）「観光情報学の現状と展望」から支出された。大変新しいテーマであるため、研究の遂行にあたっては多くの観光産業関係者へのヒアリングが必要であった。とくに、リーガロイヤルホテル大阪、三井アーバンホテル大阪ベイタワー、ハイアットリージェンシーホテル大阪、長岡観光・コンベンション協会の各ご担当の方々にはお手数をおかけした。ここに厚く御礼申し上げたい。

注
1) 旅行業法における旅行は、厳密にいえば「企画旅行」と「手配旅行」に分かれる。企画旅行は、業者自らが企画し、業者がその日程に責任を持つものである。一方、手配旅行は、運送や宿泊などのサービスを代理・媒介・取次するだけのものである。しかし、旅行業界においてはA社主催の企画旅行をB社が販売するケースも多い。そうした場合、少なくとも法理論において、仲介業者は責任を負わないはずである。しかし実際には、購入した客の家族にとって「どこの主催であるか？」より「どこで購入したか？」が重要であり、その結果としてB社に問い合わせの電話をかけてくることが通例である。また旅行業者の多くは手配旅行についても安否確認の対応をしている。
2) 旅行業者における危機管理の特殊性として、早い段階から「一元管理」を行ってきた点にも着目したい。役所における災害対応については、部署ごとに職域の壁があり、困っている被災者がいたとしても、「それはうちの仕事ではない」という対応をされることもあった。しかし、旅行産業の場合、危機に直面している本人または家族への対応が企業としての評価に直結するため、ほかの部署に振り替えることができない。先述の通り出発から解散まで全責任をもつため、宿泊・移動・食事をはじめとするあらゆるケアをトータルにアレンジしなく

てはならないのである。この旅行業のアレンジの手法を学ぶことは、他業種の危機管理・危機対応担当者にとっても有益であろう。
　上で述べた一元的対応とは、換言すれば、旅行業においては、危機管理に関して全社的対応を求められていることを意味する。つまり、突発事態については、全社を挙げて対応することが必要なのである。旅行会社のこの特性を表す具体的しくみとして、海外のアシスタンス業者（危機管理エージェント）と提携していることが一例としてあげられる。これは、いざ海外で事件や事故が起きた際に、医療やセキュリティサービスを提供する企業であるが、かなりのコストを要する。多大なコストを支出しても、「安全・安心な旅行社」であることは、企業体維持の絶対条件であるため、セキュリティコストについては充分な額を見積もっている。安全のコストを軽視しがちな日本企業のなかでは珍しい存在といえる。

3) 一例を挙げると、米国同時多発テロ事件に際して、名古屋支店管轄の自社主催旅行（8団体150名）については、T-BOSを用いることですべての顧客の安否が一瞬で確認できた。
4) 2004年11月12日の佐賀新聞（共同通信の配信）による。
5) AP電 2006.02.24 Web posted at: 19:24 JST- CNN/AP http://cnn.co.jp/hurricane/CNN200602240022.htmlによる。また、ハリケーンカトリーナに関係したアメリカにおける総合的な住宅対策については、牧（2008）を参照のこと。
6) 「風評被害」という言葉は、観光学の世界で定着しつつある用語であるが、通常の用法と意味は異なっている。風評被害という言葉は、何らかのマイナス現象（原発事故や土壌汚染など）要因が発生した場合に、実際は影響もでていない商品やサービスにおいて消費の減少がおこることを指し、この意味においては特別、観光学に特有の意味を定義する必要はない。しかし通常の経済活動における風評被害は、消費者が対象の財やサービスに対して何らかの不安感をもっているために生じてくるものであるのに対し、観光分野における風評被害という概念は、消費者の不安感によってサービスの消費の減少が起こるというだけではなく、被災地に遊びに行くことの罪悪感や消費欲求の低減によって生じるものであり、消費者が対象のサービスの実態をよく知っていたとしても生じて来るという意味で、通常の風評被害とは様相を異にする。
7) 米国同時多発テロ事件における添乗員の危機管理事例を一つ紹介しておく。成田発ロス経由シアトル行きの団体の航行中にテロ発生が発生し、日本側でも航空会社予約端末の運行状況がdelay表示となった後、まったくのブラックアウトとなった。その後、飛行機はバンクーバーに緊急着陸した。添乗員はカナダのランドオペレーターと連絡をとりながら、宿泊を確保するとともに、3日後に陸路シアトルに行くことにした。この添乗員の危機管理能力は見事なものであるが、米国同時多発テロ事件の際の各添乗員の体験は、公式にはアーカイブ化されておらず、貴重な体験が受け継がれていないことは残念である。

文　献

柴田和子(1999)：避難所の活動と展開.『阪神・淡路大震災の社会学2』,岩崎信彦ほか編. 昭和堂.
田村圭子（2006）：新潟県中越地震における高齢者支援の実態分析や小千谷市復興計画策定支援の視点から.『どのような危機に対しても効果的な危機対応を可能にするために　アブストラクト集』, 京都大学防災研究所巨大災害研究センター.

中尾清（2002）：阪神・淡路大震災と"神戸観光"復興に関する事例研究．日本観光学会誌，40，pp108-116．
日本政策投資銀行新潟支店（2004）：『緊急レポート　新潟県中越地震が及ぼした県内経済等への影響について』．
林春男（2003）：『いのちを守る地震防災学』．岩波書店．
牧紀男・佐藤啓一(2008)：『自然災害後の住宅再建支援における公的支援の可能性に関する検討』．第一住宅建設協会．
村上陽一郎（1998）：『安全学』．青土社．

第9章　条件不利地域における観光
―六ヶ所村と水俣市の事例から―

庄子真岐

1　はじめに

　地域経済への波及効果、交流人口拡大、マーケットの拡大などが見込まれる観光は、地域活性化、地域再生の手段として、その期待は高まるばかりである。しかしながら、観光が注目されたのは今日に限ったことではない。新全国総合開発計画（1969年策定）、第四次全国総合開発計画（1987年策定）においても、観光は大規模リゾート開発というかたちで強く意識されていた（吉田，2006）。1987年には総合保養地域整備法（リゾート法）が施行され、全国津々浦々、経済成長を最優先としたリゾート開発が行われていく。しかし、これらの開発は、甘い需要見通しであったこと、地域の個性や自主性を無視したものであったこと、さらにはバブル経済の崩壊の煽りを受け、全国に環境破壊と地域アイデンティティの喪失を招き、地域に大きな爪あとを残したことは記憶に新しい。このように、地域振興の手段として観光を考えるなかで、気をつけなければならないのは「観光は万能薬ではない」ということである。1980年代後半から広まったリゾート開発の轍を踏まないためにも、観光の展開における地域与件、すなわち、地域の特性に応じた観光の展開が今、求められているのである。

　ここで、観光の展開にあたっての地域与件を考えてみると、観光資源に恵まれた地域や優れた観光資源を有してなくとも地域ならではのまちづくりを展開してきたような地域では、その展開に優位性を見出しやすいといえる。一方、逆にその展開に不利な地域もある。観光まちづくりに関するこれまでの多くの研究は、前者の地域にスポットをあてた議論が展開されてきた。しかしながら、観光が地域にもたらす経済的な効果や社会的効果を考慮するならば、後者の地域であっても観光の展開にその意義が見出されやすく、当該地域の特性に応じた検討が望まれる。

そこで、本章では、観光展開における地域与件を明確に区別したうえでの議論が待たれるなかで、その展開が不利な地域（詳しくは次節に譲ることにする）と想定される2事例、原子燃料サイクル施設を有する青森県六ヶ所村および日本四大公害病の一つ水俣病の発症地として世界的にも有名である熊本県水俣市を取りあげ、観光の展開がそもそも可能であるのか、また、可能であるならば何が必要であるのかを両地域における観光への具体的なとりくみと実態から検討していきたい。

2　条件不利地域とは

本節では、本章で用いる条件不利地域の定義について触れ、二つの事例を対象とした理由をあげておきたい。

条件不利地域とは、過疎地域自立促進特別措置法が規定する「過疎地域」や離島振興法が規定する「離島」、そのほかそれぞれの法律で規定された「辺地」、「半島」、「振興山村」、「特定農山村」、「豪雪地帯」、「特別豪雪地帯」を指すとされる[1]。

一般的には、過疎化、高齢化の進行した地域や気象等の地理的条件などが不利な地域とされている。

しかしながら、これらの条件を観光の観点からとらえなおしてみると、必ずしも条件不利であるとはいえない。

たとえば、豪雪地帯における「地吹雪ツアー」などは観光資源として機能している。豪雪地帯対策特別措置法の目的である産業の振興、民生の安定向上からすれば条件不利であるが、観光の観点からは条件優位ともとらえることができるのである。

そこで、本章で扱う「条件不利地域」としては、一般的に指摘される地域とは一線を画し、観光の展開にあたっての条件不利であることを明記しておきたい。

とりわけ、本章においては観光の展開にあたり、旅行者の意思決定モデルに直接影響を及ぼすとされ（Schmoll, 1977）、その役割が重視されるようになった「地域のイメージ」（前田, 1995）に着眼し、人々が抱くイメージが好ましいものではない地域、すなわち、原子燃料サイクル施設を有する青森県六ヶ所村および日本四大公害の一つ水俣病の発症地として世界的にも有名である熊本県水俣市を対象とした。

3 原子燃料サイクル施設を有する六ヶ所村の観光
3.1 青森県六ヶ所村の概要
　明治時代の町村制施行により六つの集落が一つになったのが、六ヶ所村の端緒である。当地域は、原子燃料サイクル施設、むつ小川原国家石油備蓄基地等を有し、わが国のエネルギー供給拠点として大きく貢献してきた。また、現在は、国際核融合エネルギー関連施設建設の準備が進められており、今後、さらなる発展が期待される地域である。産業としては、豊かな自然環境を活かした漁業、農業、畜産業といった第1次産業もさかんである。産業の就業者数構成比は、第1次産業15％、第2次産業41.4％、第3次産業43.6％となっている。2009年7月31日現在、人口は、約1万1千人、世帯数約4,400世帯であり、予定されている国際核融合エネルギー関連施設の建設により外国人研究者などの転入が見込まれ、今後も人口は大きく減少しないと予想される村である。

3.2 青森県六ヶ所村における観光与件
　観光資源としては、中核施設となる「六ヶ所原燃PRセンター」のほか、温浴施設である「スパハウスろっかぽっか」、「むつ小川原石油備蓄地区展示室」や「村立郷土館」といった各種施設から自然資源であるタタミの形をした奇岩「タタミ岩」や「滝の尻大滝」、「六ヶ所村温泉」などを有する。また、鮭のつかみ取りで有名な「ろっかしょ産業祭り」をはじめ大漁祈願の「泊合同例大祭」、海釣りが楽しめる「泊沖ビッグファイター」などもともと漁業がさかんであった地域であることから海をテーマとしたイベントが多い。観光資源としては魅力的なものが多い一方、基本インフラとしては、大きな課題を抱えている。交通アクセスは、三沢空港からは車で50分、最寄駅であるJR東北本線野辺地駅もしくは乙供駅からも車で40分かかる。また、最寄駅から村を繋ぐバスも1日4往復と少なく、公共交通機関のみでの移動は、時間的に制約が生じてしまうのが現状である。さらに、冬の期間は、豪雪のため自動車での移動にも困難が生じ、観光の観点から交通インフラの不足は否めない。宿泊機能についても、現在村内には、ホテル5軒、旅館4軒、民宿が4軒営業しているが、これらの施設は季節労働者等を受入れる機能としての役割が主となっており、実際には観光客むけの宿泊施設がほとんど

整備されていない。

3.3 青森県六ヶ所村における観光へのとりくみ

現在、六ヶ所村では、原子燃料サイクル事業に対する正しい理解の普及、地域振興等の手段として原子力関連施設を軸とした産業観光の展開を試みている。

とりくみを積極的に推進するのは、県内の経済界、事業者、行政関係者など約360の個人、法人会員で構成される「原子力産業と地域・産業振興を考える会」である。六ヶ所村を中心とした地域における原子力産業関連施設を、「学習・体験型観光資源」という位置づけで活用し、観光振興に活かしていくための方策展開やとりくみを研究している。具体的には、受入れ施設等のデータベース化や産業観光パンフレットの製作といった情報発信、エージェント（旅行代理店）等を対象としたモニターツアーの実施や教育旅行（修学旅行）誘致の誘客促進、そして原子力関連施設の見学制約の一定解除といった受入れ体制の充実という三つを柱に活動を展開中である。

本会が学習・体験型観光資源として位置づけた原子力関連施設の中核を担うのが、「六ヶ所原燃PRセンター」である。六ヶ所原燃PRセンター（以下、原燃PRセンター）は、1991年9月より六ヶ所原燃企画株式会社が運営する原子燃料サイクル施設等に関する理解・啓発活動を目的とした施設であり、入場料は無料となっている。

原燃PRセンター内は、ウラン濃縮工場、低レベル放射性廃棄物埋設センター、再処理工場などの原子燃料サイクル施設を模型や映像、パネル等で紹介するコーナー、各設備を通じて体験するコーナー、原子力などについて学習できるコーナーなどから構成されている（図9.1）。施設内を自由に見学することも可能であるが、希望すれば案内スタッフがわかりやすく説明をしてくれる。

また、常設されているもののみならず、施設前の広場等を利用し、さまざまなキャラクターショーをおこなうなど子どもや家族連れを対象としたイベントも年間5回程度開催している。この集客イベントの来場者数は、1日で2千人を超えることもあり、六ヶ所村の地域住民が参加して楽しめる機会として親しまれている。また年に1回は、「科学」をテーマとした企画にするなど、地域住民とりわけ地域の子どもたちが科学に触れる機会としても機能している。

また、本施設では、館内の中で空いているスペースを利用して、地元の幼稚園・保育園の園児たちが描いた絵や塗り絵などを展示している。これは、園児たちの作品を展示することでその家族が作品をみに訪れるなど、地域住民に足を運んでもらうきっかけを提供している。

　さらに、六ヶ所原燃企画株式会社が運営するもう一つの施設「スパハウスろっかぽっか」と組み合わせた日帰りツアーパックを企画している。この企画は、原燃PRセンターを利用した顧客に対して、ろっかぽっかの利用料金を割引き[2]して提供しているもので、両施設の利用を促進している。

　これらのとりくみから、原燃PRセンターは、原子力や原子燃料サイクル事業に関する理解・啓発活動をおこなう拠点としての機能のほか、地元住民同士の交流や、地元住民とほか地域からの来訪者との交流を促進する六ヶ所村民の「憩いの場」としての機能を果たしている。

　その他、注目されている資源が地元の特産品である長芋を使った焼酎「六趣」である。六趣は、1991年、長芋の産地という青森県の特性を活かし六ヶ所村が宮崎県の伝統ある焼酎醸造会社に協力を依頼して開発した商品であり、六ヶ所地域振興開発会社が、六ヶ所村から委託を受けて製造・販売している。六趣は現在、全国的な焼酎ブームを受け、品薄の状態となり「幻の焼酎」とまでいわれている。実際、六趣は毎日限定60本の販売となっているが、連日朝から並んで買い求める客がいるほどの人気を博している。店頭に並ぶのは、工房のほか、村内の施設のみであり、そのほかはインターネットによる抽選販売となっている。また、製造工場である六趣醸造工房では、蒸留や瓶

図9.1　六ヶ所原燃PRセンターの施設内容の一部
六ヶ所原燃PRセンターのホームページより。

詰め等の工程がガラス越しに見学できるコーナーを設け、観光客の受入れをおこなっている。

3.4 青森県六ヶ所村における観光展開にあたっての課題と可能性

　青森県六ヶ所村における原子力関連施設を軸とした産業観光の展開は、まだ緒についたばかりであり、発展途上の段階である。しかしながら、この時点で抱える課題についてあえて触れておくとともに、今後の可能性について言及しておきたい。

　原子力産業と地域・産業振興を考える会が誘致する教育旅行（修学旅行）であるが、原子力産業に対する負のイメージにより保護者の理解を得ることが難しいとのことで受入れの実績にはつながっていない。まさに地域に対する負のイメージが、観光展開にあたって条件不利に働いており、この負の印象を払拭していくための工夫が必要である。たとえば、国のエネルギー政策のなかで果たす役割の大きさを認識し、学習したいではなく学習すべき必要性を訴求していくことも考えられる。また、六ヶ所村に足を運んでもらうことへのハードルが高いうちは、地域側から出向くといった工夫も考えられよう。具体的な参考事例としては、北海道電力が提供する「エネゴン」がある。「エネゴン」は、エネルギーについて自分で体験し理解できるような器材を積んだ広報車であり、学校の授業や、先生・父兄が実施する勉強会に伺い出張講座をおこなっている。エネルギー全般について広く、楽しく理解できることや、ワゴン車両によるフットワークの軽さから年間実績は100回を超えており[3]、示唆に富む事例といえる。

　六ヶ所村において交通アクセスや宿泊施設等の基本インフラの整備は、喫緊の課題である。とくに、宿泊施設の不足はせっかく村内に足を運んでもらっても通過型の観光で終わってしまい地域を理解する機会や交流の機会を逸してしまう。村内での対応が難しい場合には、十分な宿泊施設を有する近隣地域との密な連携が求められる。

　一方、課題ではなく可能性として示唆されるものもある。一つは日本で唯一となる原子燃料サイクル施設（観光対象としては、そのPRセンター）を有する独自性の高さである。しかしながら、独自性の高い施設を有することが必ずしも、独自性の高い観光資源として機能するわけではない。実際に、原燃PRセンター

の施設内容は、原子燃料サイクルの説明に力点が置かれているものの、国内に立地する原子力発電所が有する PR 館と大きな違いを打ち出せていない。六ヶ所村ならではの独自性の高さを観光客に伝える工夫が必要であろう。それには、施設の物理的な説明のみならず、たとえば、その施設と地域がどのようにかかわってきたかというその地域にしかない知見を形にしてみせていくといったことも創案される。

もう一つは、庄子・菅野（2009）ものべるように、「六ヶ所村は産業観光特有の課題を抱えにくい」ことである。産業観光は、観光客の受入れの中心が観光業界ではなく産業界であることから、コスト面、人材面の負担など産業界と観光業界間の利害の不一致が生じやすいという課題を抱えている（米浪, 2005）。しかしながら、原子力産業では事業に対する理解を促す事自体が事業の一環であるといっても過言でない。受け入れ企業のコスト負担は、産業観光を展開することで新たに生じてくるものではなく、事業をおこなううえで必要不可欠のものであるとの認識が強いからである。

最後に、「六趣」に代表されるように魅力ある地域資源があるならば、負の印象があろうとさらには交通インフラが十分に整っていなくとも足を運んでくれるファンがいるということである。

4　負の遺産を抱える水俣市の観光
4.1　熊本県水俣市の概要

熊本県水俣市は、不知火海に面し九州山地の豊かな水が流れ込む人口約 2 万 8,000 人の地方都市である。1968 年に国が認定した公害病である水俣病の発症地として世界的にもその名が知られている。一方、水俣オリジナルの環境 ISO 制度の創出やごみの高度分別・減量化等、行政と市民とが一体となって多岐に渡る環境政策にとりくみ、現在は、環境に配慮したまちづくりが評価されている。実際に、2008 年、国の環境モデル都市（全国 13 都市）として認定された[4]。

今日の水俣があるのは 1990 年代に遡る。工業による近代化、都市化にともなう経済成長の過程で発生した水俣病が残した傷痕は大きかった。直接的な健康被害のみならず、発生当事人口の 6 割を超える市民が直接・間接的に関与していた加害企業チッソ㈱と被害者とがここ水俣市に併存することで多くの対立が生じ地

域コミュニティの崩壊を招いたのである。しかし、1990年水俣湾公害防止事業によって14年に渡る水銀汚染地域の埋め立て事業が完了すると、対立からは何も生まれないと地域コミュニティを修復するため「もやい直し運動」が展開される。「もやい直し運動」とは、市民の相互理解や水俣病への理解を促すことを目的とした地域づくり活動の総称である。同年、熊本県と水俣市は、「環境創造みなまた推進事業」をスタートさせ、対立していた各主体が対話を重ねていく。1992年日本で初めての「環境モデル都市づくり宣言」、1994年「環境基本条例」の制定、1996年「環境基本計画」を策定、1999年国際規格ISO14001の認証を取得し、名実ともに水俣病の教訓を生かした環境モデル都市へと変貌を遂げたのである。

4.2 熊本県水俣市における観光与件

観光資源としては、不知火海に面する湯の児温泉、山に面する湯治場である湯の鶴温泉の二つの温泉、水俣湾公害防止事業によって埋め立てられた土地である広さ58 haに及ぶエコパーク、エコパークのなかにある環境や水俣の歴史を学べる施設「水俣病熊本県環境センター」、「水俣病資料館」などを有している。レクリエーションから学習型観光まで対応の幅が広い。しかしながら、マーケット規模が大きい二つの温泉の低迷により、水俣市における観光の入り込み数は日帰り・

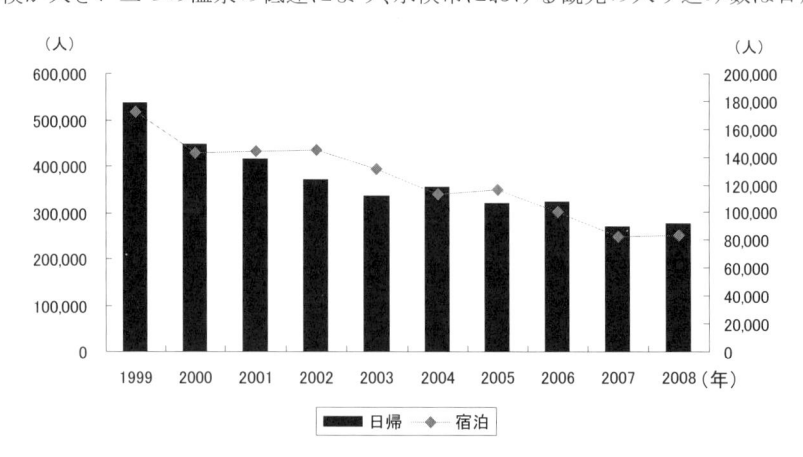

図9.2 水俣市観光入込数推移
水俣市提供資料より、筆者が作成。

宿泊客とも減少の一途を辿っている（図9.2）。

基本インフラでは、交通アクセス、宿泊施設とも大きな課題は抱えていない。とりわけ、交通アクセスでは、2011年に予定されている九州新幹線の全線開通によって関西から約3時間半、福岡からは1時間弱でのアクセスが可能となり、利便性の向上が期待されている。

4.3 熊本県水俣市における観光へのとりくみ

近年、水俣市では、環境学習をテーマにした教育旅行の誘致に積極的に取り組んでいる。1995年から始まった本とりくみは年を追うごとに参加者は増加し、2000年度以降は毎年4,300～7,000人の生徒を受け入れている（図9.3）。

とりくみの中心となる組織は、NPO法人水俣教育旅行プランニングである。本組織は、「水俣病の経験を社会に生かす」「環境問題に対する市民のとりくみを、水俣病への理解に生かす」「環境と経済の両立を目指す」「社会経験や自然、暮らしなど地域の素材を活用する」「調査、研究などの蓄積を、地域に残るノウハウとする」ことを意識しながら、水俣病で失った地域の自信を取り戻し、市民と自治体の連携による地域づくりを最終的な目標として活動を進めている[5]。

具体的には、水俣・葦北地域の環境学習として「水俣病とのかかわりを学ぶ」を中心にすえ、「環境について考える」「暮らしと地域づくりを知る」「楽しく遊

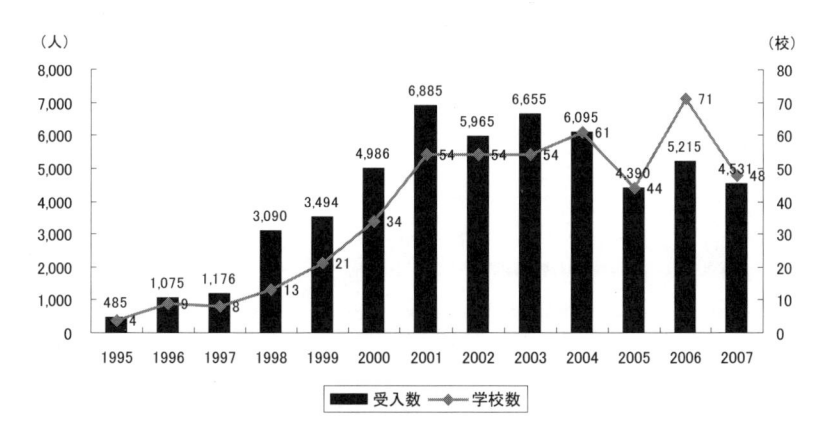

図9.3　水俣市における修学旅行・教育旅行受入れの推移
水俣市提供資料より、筆者が作成。

び自然と向き合う」の計四つをテーマに掲げ、59のプログラムを展開している。以下、特徴あるプログラムととりくみについて紹介する。

4.3.1 水俣病とのかかわりを学ぶ 「水俣に聴くプログラム」

水俣病患者、漁師、市役所職員、市民の方など水俣病と水俣に関わってきたさまざまな立場の人々の自宅や仕事場に教育（修学）旅行生を直接招き、交流を図るプログラムである。1～10人の小グループに分かれて受け入れている。最大の特徴は、立場によって異なるさまざまな視点について学ぶことができること、および一方通行の講話ではなく少人数ならではの身近な交流ができることである。

4.3.2 環境について考える 「ごみの分別」をテーマにしたプログラム

水俣市では、1993年より市民との協働により資源ごみの分別を開始した。約100世帯ごとに設置されたステーション（自治組織が運営）において市民自らが分別をおこなう形式である。現在では、ガラス瓶を6種類に分けるなど資源ごみを22種に分別している（図9.4）。環境保全に対する市民の高い意識が形となっ

図9.4 水俣市における家庭での（ごみの）分け方・出し方 平成21年版
水俣市提供資料。

たとりくみである。このとりくみ自体をプログラム化したものが提供されている。その内容は、分別を体験できるのみならず、分別をおこなう市民から直接話しを伺うことのできるプログラムとなっている。「水俣病以外のことでここ水俣が注目されたことが本当に嬉しかった」と地域住民の方が語ってくれたことは印象深い。教育旅行としてのみならず、自治体の担当者やまちづくり団体などの視察研修としても人気が高いプログラムである。

4.3.3　暮らしと地域づくりを知る　「村まるごと生活博物館」

　地域全体を博物館とみなし、地域の生活文化・自然・産業について、住民が学芸員となり訪問者に対して案内・説明するプログラムである。「水俣市元気村づくり条例」に基づき、地区環境協定を締結することを条件に市長が展開する地区を指定している（現在の指定地区は4地区）。水を大切にすること、何十種類もの野菜を育てる畑など暮らしの豊かさを学ぶことができる内容となっている。

4.3.4　暮らしと地域づくりを知る　「せっけんから生活環境を考える」などの水俣の暮らしにまなぶプログラム

　市内から回収した廃食油でリサイクル石けんをつくる体験ができるプログラムである。本プログラムも石けんづくりの体験だけでなく、石けんづくりの背景となる化学物質の危険性などについても学ぶことができる内容となっている。また、このほかにも「漁師さんから学ぶ魚さばき」「草木染め体験」などの計九つのプログラムが展開されている。いずれも地域の特性を生かした内容となっており、単なる体験だけではなくとりくみへのこだわりなどを体系的に学べるような構成になっている。

　以上、工夫を凝らしたプログラムの内容を紹介してきたが、各プログラムを展開するにあたって当法人が注意を払っていることがある。一つは、顔がわかる体験プログラム集の作成である。実際に、前述の水俣の暮らしに学ぶプログラムのパンフレットでは、各プログラムを教えるガイドの名前が写真入で掲載されている（図9.5）。「ガイドの写真を掲載するには、ガイド本人にも教える内容に自信がないとできない。」と当法人理事長の吉永利夫氏は語っている[6]。これには、ガイド本人にプロとしての意識を醸成するとともに、これまでの自分たちがおこなってきたとりくみに対して、自信や誇りをもってもらいたいという思いの表れでもある。

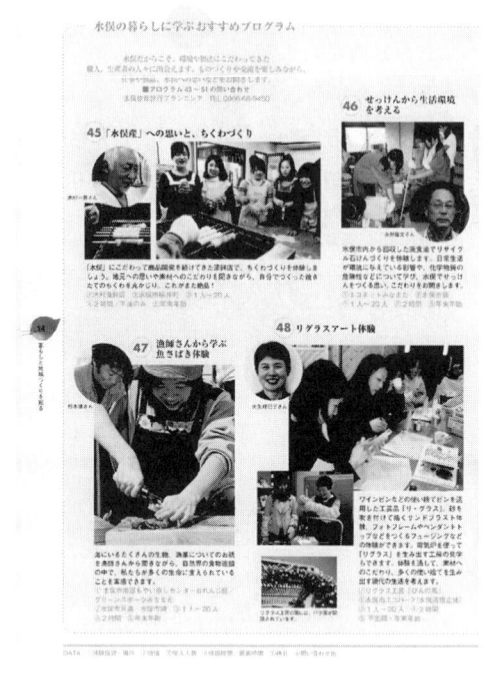

図 9.5　インストラクターの顔がわかる体験プログラム集
水俣・芦北地域の環境学習プログラム pp.14 より。

　もう一つは、修学旅行生から一人あたり 1,000 〜 2,500 円の体験料を徴収し、そのなかからインストラクターに対して謝礼を支払っているということである。プログラムの実施の当初は、謝礼を辞退されることもあったが、必ず受け取ってもらうようにしてきたという。その理由は、一つのプログラム（約 2 時間）をおこなうためには、その準備から後片付けまで含めると半日作業になり、インストラクターの負担は決して軽くなく、ご好意に甘えていては、プログラムを継続的に展開することが難しくなるからである。地域の住民がインストラクターとして展開している本プログラムを持続可能なとりくみとしていくための配慮であるといえよう。

4.4　現状の抱える課題と可能性

　課題としては、水俣市全体での観光客入り込み数の減少に歯止めがかかっていないことである。大きな原因の一つに、二つの温泉地の低迷がある。変化する観

光形態や多様化するニーズに応えられていないというのが理由である。これは、水俣特有の課題ではなく全国の観光地が抱える課題と共通しているといえよう。

一方、可能性として示唆されるのは、これまで展開してきた環境学習をテーマにした教育旅行である。「水俣病」を観光の軸にすえ、地域にあった資源を観光資源としてうまく機能させており、すでに一定の成果が得られている。ごみの分別などのプログラムでは、地域独自のとりくみが観光を通して地域に対する自信や誇りを醸成しており、大変興味深く大いに評価されるべき点である。水俣市全体の観光入り込み数に対しての貢献はまだ低いものであるが、たとえば低迷を続ける温泉地との補完的な連携が図れるならば、さらなる発展が望めよう。

5 条件不利地域における観光の可能性と課題
5.1 条件不利地域における観光の展開がそもそも可能か？

結論から述べるならば、可能であると考えられる。青森県六ヶ所村では、独自性の高い原子燃料サイクル施設を有することで唯一無二の観光を展開できる可能性があること、および「六趣」に代表されるように魅力ある地域資源があるならば、負の印象があろうとさらには交通インフラが十分に整っていなくとも足を運んでくれるファンがいるということから可能であると判断される。課題でも述べたように、観光ニーズの掘り起こしが必要ではあるが、産業の社会的意義付けをおこない学習すべき点を訴求すること、地域資源を観光資源として機能させ村全体の魅力を向上させることでこの課題をクリアしていくことができるのではないだろうか。

一方、熊本県水俣市では、観光の柱はあくまで「水俣病」である。水俣だからこそ伝えられることがあり、それが水俣観光の独自性を高めているといえよう。負の印象を払拭しているのではなく、負をポジティブにとらえた観光の展開であり、観光行動の初期段階を決定する地域のイメージという意味においては条件不利でありながらも、観光を展開していく過程において優位性を打ち出せていることはほかの地域においても大いに参考になろう。また、負の遺産だけでなく、地域資源をも観光資源として機能させることで、水俣観光の魅力を向上させるとともに、観光を提供する地域側にとっても自分たちの地域に対する誇りを醸成させていることから、持続可能な観光としての展開が可能であることが示唆される。

5.2 条件不利地域における観光の展開に必要なこと

　以上、本章では青森県六ヶ所村と熊本県水俣市の二つの事例を通して、条件不利地域における観光展開の可能性について検証してきた。最後に、ケーススタディより得られた知見から条件不利地域における観光展開に必要なことを2点指摘し本章を締めくくりたい。

　1点目は、条件不利となる負の遺産をその地域ならではの視点からとらえなおし、負の遺産と当該地域とのかかわりを観光客にみせることである。

　両地域に共通していえることは、希少性が高いことから観光資源としての独自性を打ち出しやすいということである。観光の展開にあたっての条件不利な要素を逆手にとることで、優位性を打ち出すことが可能なのかもしれない。六ヶ所村の事例では、まだその段階に達していないが、水俣市の事例を踏まえるならば、負の遺産そのものではなく、負の遺産と地域がどのように向き合ってきたかという時間的積み重ねやそこから得られた教訓を形にすることで観光資源として機能しているのではないだろうか。

　2点目は、負の遺産だけでなく地域の人が地域に対する誇りをもてるなにかを観光資源として機能させることである。負の遺産が独自性の高い観光資源として機能する可能性があることはわかったが、それだけでは、地域の人々が地域に対する自信や誇りを醸成しない。むしろ、負の遺産を観光資源にすることに懸念を示す人がいることも考えられうる。したがって、地域の人々の自慢となるような地域資源を観光資源として機能させることがこのような地域における持続可能な観光の展開に求められるのである。さらには、より多くの観光資源を提供できることによって多様なニーズにも対応が可能となり、当該地域の観光地としての魅力向上にも繋がるものであると考える。

付　記

　本章の内容は、日本観光学会『日本観光学会誌』50に掲載した論文を大幅に加筆修正したものである。

注

1) 総務省ホームページ http://www.soumu.go.jp/joho_tsusiNPOlicyreports/joho_tsusin/usf/pdf/050426_2_s1.pdf（最終閲覧日：2009年9月29日）より。

2) PR センターのリーフレットに記念スタンプを押すと、「ろっかぽっか」入館料が割引になる（http://www.6prc.co.jp/pr3_1.html　最終閲覧日：2009 年 10 月 6 日）。
3) 「エネゴン」は 2009 年 3 月、エネルギー全般について広く、楽しく理解できることや、ワゴン車両によるフットワークの軽さ、年間 100 回を超える稼動実績が評価され、第 18 回エネルギー広報活動・広報施設表彰（財団法人社会経済生産性本部・エネルギー環境情報センター主催）の運営委員長賞を受賞している。北海道電力ホームページのエネルギー広報車「エネゴン」http://www.hepco.co.jp/ato_env_ene/energy/enegon/index.html（最終閲覧日：2009 年 10 月 1 日）より。
4) 「環境モデル都市」構想とは、高い目標を掲げて先駆的な取組にチャレンジする都市を選定し、政府がその実現を支援することにより、低炭素社会を実現するものである。首相官邸ホームページ　http://www.kantei.go.jp/jp/singi/tiiki/kankyo/index.html（最終閲覧日：2009 年 10 月 1 日）より。
5) NPO 法人水俣教育旅行プランニング理事長の吉永利夫氏による寄稿「水俣における環境学習とネットワークづくり」エコひょうご No.42、2006 冬号 pp.2 による。
6) NPO 法人水俣教育旅行プランニング理事長である吉永利夫氏へのインタビューより。

文献

庄子真岐・菅野洋介（2009）：産業観光の展開可能性に関する研究 - 青森県六ヶ所村を事例として -．日本観光学会誌、第 50 号、pp.99-106．
前田　勇（1995）：『観光とサービスの心理学　観光行動学序説』．学文社．
吉田春生（2006）：産業観光とは何か．地域経済政策研究、7、pp.57-98．
米浪信男（2005）：産業観光の展開．神戸国際大学経済経営論集、25（1）、pp.1-15．
Schmoll, G.A（1977）：*Tourism Promotion*. Tourism International Press, London.

トピック 9　　薩摩硫黄島（いおうじま）をめぐる

　2009 年 7 月 22 日午前、国内では 46 年ぶりとなる皆既日食が観測された。種子島・屋久島からトカラ（吐噶喇）列島（鹿児島郡十島村（としま））、奄美大島北部ではあいにく悪天候に見舞われたが、これらの島々へは多くの来訪者があった。
　実は今回、これらの島の名前がクローズアップされたものの、十島村や屋久島にほど近い鹿児島郡三島村（みしま）を構成する有人 3 島（竹島・薩摩硫黄島・黒島）はあまり注目されなかった。トカラ列島と同じく、村営フェリーの 1 日 1 便体制さえ整わず、不利な地理的条件におかれているこれらの島々に、

434人(2009年9月1日推計人口)の人びとがくらしている。

　三島村は、1955年、岩波写真文庫シリーズの1つとして『忘れられた島』が刊行されて以来、有吉佐和子氏の『私は忘れない』(1959年の朝日新聞連載小説、翌年松竹が映画製作)、中村勘九郎(現・18代目勘三郎)氏による奉納歌舞伎(1996年)がおこなわれたことで知られる。一方で、同じ鹿児島県内に住みながらも、映画『硫黄島からの手紙』の舞台となった東京都の硫黄島(いおうとう)と混同して認識されているケースもみられる。

　そこでここでは、薩摩硫黄島の自然や文化に焦点をあて、小島嶼のもつ魅力をさぐってみよう。

■火山と温泉の島

　約7,000年前、アカホヤとよばれる火山灰を関東地方まで飛来させ堆積した噴火は、薩摩硫黄島の南東海域の一帯にある鬼界(きかい)カルデラからもたらされた。その名残として、島の南西部に切り立った断崖の岬(永良部崎または恋人岬という)と、今でも休むことなく白煙をあげる硫黄岳(標高703m)がある。また、硫黄島港の海は、赤褐色に染まっている(写真1)。港の底から温泉が湧出し、そのなかの鉄分が溶けているためである。港のある砂浜・長浜浦をスコップで掘ると、自分だけの"浴槽"で温泉を楽しめる。

写真1　永良部崎から硫黄岳をのぞむ
筆者が撮影。

　また、集落の外れには2か所の温泉がある。集落の東に位置するその名も東温泉は、眼前に太平洋、背後に硫黄岳が迫る絶景の天然露天風呂(写真2)。みょうばん泉質であり、肌がすべすべする。ただし、目にお湯が入るとしみるため、顔を洗わないほうが無難である。源泉が70℃超あるため、

写真2　天然露天風呂の東温泉
筆者が撮影。

いったん小さな湯船で冷ましたものが大きな2つの湯船に流れ込むように工夫されている。

坂本温泉は、硫黄島港から車で約15分、北側の海岸沿いにある。泉質は単純泉（食塩泉）で、東温泉は強酸性だがこちらは肌にやさしい感触をうける。源泉は50℃超のため、干潮時の入浴は難しく、干潮と満潮の中間時に海水が程良く混ざり合ったときが最適である。

■島の素朴な特産品

薩摩硫黄島には、2009年現在5軒の民宿がある。繁忙期は5月で、1998年から始まった「俊寛祭り」では毎年50名ほどの参加者が島を訪れる。それ以外にも、釣り客などが宿泊することを考えると、民宿の受け入れ許容人数に適した人数なのである。祭りの際、大名竹（本称：リュウキュウチク）のたけのこを、集落の外へ続く道沿いをはじめ至る所で採ることができる。また、集落の石垣に顔を出すつわぶきなどの山菜採りも人気を集めている。大名竹の名の由来は、その名のとおり、かつて口にできるのは大名だけというエピソードもある。薩摩藩には、「1に大名、2に胡参（コサン）、3に淡竹（ハチク）、4に孟宗（モウソウ）」という言葉があったように、水煮やそのまま焼いて食べてもおいしい。加えて、自給自足的に漁業もおこなわれており、アジやキビナゴといった、山の幸・海の幸を民宿で楽しめる。

■平家物語ゆかりの島

村営船「みしま」は、鹿児島本港南埠頭を出発し硫黄島港まで約5時間

かけて結ぶ。途中の寄港地・竹島を過ぎると、次第に航路の先方に白煙をあげる硫黄岳がはっきりとみえるようになる。さらに進むと、突如、船の右側に海から突き出した岩礁がある。これは昭和硫黄島といい、1934年から翌年にかけて起こった海中噴火により誕生した。噴火時には、硫黄島の東約 2 km、深さ約 300 m の海底から、最大 30 m の長さのある軽石が海上に噴出している。硫黄島の恋人岬の絶壁は、鬼界カルデラ（陥没火山）の火口壁と紹介したが、ここは紛れもない生きたカルデラが存在する地なのである。

　鬼界カルデラの語源は、硫黄島がかつて鬼界ヶ島とよばれていたことに由来する。白煙をあげ赤褐色の海面がそのような名を起草させたといえる。さらにその名が広く知られるようになったのは、琵琶法師による口承文学として有名な『平家物語』である。1177（治承元）年、平氏政権打倒を企てた鹿ケ谷の変の首謀者として、俊寛・藤原成経・平康頼がこの地に流罪となった。翌年、恩赦船が島にやってきたが、俊寛だけは許されず生涯ここで暮らした。彼の流された地は、長崎市の伊王島や奄美群島の喜界島（もとは「喜界」に「鬼界」の文字が充てられていた）の説がある。しかし、俊寛が鬼界ヶ島に出港したとされる鹿児島市中町には「俊寛堀」の名も残されていることなどから、薩摩硫黄島説が最も有力視されている。島の中央には、俊寛が庵を構えたという俊寛堂が復元されている（写真3）。車道から庵までの歩道は、一面に苔を配してあり、活火山の島のイメージとは対照的な静寂の空間が広がっている。1995 年には、硫黄島港に面した総合

写真3　復元された俊寛堂
筆者が撮影。

開発センター敷地に俊寛像が建てられた。

■**スモール・ツーリズムの島として**

　島の北西側に、600 m の滑走路をもつ薩摩硫黄島飛行場がある。1973 年にヤマハリゾートにより開設され、1994 年からは三島村に移管され国内初の村営飛行場となった。一時期、枕崎空港との定期便があったが、現在は遊覧飛行や個人所有の小型飛行機が利用するのみである。また、現在は「冒険ランドいおうじま」として鹿児島市が運営する野外体験施設のある場所に、かつてホテルがあり、孔雀が飼育されるなど南の楽園の島を演出した観光開発がおこなわれたことがある。

　最近でも、国などが実施する観光可能性調査の類ではほぼ最上級の評価がなされているが、これはむしろ島の自然や文化といった地域のもつありのままの姿を楽しむという、スモール・ツーリズムとして観光資源をとらえなおそうという動きと連動したものといえる。

　村営船「みしま」は、2009 年度、鹿児島港から竹島・硫黄島・黒島を経て折り返し運行していた航路を、黒島から枕崎港まで延長する社会実験をはじめた。恋人岬や硫黄岳 6 合目にある展望台からの眺めは、とくに訪れる私たちにひと時の時を忘れさせてくれる気がする。また、集落とその周辺の道はカメリア（椿）ロードと呼ばれている。島の基幹産業の一つである椿油の採取を目的に植栽された。また、アフリカの太鼓・ジャンベの世界的第一人者として知られるママディ・ケイタ氏の協力で、旧硫黄島小中学校舎にジャンベスクールが開校し、観光客は体験もできる。

（深見　聡）

162

第10章　観光ツールの乏しい国における観光
－西・中央アフリカの事例から－

海野敦史

1　はじめに

　日本人の間では、たとえば「パリを観光してきた」と聞いても今やごくありふれた行為として受け取られるであろうが、「マリを観光してきた」と聞くと驚きまたは疑問の念をもって受け取られることであろう。マリが西アフリカ地域にある国家であることを知っている人は、「あまり観光客が行かないところによく行ったな」と感心するかもしれないし、マリに関する知識が皆無の人は、「マリってどこ？」というような反応を示すであろう。マリは、面積約124万 km^2、人口約1,300万人（2008年時点）の国家で、「黄金の都」トンブクトゥ、ジェンネの旧市街（写真10.1）、ドゴン族の集落をはじめとする世界遺産も保有し、西アフリカ地域のなかでは観光資源に最も富んだ国の一つである。それにもかかわらず、多くの日本人はマリの観光には興味・関心を示さず、その名前すら知らないことさえある。

　このような状況はマリに限った話ではない。一部の観光大国を除くアフリカ大陸の多くの国々、ユーラシア大陸中央部の一部の国々、中南米の一部の国々などは、多くの日本人の意識のなかで、観光対象の範疇に属さないエリアとなっていると考えられる。これは、日本人の海外旅行先の統計データで上位を占めているのは、米国、中国、韓国、香港、タイ、台湾、フランス、ドイツなどであり[1]、これらのエリアがまったく含まれていないことから明らかである

写真10.1　マリ：ジェンネの泥モスク
世界遺産ジェンネ旧市街の象徴的存在であり、西アフリカ有数の観光名所でもある。2002年12月、筆者撮影。

第10章 観光ツールの乏しい国における観光　163

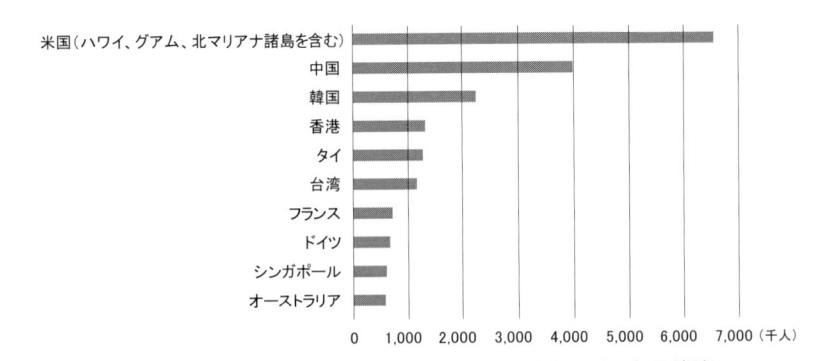

図10.1　日本人海外旅行者の国・地域別訪問者数（受入れ国統計）

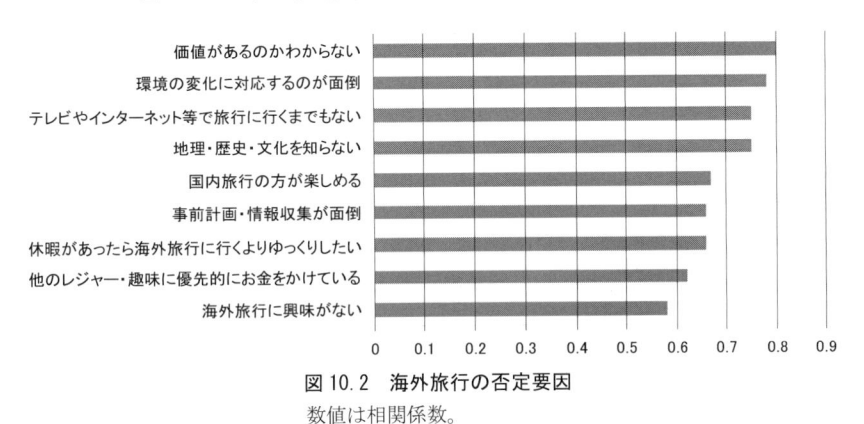

図10.2　海外旅行の否定要因
数値は相関係数。

（図10.1）。一方で、これらのエリアは、西アフリカ・マリの例が示唆するとおり、必ずしも観光資源がなく「見応えに欠ける」というわけではない。では、なぜこれらの国々を観光する人はいまだ少ないのであろうか。

観光の実施者（すなわち観光立国推進基本法〔平成18年法律117号〕14条にいう「観光旅行者」を指す）の視点に立ってみた場合、これらのエリアに共通する特徴は、「観光ツール」の乏しさであると考えられる。ここでいう観光ツールとは、入手可能な観光情報、認知されている観光資源、利用可能な観光施設、現実的な交通手段など、観光旅行者が観光の実施にあたって必要とするさまざまな情報、資源、施設、手段などの総体を指す。とりわけ、観光情報は観光を実施に移すための必須のツールであり、これが希薄であると、観光旅行者にとって観光対象とならないことが多い。実際、日本人の海外旅行の否定要因（図10.2）とし

て最も高い割合を占めているのが、「価値があるのかわからない」という観光情報の不足に根ざすものである（国土交通省・観光庁編，2009）。

　ところが、日本において、前述の「観光対象の範疇に属さないエリア」に関する観光情報の入手は、けっして容易ではない。すなわち、書籍はもとよりインターネットでも「口こみ」でも容易に観光に必要な情報を入手可能な国々の場合と異なり、いざ観光しようにもそれを実施に移すために必要な情報が乏しく、そもそも日本からどのように行けばよいのか、現地ではどこを観光するのがよいのか、その観光場所は何が見どころなのか、現地の政情・治安は大丈夫なのかなどの基本的事項がわからないのである。これでは、そのような地域の観光に興味が湧くことは期待しがたい。また、観光情報に限らず、観光施設や交通手段などの側面においても、観光旅行者にとってのハードルがありそうである。

　このような観光ツールの乏しい地域における観光のあり方を検討する観点から、筆者は複数の時期にわたり、日本人観光旅行者の乏しい西アフリカ地域、中央アフリカ地域、コーカサス地域、一部の中南米地域などを独自に観光し、それまでに訪れたアジア地域、中近東地域、欧米・豪州地域などと比較しつつ、これらの地域における観光資源の現状と望ましい観光のあり方を探求した。当該観光の際は、日本人観光旅行者（とくに若年層）の多くが西欧諸国でしばしばおこなうように、限られた時間の中でできるだけ多くの国々を「周遊する」[2]ことを心がけ[3]、予定を綿密に計画したうえで、現地での精力的な観光活動を心がけた。本章は、その経験を踏まえ、西アフリカ地域および中央アフリカ地域（以下「西・中央アフリカ地域」という）を例に挙げつつ、観光ツールの乏しい地域における観光のあり方を利用者・観光旅行者の視点から管見にもとづき論じることを目的とするものである。そのなかで、なぜこれらの地域における観光は未発展なのか、これらの地域の観光を妨げる要因となる障壁としてどのようなものが考えられるのか、これらの地域の観光資源ないし観光の魅力はどのようなもので、観光を実践に移すにはどのような方法を用いれば効率的、効果的であるかについて、明らかにしていきたい。

2　西・中央アフリカ地域における観光への障壁

　日本人が海外旅行に出かけるきっかけ（図 10.3）として上位を占めるのが、「資

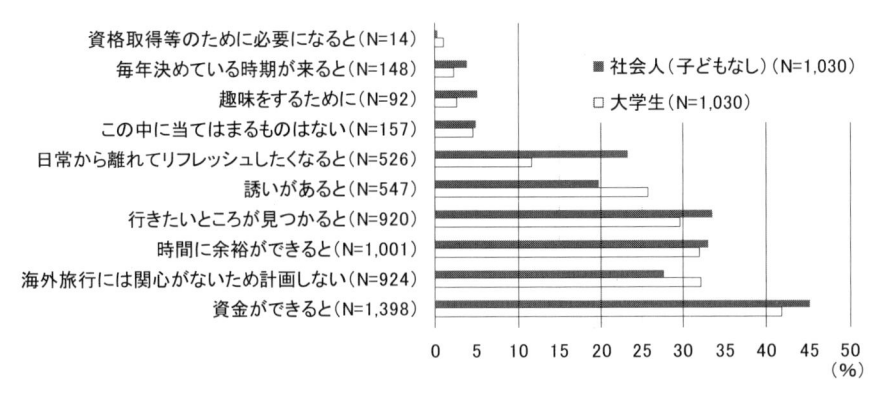

図10.3 日本人の海外旅行に出かけるきっかけ（2008年度調査）

金ができたこと」、「時間に余裕ができること」および「行きたいところがみつかること」である（国土交通省・観光庁編，2009）。すなわち、海外に出向く観光旅行者の多くは、資金・時間に制約があるなかで、観光に関する限られた情報を頼りに目的地を見つけ、少しでも高い効用（満足度）を得ることをめざして、観光を実行に移すのである。したがって、観光ツールの乏しい地域の代表例としての西・中央アフリカ地域における観光は、限られた資金・時間のなかで、それらを消費してまで「あえて本当に訪れてみたい」と思えるようなモティベーションが与えられることにより初めて実現すると考えられる。逆に、事前準備の段階や観光の実行段階において、そのモティベーションを阻害する潜在的または顕在的要因が存在すれば、当該地域における観光はなかなか実施されず、同地域の観光業も発展の芽をみない。そこで、本節では、西・中央アフリカ地域における観光に対する障壁ないし阻害要因について、幅広く検討することとし、同地域ひいては観光ツールに乏しい国々全般における観光のあり方、観光推進のポイントを考察するための手がかりとしたい。

2.1 観光のための特殊準備活動

西・中央アフリカ地域を個人で観光しようとしたとき、しばしば先進国ないし観光ツールの豊富な地域を観光する際に最低限必要といわれる「パスポートと航空券と金銭」さえあればあとは旅立つのみというわけにはいかない。なぜなら、旅程の計画や航空券の手配などの通常必要となる準備活動に加え、当該地域の観

光を実施に移すために不可欠のさまざまな「特殊準備活動」を要するからである。これは、「できれば実施しておいたほうがよい」というレベルの活動ではなく、現地を訪れるために必須の活動である。すなわち、特殊準備活動のプロセスを経ることが、当該地域の国々への入国に際しての必要条件となっているのである。これが、観光旅行者の観光意欲を阻害し、当該地域における観光が未発展であることの要因の一つを形成していると考えられる。これらの特殊準備活動のなかには、行政側のとりくみによりその負担を軽減可能なものもあるが、二国間または多国間の外交関係や国際協力の枠組みや、民間企業の自由な活動に依存するものも少なくないため、状況の改善は容易ではない。以下に、特殊準備活動の具体例について記述する。

2.1.1 ビザの取得

　個人観光旅行者、とりわけ短期間での観光を余儀なくされる観光旅行者にとって、西・中央アフリカ地域の周遊型観光の準備活動において最大の障壁となるのがビザ（査証）の取得であろう。日本人にとっては、セネガルを除く域内ほぼすべての国への訪問にビザの取得が必要である。したがって、西・中央アフリカ地域において国をまたがって短期的に周遊・観光しようとする場合、旅程を綿密に計画したうえで、それぞれの訪問国ごとにビザを取得することが求められる。

　日本人の場合、ビザは、原則として日本にある当該国の大使館で事前に取得することになるが[4]、たとえばギニアビサウのように、国によっては日本に大使館が存在しないところもある。そのような場合には、代替となる国内または在外の関係大使館などにビザを申請することとなる[5]が、郵送手続きなどが煩瑣で時間を要することもある。したがって、旅程のみならず、ビザの申請・取得に関する手続きについても緻密な計画を組み、「取得もれ」や「取得が間に合わない」というような事態がないようにしなければならない。これは、多忙な短期型の観光旅行者にとっては意外に負担が大きく、当該手続きの外部委託をおこなったとしても相当の金銭的負担をともなうことから、西・中央アフリカ地域への観光を阻害する重要な要因となっていると思われる。

　ビザの取得は外交問題にかかわる事項であるため、行政としてその負担軽減策を講じるのは容易ではないが、たとえばカーボベルデやトーゴのように、空路での首都からの入国の際に空港でビザが容易に取得となるようなアレンジを講じて

いる国もあることは注目に値する。とりわけ、島国カーボベルデのように空路での入国が一般的である国において空港でのビザ取得が可能であることは、観光旅行者の負担軽減に直結し、ひいては当該国への観光へのモティベーションを向上させることにつながる。このような観光旅行者の視点に立ったとりくみが進展することが、今後の観光行政の発展にむけた重要な課題の一つとなると考えられる。

2.1.2 感染症対策

西・中央アフリカ地域の観光に抵抗を感じる観光旅行者には、衛生状態の不完全さや疫病（感染症）の流行などにもとづく健康不安を意識している者が多い。こうした健康不安の多くは、適切な予防接種によりある程度解消することができるものであり、実際にそれが入国に際して義務づけられているところも多いが、この事前の予防接種は観光旅行者にとっての負担の一つとなる。しかも、一般的には、一定の間隔を空けて複数の種類の接種をおこなうことが求められるため、準備活動段階において計画的に実施する必要があるという点において、ビザの取得との共通項を有する。

訪問国によっても多少の差異はあるが、西・中央アフリカ地域を観光する際に通常必要となるのが、黄熱病、A型肝炎およびジフテリア・破傷風・ポリオの混合ワクチンに関する予防接種である。とりわけ、黄熱病の予防接種は入国にあたっての必要条件となっているところが多く、その接種証明をビザ取得手続きの際に提出することが必要となる場合も少なくないため、早期の接種が求められる。

これらの予防接種の手間もさることながら、健康不安という観点からの最大の脅威は、マラリア感染のおそれであろう。これは、西・中央アフリカ地域への観光意欲を阻害する大きな要因の一つである。マラリアは、西・中央アフリカ一帯では日常的に発生している病気であり、誰しも蚊（ハマダラ蚊）を媒介として容易に感染しうる。治療が遅れると死に至ることもあるため、罹患した場合には早急の医療が必要となるが、必ずしも治療をおこなうことのできる病院が滞在先の近くにあるとは限らず、かつ有効な事前の予防接種がないため、西・中央アフリカへの観光者は常にこれに罹患するリスクを抱えながら行動することになる。もっとも、このマラリアについては、虫除けスプレーや蚊帳の活用などにより一定の防御策を講じることは可能であるうえに、予防薬（治療薬としての役割を兼ねていることが多い）の服用によりそのリスクをある程度軽減することが可能で

ある。予防・治療薬については、日本よりもフランスなどの旧宗主国の方がバリエーションも豊富で効き目の高いものが多いようである[6]。したがって、西・中央アフリカ地域への観光を推進する観点からは、日本においても、マラリア予防・治療薬の多様化および一層の充実が期待されるところである[7]。

2.1.3 陸路移動計画

限られた時間でより大きな効用を得るための観光を実施するためには、観光ツールに乏しい国における観光ほど、事前の旅程の計画を綿密に立てることが重要となる。なぜなら、旅程に無駄があると、観光ツールに乏しい分だけ代替プランへの臨機応変な変更が困難となり、無為に時間を費やしてしまうことになるからである。そして、旅程の計画策定にあたり、観光都市間の移動のプラニングは不可欠であり、多くの場合、その基本は陸路での移動となる。

日本を含めた観光ツールの豊富な国においては、おもな公共交通には時刻表があり、それらの多く（とくに鉄道）はインターネットでもある程度検索が可能である。そのような国においては、町から町への陸路移動の計画が立てやすく、旅程全体もそれに応じておのずから決まってくる。ところが、西・中央アフリカ地域においては、公共バス・鉄道はほとんど運行しておらず、陸路移動の基本は、「タクシー・ブルース」または「ブッシュ・タクシー」とよばれる長距離用「乗合いタクシー」である（写真10.2）。この「乗合いタクシー」は、日本では廃車寸前のようなワゴン車に、通常の定員の倍近くの客を詰め込んで走ることが一般的で、その出発時刻は所定の客がすべて集まったときである。このルールは西・中央アフリカ地域の大半の国において共通である。すなわち、目的地を同じくする乗客の集まり具合によって、出発まで2時間以上も待たされることもあれば、数分で発車することもあり得る。場合によっては、発車しないこともあるし、筆

写真10.2　ブルキナファソの乗合いタクシー
西・中央アフリカ地域では乗合いタクシーといえばどこでもこのような感じ。かなり摩耗した車に人も物もすし詰めとなるため、長距離移動は忍耐力との勝負となる。2002年12月、筆者撮影。

者の経験によれば、発車しても途中で目的地が変更となることさえある[8]。したがって、西・中央アフリカ地域の観光においては、事前準備の段階で陸路移動の計画を立てることが非常に難しい。場あたり的な行程の通用しない短期間の観光をおこなう観光旅行者にとって、このような観光環境は不安定要素が大きく、敬遠されがちとなる。

　もっとも、ある程度の時間的な幅を持たせれば、西・中央アフリカ地域といえども一定の旅程を組むことは可能である。たとえば、筆者の場合、西アフリカ地域に関しては、当時の在住地フランスからの20日間弱の行程のなかで、前半の1週間はセネガルのダカールを拠点に近隣国（モーリタニア、カーボベルデ、ギニア、ガンビア）をまわり、中盤はマリの首都バマコからベナンのコトヌーまで、ブルキナファソやニジェールにも足を運びながら一気に陸路移動で観光し、後半数日間はベナンのコトヌーを拠点に近隣国（ナイジェリア、トーゴ、ガーナ）を観光する計画を立てた。すなわち、わずか20日間弱の間に西アフリカ地域の12か国を訪れるというもので、何が起こるか予測困難なエリアでの計画の実現性が危惧されたが、最善を尽くした結果[9]、幸いおおむね計画どおりに動くことができた[10]。また、中央アフリカ地域に関しては、フランス・パリとカメルーン・ドゥアラの往復航空券をベースとして、2週間程度の行程で、ガボン、サントメ・プリンシペ、赤道ギニア、カメルーン、チャド、中央アフリカ共和国の順に観光するという空路と陸路を織り交ぜた計画（カメルーン国内では南部の都市ドゥアラから首都ヤウンデを経由して北部のマルアまで行き、さらにそのままチャドの首都ンジャメナまで陸路で移動するほか、サントメ・プリンシペ、赤道ギニア、チャド、中央アフリカ共和国の各国内においても陸路移動をおこなうこととしたこと以外は、空路での移動とする計画）を立てた。これもほぼ計画どおりに実施できたが、帰路の飛行機がたび重なる運休（ストライキ）となったことから、中央アフリカ共和国に1週間近く余分に滞在することとなってしまった。このように、ある程度のハプニングや日程の修正の可能性も考慮に入れながら、陸路移動を基軸とする旅程の全体像を事前に計画・把握しておくことが、西・中央アフリカ地域の観光においては重要である。

　なお、西・中央アフリカ地域の移動の難点は陸路移動であるが、当該地域以外における観光ツールの乏しい国によっては、短期間の観光旅行者にとって、空路

移動のスケジューリングがポイントとなる場合もあることには注意を要する。カリブ海諸国、インド洋諸国、南太平洋諸国の「アイランド・ホッピング」(島間移動)をする場合などがその典型例である[11]。

2.1.4 空路移動計画

陸路移動計画策定の困難さに比べれば、スケジュールがある程度固定的な空路移動計画を講じるのはさほど困難ではない。しかし、西・中央アフリカ地域はそもそも日本からはかなり遠く[12]、域内への直行便がないために空路の経由地[13]が必要であるうえに、域内の空路移動のための航空券を日本の旅行代理店で購入することが困難である場合もある。もっとも、近年はインターネット上の欧米の航空券購入サイト[14]で世界のあらゆる地域に関する航空券を検索・購入することが可能となっているため、その利用価値はきわめて高い。ただし、画面上は英語やフランス語などを通じての購入となるため、それら外国語に対する一定の理解がないと、障壁となることもあり得る。もちろん、日本の企業の運営するインターネット上の航空券購入サイトもあるが、西・中央アフリカ地域内の航空券までカバーしているものは少ないのが実態である。したがって、このような空路移動の側面における観光ツールの乏しさを補うためには、欧米の優れた航空券購入サイトが日本人にも利用しやすくなることが期待される。

2.1.5 観光情報

日本では多数の観光ガイドブックが発売されているが、西・中央アフリカ地域の観光情報を包括的・網羅的に紹介する日本語の市販ガイドブックは筆者の知る限り皆無である。インターネット上でも多数の旅行記などのサイトがあるが、西・中央アフリカ地域の観光について綴ったサイトは少数であり、かつその情報は断片的であるため、ガイド(観光情報)としての有用性に欠ける。すなわち、観光ツールの豊富な地域に比べ、基本となる観光情報がそもそも不足しているため、西・中央アフリカ地域の観光の魅力は利用者に充分に伝わることがなく、「マイナーな観光地」となってしまいがちなのである。また、西・中央アフリカ地域に関心の高い観光旅行者にとっても、想定したルートに公共交通が存在するか否かの情報、当該ルートにおける道路が舗装されているか否かに関する情報(舗装の有無で所要時間が大幅に異なる)、陸路の国境が開通しているか否かの情報(観光旅行者が出入国できない国境も存在し、その状況はしばしば変化する)[15]、現地で

の治安の最新情報など、観光に関する基本情報は「生命線」となる。したがって、観光情報が不足した状況が放置されると、観光旅行者は、たとえ西・中央アフリカ地域の観光に興味があっても、必要な情報を知るすべがないか、またはその情報を知らないということになる。「口コミ」情報であっても一定の価値をもつ観光において、この情報不足の影響は大きく、観光推進のためには改善の余地が大いにある。とりわけ、観光情報は、観光旅行者が集まれば集まるほどその幅が相乗的に広がるという一種の「ネットワーク効果」を有すると考えられることから、さまざまな観光ツールのなかでもその積極的な収集にとくに重点的に取り組む価値が大きい。

　この点において日本が見習うべきだと考えられるのが、海外の大手ガイドブック出版事業者のとりくみである。とりわけ、欧米の旅行者の間では著名な『Lonely Planet』（出版社本社：オーストラリア）は、西・中央アフリカ地域を含め、世界のあらゆる地域を詳細な情報をもとにカバーする質の高いガイドブックであり、各地の観光をおこなうにあたり利用価値が高い。西・中央アフリカ地域を観光する利用者にとって、この「Lonely Planet」はいわばバイブル的な存在になっているといっても過言ではなかろう[16]。域内各国の歴史や文化はもとより、主要都市などの観光のポイント、ホテル・レストラン、移動方法などに関する詳細な情報が網羅されており、とくにインターネットなどからの情報が不足しがちな西・中央アフリカ地域の観光には有益である。当該地域における観光振興の観点からは、「Lonely Planet」日本語版の発行・充実も含め、「Lonely Planet」に匹敵するような日本語ガイドブックが西・中央アフリカ地域についても市販されることが期待される。

　また、インターネット上の電子掲示板の役割も重要度を増している。電子掲示板は、ガイドブックと異なり、現地からの「生の情報」や「最新の情報」を瞬時に伝えることに長けているという利点を有するため、政治情勢の変動や観光環境の変化の著しい西・中央アフリカ地域の観光にはその利用価値がとくに高いものとなる。さまざまな観光情報が分散しないよう、統一的な掲示板が整備されることが望ましい。行政のとりくみはとかく国内の観光情報の提供に力点をおく傾向があるが（観光立国推進基本法21条参照）、観光旅行者にとって真に必要な情報は、むしろ海外のもの──とりわけ西・中央アフリカ地域に代表される観光ツール

に乏しく必要な情報が不足している地域のもの——であることが少なくないことから、国内外を問わずあらゆる観光情報が一元的に集約されるための体制整備にむけた所要のとりくみを強化する余地がある。

なお、「Lonely Planet」の電子掲示板（http://www.lonelyplanet.com/thorntree/index.jspa）は、使用言語は英語であるが、世界各地からの観光旅行者の生の情報が観光地域別に寄せられており、難易度の高い質問や情報入手の困難なエリアに関する質問を投稿しても比較的速やかに回答が示されることが多い。この掲示板では西・中央アフリカ地域の観光の魅力も多く語られており、英語を読解できることが前提となるが、日本人の読者が増加することが期待される。

2.2 観光の実施
2.2.1 観光施設

事前の「特殊準備活動」のプロセスを通過し、いざ西・中央アフリカ地域の観光を実施に移したとしても、そこにはいくつかの障壁が待ち構えている。この段階の障壁も、当該地域における観光へのモティベーションを直接的または間接的に阻害する一因となっていると考えられる。まず考えられるのが、一定の水準を満たす観光施設の乏しさであり、なかでも宿泊施設の水準は特記に値する。首都をはじめとする都市には欧米外資大手の高級ホテルが存在するところも少なくないが、ひとたび地方の町に行けば、日本人の求める水準に照らすと貧相な宿が主流であり、「お湯が出ない」、「トイレが汚い」といったレベルであればまだしも、「水が出ない」、「トイレが流れない」といったところさえもある[17]。地方の村を訪れると、電気が供給されておらず、夜は蝋燭を用いて生活する必要のあるところも少なくない。このような衛生面を中心とする基本施設の不備は、観光旅行者から敬遠される大きな原因となる。また、安全性の面でも問題がある宿泊施設は少なくなく、観光旅行者の不安を掻き立てることとなる。

飲食施設についても同様の事情があてはまる。飲食施設は、宿泊施設とともに、観光施設のなかでも「必要不可欠な存在」であり（岡本編, 2001）、それ自体が観光の目的となる場合も少なくないが、こと西・中央アフリカ地域において水準の高い施設を探しあてるのは、町にもよるが、概してなかなか困難である。とりわけ一般庶民が利用する飲食施設では、衛生面での不安が大きく、快適な滞在を

第 10 章　観光ツールの乏しい国における観光　173

志向する観光旅行者にとっては不向きである。

2.2.2　陸路移動手段

前述のとおり、西・中央アフリカ地域における個人での陸路移動の交通手段の基本は、乗合いタクシーの利用である。これは、運転者が見込んだ利用客が集まるまで発車しないという運行の非柔軟性もさることながら、観光旅行者にとっての最大の難点は、その「乗り心地」の悪さであろう。定員の倍近くの乗客を詰め込んで走行するため、車内では文字通りすし詰めの状態であり、身動きがとれないことはもとより、多くの場合、必然的にほかの乗客から身体が圧迫されることとなる。そのような状態で数時間の道のりを「耐える」ことはなかなか容易ではなく、それだけで、当該地域への移動・観光を断念する要因となり得る。乗合いタクシーには一台あたりの定員を設けることも考えられるが、もとよりこれは地元民の移動の手段として活用されているものであり、実際にこのようなシステムで機能しているため、観光旅行者のための改善は期待しにくいであろう。現在のところ、西・中央アフリカ地域における乗合いタクシーの利用に抵抗を感じる個人観光旅行者は、高額な料金を支払って、個別にタクシーなどをチャーターするよりほかなさそうである（写真 10.3）。

写真 10.3　マリの牛車
時には牛車で移動。なお、背後にみえるのは、ドゴン族の集落のあるバンディアガラの断崖（世界遺産）。2002 年 12 月、筆者撮影。

なお、空路移動の交通手段は、おもに各国の首都を結ぶ航空機であり、価格が高価であるという点を除けば容易に利用可能であるが、他地域に比べ、遅延や運休が頻発しやすいということには、留意する必要がある。たとえば、筆者が中央アフリカ共和国の首都バンギからカメルーンのドゥアラを経由してフランス（パリ）に空路で戻ろうとしたとき、前述のとおり飛行機（カメルーン航空）がストライキのため 1 週間以上も遅延することとなったため、やむなく他社（エールフランス航空）の航空券を購入し直して戻ることとなった経験がある。西・中央アフリカ地域の観光旅行者は、このような不意の日程変更にも柔軟に対応できるよ

うな対策をあらかじめ講じておくことが望まれる。

2.2.3 観光資源

観光資源とは、一般に「観光の対象、観光行動の目的となるあらゆるもの」として定義され、自然現象、景観、歴史的文化財などのさまざまなものが含まれる(須田、2003)。西・中央アフリカ地域は、前述のマリの例に限らず、見応えのある多彩な観光資源を有するが、歴史的文化財や町の景観などの観点からの資源は他地域に比べてけっして豊富とはいえず、日本人観光旅行者の標準的な感覚からすると、「観光の魅力に乏しい」といってもけっして誇張ではないエリアの一つとなっている。すなわち、中東近地域のような壮大な遺跡が存在するわけでもなく、東アフリカ・南アフリカ地域ほどの野生動物が豊富な国立公園があるわけでもなく、欧州地域のような伝統的で美しい町並みが多数存在するわけでもない。観光資源の範囲を実質的に狭くとらえることとすると、いわば観光の価値そのものに疑問符がつく地域であり、そのようなところにあらゆるリスクを冒してまで訪れるのは「よほどの物好き」ということになってしまう。この点については、一面で事実を物語っている部分も否定はできないが、西・中央アフリカ地域における観光情報が不足している側面もあると考えられるため、前述のガイドブックや電子掲示板などを通じて、同地域における観光の真の魅力が伝えられるよう、観光情報の提供の充実が期待されるところである。なお、西・中央アフリカ地域における観光資源をどのようにとらえるべきかについては後述する。

2.2.4 治安・政情

西・中央アフリカ地域では、内戦や暴動などがしばしば発生することから、観光旅行者にとっては政情不安と治安上のリスクを抱えることとなる。実際、筆者もこの地域に初めて足を踏み入れるまでは、この治安面の不安が最も気がかりであった。この不安要因は、場合によっては生命に対する危険となることから、確実に観光へのモティベーションを阻害する。しかしながら、一口に西・中央アフリカ地域といっても、国情はさまざまであり、依然として訪れるのが危険な国もあれば、通常の旅行であればそのような危険とはほぼ無縁でいられる国もある。そして、その危険は、観光旅行者にとっては、政情不安に根ざすものよりも、一般犯罪の発生率がどの程度であるかに依存して決まる要素の方が高いと思われる。よって、訪れる国が観光をするうえで安全か否かを、現地からの最新の情報

などにもとづき、的確に見極めることがきわめて重要となる[18]。
　したがって、この治安面での問題を解決するためには、現地からの生の情報が的確に提供されるしくみを設けることが非常に有効となる。前述の電子掲示板は現存する最も有効なツールの一つであると考えられ、西・中央アフリカ地域の訪問者の少なさにかんがみると、日本国内にとどまらず世界レベルでの情報共有が行われることが必要である。外務省の「海外安全ホームページ（http://www.anzen.mofa.go.jp/）」も参考になるが、ここでは万人にとっての確実な安全を期すあまり、観光旅行のうえではさほどリスクが高いとは思われない地域にも「危険情報」が発出されていることがある。もちろん「危険情報」を軽視するのは適当でないが、その内容に対する的確な判断が必要となろう。

2.2.5　言語
　西・中央アフリカ地域の多くの国の公用語はフランス語である。むろん、英語やポルトガル語などを公用語としている国もあるが、国境を越える移動を考えると、現地での観光・滞在にあたり、フランス語の一定の知識は必要である。この言語が観光の障壁となることもあるが、さほど高い水準の語学能力は必要とされないため、むしろ言語に対する不安（外国語によるコミュニケーション・アレルギー）を払拭することのほうが重要になる。幸い、日本ではNHKの語学講座をはじめとして、比較的手軽に外国語の習得ができるプログラムがあるが、観光に際しての実践的な常用フレーズなどを集中的に教授するプログラムや教材などのいっそうの充実が望まれるところである。

3　西・中央アフリカ地域における観光
　本節では、前節で検討した西・中央アフリカ地域における観光への各種障壁を踏まえ、同地域における真の観光資源は何か、同地域における観光及びその振興のあり方や現実的な観光方法について検討し、観光ツールに乏しい国々の観光のあり方について考察を加えることとする。

3.1　観光地としての西・中央アフリカ地域
　西・中央アフリカ地域に代表される観光ツールに乏しい地域は、はたして「観光地」といえるのであろうか。しばしば、観光地とは、「路傍の展望地点や伝統工芸の工房のように、ただ観光者が集まる場所という意味ではなく、それらを含

んだ地理的、経済的、組織的な概念」として定義される（塩田・長谷編，1994）。この定義によれば、観光旅行者からみた観光地は、「イメージとしての目的地」であり、宿泊施設などの企業からみた観光地は、「営業をなす区域」であり、開発計画の立案当局からみた観光地は、「観光資源を核とする組織的なまとまりをもつ地域」として認識される（塩田・長谷編，1994）。このような概念設定にもとづく限り、観光関連企業の進出や観光開発計画が他地域に比べて乏しい西・中央アフリカ地域では、「営業をなす区域」や「組織的なまとまりをもつ地域」としての観光地としての要素は不充分であると考えられる。しかしながら、その事実をもって同地域における観光地としての性質を否定するのは適切ではない。なぜなら、他地域に比べて少ない人数ながら、観光旅行者が集まる地域であることに変わりはなく、他地域とは異なる種類の観光資源の存するエリアといえるからである。いわば、従来の観光ないし観光地の概念を覆す観光を体験できるのが西・中央アフリカ地域であるともいえる。ゆえに、観光ツールが乏しいことをもって、観光地としての性質を否定したり観光の対象から除外することは誤りである。

筆者の経験にもとづいていえば、西・中央アフリカ地域の最大の観光資源ないし観光の魅力は、名所旧跡のスケールや景観の美しさなどよりも、「人」、とくに子どもたちとのふれあいにあると考えられる。もちろん、たとえばカーボベルデでみられる美しい自然の景観（写真10.4）や、セネガルに残る世界的に数少ない負の世界遺産ゴレ島（かつての奴隷貿易の拠点）をはじめとする文化遺産、カメルーン北部（ウジラなど）にみられる藁葺屋根の伝統家屋（写真10.5）など、名所旧跡や景観などの観光資源も魅力の一つである。しかし、個人観光旅行を終えて最も印象に残るのは、おそらくこれらの資源よりも、無邪気な子どもたちの威勢のよい姿とそれを支える大人たちのたくましさではなかろうか。西・中央アフリカ地域の子どもたちは、概して他のどの地域の子どもたちよりも純朴で人なつっこく、とりわけ外国人観光旅行者に対しては、その好奇心も相まって、容易に人だかりができるほどである。彼らのなかには貧困な生活を余儀なくされている者も少なくないが、心はけっして「擦れて」おらず、一般に悪意がないため、接していてとても親しみがもてる。たとえていえば、西・中央アフリカ地域を訪れる外国人観光旅行者は「スター」のような存在であり、時には羨望の、また時には珍奇のまなざしでみられる傾向にある。このような子どもたちとのふれあい

第 10 章　観光ツールの乏しい国における観光　177

写真 10.4　島国カーボベルデの雄大な景観
首都プライアの位置するサンティアゴ島の風景である。2002 年 12 月、筆者撮影。

写真 10.5　カメルーン北部の伝統家屋群
多くの民族が共存するカメルーンには、多様な伝統文化が残っている。2004 年 6 月、筆者撮影。

写真 10.6　中央アフリカ共和国の陽気な子どもたち
地方の村を訪れたが、あっという間に子どもたちの人だかりができた。2004 年 6 月、筆者撮影。

写真 10.7　島国サントメ・プリンシペのたくましい子どもたち
ここでもカメラをむけると大勢の子どもたちが集まってきた。2004 年 6 月、筆者撮影。

については、一般のガイドブックの記述からはなかなか読み取れず、現地に足を踏み入れて初めて体感できるものであろうが、ここから形成されるさまざまな経験は、多くの観光旅行者にとって、西・中央アフリカ地域における観光の忘れられない思い出となるに相違ない（写真 10.6、10.7）。

　また、日本人の感覚からすると、西・中央アフリカ地域におけるすべての光景が「新鮮」に思えることであろう。公共施設、道路、市場などの一つ一つの光景が、日本でみられるものとはまったく異なるものであるため（写真 10.8）、それらに接することそのものが一つの「観光」となる。前述のすし詰めの「乗合いタクシー」に関しても、先進国での快適な公共バスによる移動と異なり、これに乗

写真 10.8 赤道ギニアの首都マラボの市場
たとえば市場では現地の人々の生活をまざまざと実感することができ、それが貴重な観光となる。2004年6月、筆者撮影。

車する経験自体が「観光」としての価値を有する。このような現地での「異文化生活体験」を通じて、観光中さまざまな局面において遭遇しうる困難や不快な思いにも耐えしのび、現地での人々のたくましさを吸収しながら「生きる」ことの意義を改めて学ぶことが、西・中央アフリカ地域における観光の真髄であるといっても過言ではなかろう。すなわち、西・中央アフリカ地域における観光は、特定の観光ポイントを訪れることよりも、むしろ当該地域を訪れることにより「強烈な刺激」としておのずから体感されるすべてのもの—快適さよりも苦しさの方が多いかもしれない—が、その中心となる。換言すれば、西・中央アフリカ地域における観光資源は、地域内の至る所に存在しているのである。このようなことは、実際に地域を訪れ、現地での「生活」を肌で実感してみないとなかなか理解できない観光の醍醐味であるが、こうした醍醐味の存在という事実は西・中央アフリカ地域の観光情報そのものであり、それだけ生の観光情報の重要性を示唆する一例であるともいえる。

このような観光情報の重要性にかんがみ、西・中央アフリカ地域のような観光ツールに乏しい国に対する観光振興のためには、そこに潜む観光の魅力、観光のあり方を的確に伝える努力が求められる。そして、そのような「観光地」ほど、往々にして、現地の人々の生活や日常的な光景とそれらを通じて味わうことのできる実体験のすべてが、観光資源となり得るものなのである。また、観光旅行者においては、観光に対して観光ツールの豊富な国と同等の快適さを求めるのではなく、時には環境の著しい変化にともなう苦しみにも耐えながら、それを道中の経験として心に刻む営みをもって観光とするような気構えが求められる。

もっとも、日本人の場合、海外旅行の否定要因として、「環境の変化に対応するのが面倒」という理由を挙げる人が比較的多く（国土交通省・観光庁編, 2009）、生活環境が大きく異なる西・中央アフリカ地域については、もとより敬遠する人が少なくない。したがって、観光ツールに乏しい国に対する観光振興の観点から

は、適切な観光情報の提供とともに、環境の変化を楽しみの一環ととらえることのできる精神を養成するための啓発活動も併せて求められるといえよう。

3.2　効率的・効果的な観光方法

　西・中央アフリカ地域に代表される観光ツールの乏しい国々を効率的に観光するためには、どのような方法を用いればよいのであろうか。結論からいえば、ビザの取得や陸路移動の困難さを考慮に入れると、ツアーの利用が最も効率的であると考えられる。ツアーであれば、ビザの手配はもとより、現地でも専用のバスが用意されるであろうから、乗合いタクシーを利用する必要もなく、便利である。ただし、訪れることができる観光地は、ツアー会社の設定した行程に含まれるものに限定されるため、域内各地を縦横無尽に周遊したいと考える観光旅行者にとっては不向きであること、西・中央アフリカ地域の最大の観光資源ともいえる「人」とのふれあいや異文化生活体験は、自由時間の限られたツアーでは充分に得られにくいことなどに留意する必要があろう。

　ツアーから得られる効用では満足できない観光旅行者を含め、個人で域内諸国を短期間に周遊しつつ観光するためには、「拠点国・拠点都市」を設定し、そこをベースに各地をめぐる方法が効果的であると考えられる。西アフリカ地域の場合、ビザが不要でフランスの首都パリからの航空便が多発するセネガル（首都ダカール）を拠点とするのが望ましいと思われ、ダカールからの空路または陸路で、モーリタニア、ガンビア、マリ、ギニア、カーボベルデなどの隣接国を訪れることができる。また、域内では比較的治安のよいベナン（コトヌー）を拠点とするのも一案であり（写真10.9）、空路または陸路で、周辺のガーナ、ナイジェリア、ニジェール、ブルキナファソなどを訪れるのに便利である。中央アフリカ地域の場合、域内での治安が比較的安定しているカメルーン（ドゥアラ）を拠点とするのが効果的であり、周辺のガボン、赤道ギニア、サントメ・プリンシペ、チャドなどへのアクセスを容易にしてくれる。これらの内容は、筆者が実際にこれらの地域を観光することによって初めて確信をもって把握できたものであり、それまでの事前準備の段階において多くの模索過程があったことを付記しておきたい。観光旅行は、本来、基盤となる情報の積み重ねのうえに成り立つものなのである。

　このように、観光ツールの乏しい国々を個人の力で観光するためには、一定の

写真 10.9　ベナン：古都アボメーでの祭り
筆者訪問時、ベナンは周辺国に比べて治安が良好で、落ち着いて滞在できた。2003年1月、筆者撮影。

努力や工夫が必要であり、それには試行錯誤をともなうことが多い。これらの国々における観光の発展のためには、そのプロセスを通じて得た経験や情報を他の観光旅行者に的確に伝え、それらが適切に集約・蓄積されることによって、観光の価値の増大に資するようになることが理想的である。

4　おわりに

　西・中央アフリカ地域に代表される観光ツールの乏しい国々における観光は、その事前準備の段階および実施段階において、さまざまな阻害要因を有するため、観光ツールの豊富な国における観光とはかなり異なるものとなる。たとえば陸路移動の困難さ、利用者ニーズに充分に応えきれない宿泊施設などに直面するなかで、時には快適さよりも困難に耐える要素の方が強い観光となりがちであるが、日本とは大きく異なる環境に一定期間身をおくことが、その困難を上まわる醍醐味や感慨を観光旅行者に与えてくれるであろう。その意味において、異文化とのふれあいに象徴される観光を通じた環境の変化を楽しみの一環ととらえることのできる精神を養成するための啓発活動なども期待される。そして、その醍醐味は、観光旅行者間でより多くの有益な観光情報が共有され、当該地域の観光資源が適切に認識されることにより、ますます強化される。なぜなら、観光には一定の基盤情報が不可欠であるところ、それらは多かれ少なかれ先人の観光旅行者の経験から得られるものであり、観光ツールの乏しい国に関してはとくにその経験が貴重な価値を有するからである。したがって、観光ガイドブックや電子掲示板などを通じて、観光ツールの乏しい国々の観光に関する情報が充実し、観光旅行者にとっての観光モティベーションの向上に資することが求められるといえる。

注

1) 国土交通省・観光庁編（2009）によると、2007年における日本人の主要海外旅行先は、中国約398万人、米国（本土）約353万人（ハワイ、グアム、北マリアナ諸島を含めると約656万人）、韓国約224万人、香港約132万人、ハワイ約130万人、タイ約128万人、台湾約117万人、グアム約93万人、フランス約71万人、ドイツ約66万人、シンガポール約59万人、オーストラリア約57万人となっている。
2) 観光における効用にはさまざまな考え方があり、個人差も大きいが、観光ツールに乏しい地域においては、1か所に長い間滞在するよりも、少しでも多くの国・地域を周遊して積極的に観光した方が、効用が高まると考えられる。
3) 後述するように、多くの日本人は限られた資金・時間の制約のなかで少しでも効用の高い観光をおこなおうとするため、短期観光旅行者としての観光スタイルをとることが望ましいと判断した。
4) なお、長期型の観光旅行者の場合、滞在先で次の滞在国のビザを取得することが一般的であり、かつ効率的である。
5) たとえば、日本でトーゴのビザを取得する場合、在日フランス大使館に申請することが一般的である。
6) たとえば、抗マラリア薬として効果が高く副作用も比較的少ないといわれ、筆者もアフリカ観光時に服用していた「マラロン（Malarone）」は、フランスの薬局では容易に入手可能であるが、日本では未認可となっている。
7) ただし、抗マラリア薬には副作用があるため、必ずしも誰に対しても有効というものではないことに留意する必要がある。
8) ブルキナファソの首都ワガドゥーグーからニジェールの首都ニアメ行きの乗合いタクシーに乗車した際、途中で終点が変更となり、ブルキナファソ東部のクペラ近郊で日没後に下車することとなったことがある。クペラから先の移動が困難をきわめたことはいうまでもない。
9) 陸路移動の比重が高く、とりわけワガドゥーグー→ニアメ→コトヌー間の長距離移動は大変であったが、すし詰めの乗合いタクシー内をひたすら耐え忍んだことで、なんとか乗り切ることができた。
10) 当時の在住地であったフランスの首都パリを発着国とする実際のおおまかな観光旅行のルート（細かな部分は省略。⇒は空路移動、→は陸路移動を表す）は以下のとおりである。パリ⇒ダカール（セネガル）⇒ヌアクショット（モーリタニア）→ロッソ→ジュッジ鳥類国立公園（セネガル）→サン・ルイ→ティエス→ラック・ローズ→ダカール⇒プライア（カーボベルデ）→シダッド・ヴェリャ→アソマーダ→タラファル→ペドラ・バデジョ→プライア→サン・ジョージ→プライア⇒ダカール（セネガル）→ゴレ島→ダカール⇒コナクリ（ギニア）→コヤ→コナクリ→ソロ島→コナクリ⇒ダカール（セネガル）→カオラック→カラン→バラ（ガンビア）→アルブレダ→ジェームス島→アルブレダ→ジュフレー→バラ→バンジュール→バカウ→セレクンダ→ビジロ森林公園→アブコ自然保護区→ラミン→バンジュール⇒ダカール（セネガル）→マリカ→ヨフ→アルマディー岬→ダカール⇒バマコ（マリ）→セグー→セグー・コロ→セグー→サン→ジェンネ→モプティ→セヴァレ→バンディアガラ→ジギボンボ→カニ・コンボレ→バンカス→コロ→ワヒグヤ（ブルキナファソ）→ワガドゥーグー→ファ

ダ・ングルマ→カンチャリ→マカロンディ（ニジェール）→ニアメ→ドッソ→ガヤ→マランヴィル（ベナン）→パラク→ボイコン→アボメー→コトヌー→ラゴス（ナイジェリア）→ポルト・ノヴォ（ベナン）→コトヌー→ロメ（トーゴ）→アフラオ（ガーナ）→アクラ→アフラオ→ロメ（トーゴ）→ウィーダー（ベナン）→コトヌー⇒アビジャン（コートジボワール・トランジット）⇒ダカール（セネガル）⇒パリ。前半の拠点セネガルには6回、後半の拠点ベナンには3回、それぞれ出入国を繰り返している。

11) 筆者の場合、2002年5月の約2週間で仏領マルティニーク、アンティグア・バーブーダ、英領ヴァージン諸島、米領プエルトリコ、ドミニカ共和国、ハイチ、セントキッツ（セントクリストファー）・ネーヴィス、仏領グアドループ、ドミニカ国、バルバドス、グレナダ、トリニダード・トバゴ、セントヴィンセントおよびグレナディン諸島、セントルシアを、2003年4～5月の16日間で仏領レユニオン、コモロ、セイシェル、モーリシャス、マダガスカルを、2003年7月の11日間でバハマ、ジャマイカ、キューバを、2005年7月の10日間でフィジー、トンガ、サモア、米領サモア、ニュージーランド（オークランドのみ）、バヌアツを、それぞれ「アイランド・ホッピング」しつつ観光したが、いずれもフライトスケジュールの事前アレンジが最も難しく、かつそれが観光の密度を左右する重要なポイントとなった。

12) 観光旅行者の資金・時間の制約を考慮すると、「遠い」ということ自体が、観光阻害要因となる。

13) 旧宗主国から空路の現地直行便が頻発していることが多い。西・中央アフリカ地域の場合、旧宗主国がフランスであることが多いため、パリを経由地とすることが一般的であろう。

14) たとえば、Opodo社（http://www.opodo.co.uk/）、Anyway.com社（http://voyages.anyway.com/）、Go Voyages.com社（http://www.govoyages.com/）などは西・中央アフリカ地域の航空券の購入にあたり利用価値が高い。

15) たとえば、筆者は、中央アフリカ共和国の首都バンギからウバンギ川を渡って対岸のコンゴ民主共和国に入国することを試みたことがある。このウバンギ川横断による国境越えは、現在は国境が閉鎖されており困難との事前情報を得ていたが、試みに挑戦してみたものである。現地の役人や軍人との長い議論の末、結局渡航許可証を取得することができず、ウバンギ川のボートでの遊覧にとどめざるを得なかった。事前に得ていた情報の妥当性を裏づける形となった。

16) 西アフリカ地域（中央アフリカ地域に属するカメルーンも含む）については、Mary Fitzpatrick etc.（2002）が有益である。

17) たとえば、筆者が宿泊したチャドの首都ンジャメナの宿では、水がまったく出なかったため、ペットボトルの水を購入し、それを用いて生活をしのいだ。

18) 日本では、治安は警察をはじめとする行政当局が護るべきものという意識が定着しているが、西・中央アフリカ地域の一部の国では、本来は治安保持にあたるべき警察を中心とする役人が、観光旅行者に対して何らかの不当ないいがかりをつけて、賄賂を要求することが少なくないので注意が必要である。筆者の経験によれば、とりわけ、出入国に際して出入国許可の代償としての賄賂を要求されることが多い。

文　献

岡本伸之編（2001）:『観光学入門』. 有斐閣．
国土交通省・観光庁編（2009）:『平成 21 年版観光白書』．
塩田正志・長谷政弘編（1994）:『観光学』. 同文館出版．
須田寛（2003）:『新・観光資源論』. 交通新聞社．
Mary Fitzpatrick etc.（2002）: *Lonely Planet: West Africa*（5th edition）.Lonely Planet Publications Pty Ltd.

●トピック 10　海外での観光によるまちづくり事情

　海外でも、アジアの国々を中心に、観光振興をまちづくりにつなげていこうとするとりくみに関する事例がみられる。たとえば韓国では、韓国観光公社が 2009 年 7 月にヤフー社と公式的な業務提携を結び、オンラインキャンペーン「Korea: 100 Sparkles」を実施した。このキャンペーンにおいては、韓国のスターが公式キャンペーンサイトを通じて韓国観光の 100 の魅力と多彩さを世界各地の人々に紹介するとともに、韓国の観光情報を幅広く提供した。また、「Blog Korea! Visit Korea!」イベントを通じて、外国人ブロガーを対象に、「韓国文化観光パワーブロガー」100 人が選抜され、英語およびその他の外国語（中、日、独、仏、西、露）で、ブログに韓国文化・観光に関するコンテンツを掲載する一方、当該ブロガーには最新ネットブックなどが景品として与えられるとともに、韓国文化観光の広報活動実績の最も優秀な 3 人については「最優秀パワーブロガー」として、それぞれ 5,000 〜 10,000 ドル相当の家族（または友人・知人）同伴の韓国旅行がプレゼントされた。

　しかしながら、このような観光振興のとりくみを積極的におこなう事例は、海外ではいまだ少数にとどまる。その理由として、海外、とりわけ欧州の観光地の多くは、あえて現在において「観光によるまちづくり」を意識しなくても、古くから観光ないし町の美観保持を意識したまちづくりがおこなわれ、多くの観光客を惹きつけてやまない町が豊富にあることが考えられる。実際、諸外国の外国人旅行者受入れ数をみると、フランス、スペイン、イタリアといった欧州の国々が上位 5 位以内に入っているのに対し、

写真1 チェコ：チェスキー・クルムロフの町並み
至る所に中世のたたずまいの面影を残すこぢんまりとした町である。2003年8月、筆者撮影。

写真2 ロマンティック街道上の町アウクスブルクの光景
ロマンティック街道沿いの町のなかでは最大規模を誇る。2003年8月、筆者撮影。

日本は28位にとどまっている（国土交通省・観光庁編『平成21年版観光白書』による）。観光を意識したまちづくりは、欧州の大半の町には「i」のマークで表示される観光案内所が整備され、市内地図の無料配布や観光・宿泊施設案内などのサービスがおこなわれていることからもうかがえる。また、欧州の観光地のなかには、イタリアのシエナ、エストニアの首都タリン、チェコのチェスキー・クルムロフ（写真1）、ドイツのバンベルク、ベルギーのブルージュ、ポーランドのトルン、ポルトガルのエヴォラ、モンテネグロのコトルなど、中世以来の伝統的な町並み（旧市街）の面影が温存されてきたところが多く、その例は枚挙にいとまがないほどである。

　そのようななかで、観光とまちづくりを結びつけたとりくみの一例として、ドイツの「ロマンティック街道」の形成が挙げられよう（写真2）[1]。この街道は、ヴュルツブルクからヒュッセンまでの約366 kmの道のりを指すが、ドイツ国内では「観光街道」（Ferienstraße）として指定されているものである。1本の道としての街道が存在するわけではないにもかかわらず、ローテンブルクをはじめとする中世都市やノイシュヴァンシュタイン城をはじめとする城などの観光名所を地図の上でつなげ、1つの街道にみたてることにより、続けて観光するインセンティブを高めていることが大きな特徴である。それゆえ、ロマンティック街道は、ドイツにおいて、「観光旅行

写真3 クロアチア：ドゥブロブニクの町並み
「アドリア海の真珠」と称される美しい町であり、観光旅行者の人気も高い。2003年5月、筆者撮影。

者を都市部から遊離させ、地方に引き込むために最も成功したマーケティング・キャンペーン」として評価されている（Andrea Schulte-Peevers etc., 2000）。その意味で、複数の町や名所の集合体としての観光によるまちづくりであるとみることができる。

　他方、欧州には、戦乱による崩壊から、市民の強固な意思により再現による「まちづくり」がおこなわれた結果、観光旅行者の来訪の増加などを通じて「復興」を遂げた町が少なくない。たとえば、1944年にナチス・ドイツによって旧市街の約9割が灰燼に帰したポーランドの首都ワルシャワでは、壁のひびひとつに至るまでの忠実な再現が試みられた結果、かつての旧市街における町並みをほぼ取り戻し、世界遺産に登録されるに至っている。1991年の内戦により多大な被害を受けたクロアチアのドゥブロブニクの町も、今ではすっかり復興を遂げ、欧州でも指折りの美しい町として、観光旅行者を惹きつけている（写真3）。

（海野敦史）

注
1）「ロマンティック街道」とは、元来「ローマに通ずる巡礼の道」の意であるが、「ロマンティックな街道」というイメージを観光旅行者に惹起させ、来訪者数の増加につなげる役割を果たしていると考えられる。

文　献

Andrea Schulte-Peevers etc.（2000）: *Lonely Planet: Germany*（2nd edition）. Lonely Planet Publications Pty Ltd.

第11章　災害復興と観光
－その類型化と目指すべき方向性－

井出　明

1　はじめに

　観光産業は代表的な余暇産業とされ、平時の経済活動であると認識されてきた。そのため、災害発生時以降、経済活動としての観光産業は活動を停止し、社会経済が復興するまで何もできないという状況に陥る例が多かった。しかし観光庁の統計によれば、観光産業を日本の経済活動の全体からみた場合、国内旅行消費額で約23兆円、波及効果まで含めると55兆円にも達する巨大な経済市場を有しており、もはや「基幹産業」としての地位を有しているといっても過言ではない。にもかかわらず、これまでの復旧・復興は製造業を中心とした従来型の基幹産業の復興を待ってから、後手として観光産業の回復を目指すことが多く、結果的に観光産業が成り立たなくなってしまうという状況に陥ることも多い。筆者の調査によれば、災害発生後かなり早い段階で観光復興にとりくみ、成功した地域も多い一方で、観光が主要産業であった地域では、風評被害等の発生により経済的回復がおぼつかないところもある。本章では、観光産業における復興のあり方を類型化するとともに、観光産業の復興の目指すべき方向性について述べたうえで、具体的方策にまで言及したい。

2　観光による復興の類型化

　観光による復興を類型化するにあたり、4つのパターンをプロトタイプとして提示しておきたい（表11.1）。

2.1　A類型　災害発生以前より観光地であり、災害発生後も観光地として成立しているパターン

　この類型は、さらに二類型に分けられる。すなわち、従来と同様のマーケティ

表 11.1 観光による復興の類型化

	従来より観光地	新規の観光開発
成　功	A1 A2	B
失　敗	C	D

筆者が作成。

ングや客層を維持しているパターン（A1）と従来と異なったマーケティングと客層に変化したパターン（A2）の2系統である。前者のパターンの典型例は、タイのプーケットであり、客層（＝外国人富裕層）もマーケティング対象（対外国人マーケティング）も変化していない。A2パターンは、阪神・淡路大震災以降の有馬温泉に例を求められる。有馬では、震災以前は関西の中高年富裕層を中心に、各旅館が独立しておこなっていたマーケティングが震災以降、変化をみせているが、この内実については次節で詳しく述べたい。

2.2　B類型　災害発生以前は観光地ではなく、災害発生後に観光地として繁栄したパターン

実はこの類型にあてはまる実例はあまり多くはない。近年では、三宅島が火山の噴火にともなう岩礁の変貌により、マリンスポーツの場として脚光を浴びつつある。また、サイパンのバンザイクリフ、広島の原爆ドームなどは、「負の遺産」に纏わる観光名所として集客性を有している。

2.3　C類型　災害発生以前は観光地として繁栄していたが、災害発生後に観光地としてのにぎわいを失ったパターン

観光学の立場から最も研究される類型がこのパターンである。観光が従来から主要産業であった地域が被災した場合、計画的な復興への道のりを歩まないと地域が立ち往かなく危険がある。実際、雲仙、ニューオリンズなど、洋の東西を問わず観光で成り立っていた街が災害を機に衰退していく例は枚挙にいとまがない。

2.4 D類型　災害発生以前は観光地ではなく、災害発生後に観光開発したものの失敗したパターン

B類型同様このパターンもあまり例がないが、オウム事件に揺れた旧・上九一色村は一つの典型例である。1997年、旧・上九一色村のオウム関連施設跡地周辺に、ガリバー王国としてテーマパークが誕生したが、1999年経営が破綻し、2001年に廃園となっている。

3　成功と失敗の要因への分析

観光による被災地の復興、あるいは被災した観光地の復興を成し遂げるためには、成功体験であるA類型およびB類型の成功要因を分析するとともに、さらに失敗したC類型とD類型の失敗要因を追究することが重要である。

3.1　成功要因の考察

本節では、まず成功体験であるA類型の分析を試みる。A1の類型は、従来と同様のマーケティングや客層を維持しているパターンであり、例として前節ではプーケットを取りあげた。このプーケットの事例は、災害発生後、諸外国が観光で生活しているプーケットという地域の特殊性に配慮し、援助の一環として復興のための観光客を送り出したことによって成し遂げられた成功事例である。タイプーケット日本人会のウェブサイトのリストをみると、日本の大手旅行会社のプロモーション事例だけを挙げても"HIS「プーケット島復興へのメッセージ」""近畿日本ツーリスト 復興支援ツアー「元気です！プーケット」""JTB東日本「プーケット復興支援企画」""日本旅行「がんばれ！プーケット」""ジャルパック 復興支援ツアー「待ってるよ！プーケット」"などがあり、これらのサポートによってプーケットの復興は急速に進んだといえよう[1]。

まちづくりの事例として参考になるのは、A2の有馬の事案である。有馬は、震災以前は各ホテルが独自に集客し、泊まり客中心の温泉地であった。しかし、震災発生後、神戸市北区にあった有馬温泉自体には物的被害が少なかったにもかかわらず、有馬が神戸市内にあったことからいわゆる風評被害が発生し、観光客が激減した[2]。この事態に、地元の温泉業に携わる者たちは危機を感じ、有馬温

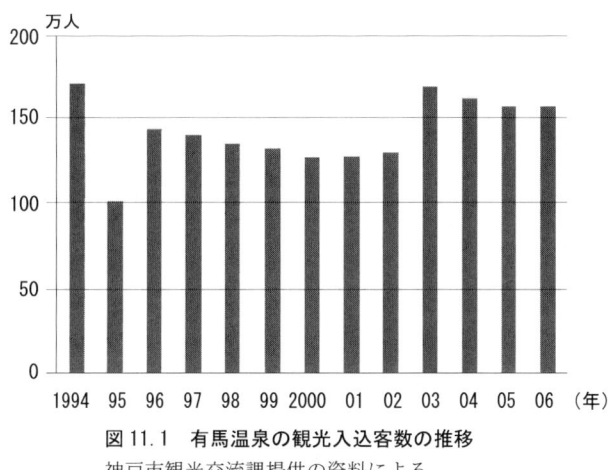

図 11.1　有馬温泉の観光入込客数の推移
神戸市観光交流課提供の資料による。

泉再生のためにさまざまなプロジェクトを計画していった。

　この有馬温泉の事例について、具体的数値を交えて考えてみたい。神戸市観光交流課提供の図 11.1 によれば、阪神・淡路大震災発生直前の有馬温泉の入り込み客数は 170 万人程度であったが、震災発生の年は 102 万人にまで激減している。これが各旅館の経営に影を落とすことになったが、震災の影響による客足の低下は各旅館の個別努力だけでは乗り越えられないほどの壁であり、地域全体でのとりくみの必要性が認識されるようになっていった。日本観光学会第 91 回全国大会（2005 年）のシンポジウムにおける金井啓修氏の発言によれば、有馬温泉地域の活性化のために、それまで一泊型の泊まり客中心で、昼は閑散としていた当該温泉地に滞留客数を増やし、同時に滞留時間を延ばすために、立ち寄り湯として各旅館の内湯を巡ることのできる手形を発行するなどの手法をとっているとの報告があった。

　この他にも有馬では、休日の昼の日帰り旅行を企画したり、チェックアウト後の散策を充実させためのまちづくりなどが進んでおり、もはや有馬温泉の再生が、各旅館単位ではなく、地域全体のプロジェクトとして取り組まれていることがわかる。

　このような対策が功を奏してか、有馬温泉の入り込み客数は 2003 年あたりから劇的な回復をみせ、「高値安定」の伸びをみせている。

写真 11.1　サイパンに今も残る日本軍の航空機の残骸
筆者が撮影。

　この例からは、被災からの再生過程において、これまで盛んではなかった地域の交流が増え、それが結果的に観光復興に寄与することができたととらえることができる。

　次に、B 類型について考えたい。B 類型は、従来観光地でなかった地域が、災害を経て観光で復興するパターンであるが、三宅島の事案は地形の変化がたまたまマリンスポーツに適したものになったという例外的事例であり、政策的に誘導されたものではない。また、例として挙げたサイパン（写真 11.1）や広島の事例は、負の遺産ともいえるネガティブな観光資源以外にも、近隣に魅力のある観光資源が存在しており、バンザイクリフや原爆ドームが単体で観光客を集めているわけではない。どだい、観光産業による経済波及効果を期待するためには、ある程度の滞在が必要であるため、単一の観光資源だけで観光開発をすることは得策ではない。

3.2　失敗要因の考察

　ここではまず、前章で C 類型としてカテゴライズしたグループについて言及したい。災害発生以前に名の知れた観光地であった地域が、被災後に寂れてしまう例はかなり多い。前節では、ニューオリンズや雲仙を例に挙げたが、これらの地域は定住人口が地域外に流出したためにコミュニティが崩壊し、結果的に観光産業が奮わなくなったという説明を与えることができる。

　雲仙は、噴火前は年間 370 万人程度が訪れる巨大観光地であったが、表 11.2

表 11.2　旧小浜町の入込客数の推移

年　度	1987	1988	1989	1990	1991	‥‥
観光客数	3,789,931	3,789,839	3,980,511	4,055,310	3,021,748	
年　度	2000	2001	2002	2003	2004	2005
観光客数	2,931,026	2,765,922	2,738,412	2,733,210	2,733,210	2,475,110

年次版　全国観光動向による。単位は人。

表 11.3　旧小浜町の人口推移

年	1985	1990	1997	2000	2005
人口	14,295	13,149	12,139	11,571	10,640

旧町ホームページと国勢調査より。筆者が作成。単位は人。

写真 11.2　仁田峠からみた雲仙普賢岳
筆者が撮影。

写真 11.3　夕張の家なみ
筆者が撮影。

にみられるとおり、噴火後は長期低迷傾向がつづいている（写真 11.2）。また時期的には完全に同期して、定住人口が流出してしまっている（表 11.3）。実際、雲仙の温泉に勤める職員は島原市からの通勤組が多いため、温泉街が成立せず、夜に温泉情緒を味わうことが難しくなっている。

また、D 類型は地元の特性を考慮せずにテーマパークなどを誘致した場合にみられる典型的な観光政策の失敗例であり、被災体験がなくとも同様の失敗は数多く見受けられる。身の丈にあった観光開発をおこなっておらず、さらに集客予測を誤った場合にこの種の悲劇がよくおこる。

長期的にみれば夕張（写真 11.3）も D 類型に属しているといえよう。夕張は元来、石炭産業で栄えていた町であったが、エネルギー革命といういわば「天災」

によって、それまでの基幹作業が成り立たなくなった。そこで観光産業に活路を求めたわけであるが、当初は石炭の博物館等、町の文化に直結した観光開発であったものの、次第に町がもっていた固有の文化とは離れた箱モノ型観光開発に進んでいったため、来訪地としての魅力が薄れていった。

4 災害復興における観光の目指すべきすがた

これまでの分析を踏まえて、具体的にどのような提言が可能であろうか。

4.1 成功要因からの提言

まず、A2の成功事例からは、観光産業がホスピタリティ産業である以上、コミュニティの維持と発展は絶対に必要であるという結論を導くことが可能である。観光という体験は、数日間にわたって非日常の空間に身を置き、自らをリフレッシュさせるため、一人の接遇でよい休息を得られるわけではない。観光地として成立するためには、快適さを提供するための空間と受け入れ側の体制が必要である。また観光は、ある特定の一つの施設を楽しむというあり方は稀であり、多くの観光体験は地域を味わうともいえる。さらに、観光による地域再生を考えるのであれば、特定の企業のみが一人勝ちするような観光振興は地域政策の観点からは不毛である。より具体的にいえば、和倉温泉タイプの特定施設依存型の観光では、地域全体の活性化にはつながらない。地域全体の活性化のためには、城崎温泉なり白浜温泉なりの建物の外に客が出て、客が地域を散策し、地元の人々とふれあいながら地域に金を落とすというタイプの観光行動が必要となる。換言すれば、観光による地域再生は、「鶏と卵」のような関係にあり、コミュニティの維持と再生こそがより意味のある観光行動を可能にし、それによって復興が実質化していく。

Bのタイプの成功を政策的に導くためには、観光を"点"ではなく、"面"でとらえることが重要となる。つまり、被災関連ポイント以外にも魅力のある観光資源を開発・開拓し、地域への長期滞在を誘引する必要がある。たとえば広島の観光資源として原爆ドームは大変大きな重要性を有しているが、観光客の多くは原爆ドームのみを目的としているわけではなく、厳島神社等を含めて面としての広島を楽しむために訪れている。

なお、A1のプーケット型の復興は、きわめて限定的な条件の下でしか達成さ

れない。A1 は、被災していない地域が被災地に組織的に観光客を送り込む政策を指しているが、これはプーケットが純粋に観光で成り立っている地域であったからこそ可能な対応である。日本の多くの観光地は、純粋に観光産業だけで地域が成り立っているところがほとんどなく、観光学の領域であてはまる事例と考えられるのは湯布院ぐらいである。通常の観光地では、地元の人々の日常生活が営まれており、そこに組織的に観光客を送り込むことは難しく、また行く側にとっても精神的負担となる。これは、阪神・淡路大震災の際の淡路島観光にもあてはまる例である。

4.2 失敗要因からの提言

　他方、失敗カテゴリーのCの類型を鑑みるとき、観光業に特化したコミュニティの創出や維持を外側からオーガナイズする必要性が感じ取れる。成功事例でみた有馬の事例は自然発生的なものであったが、だからといって行政をはじめとする公共部門が何もしなくてよいということにはならない。行政側が観光業のコミュニティ維持のために手を打たなかった雲仙やニューオリンズの事案では、先述の通りコミュニティが崩壊してしまった。西村（1989）では、町内会をはじめとする地縁コミュニティは積極的に維持しないと壊れやすい側面をもっていると指摘している。したがって、行政なり商工会議所なりのなんらかの公共部門が、コミュニティ維持のために初期の段階で乗り出すしくみをつくることが重要である。

　最後に失敗事例のD類型から導ける提言を考えておきたい。現在、日本政府は「ようこそ日本キャンペーン」を展開し、観光開発に力を入れている。しかしこの流れで箱モノ開発へ邁進することは得策とはいえない。前節では、この類型として旧・上九一色村と夕張を挙げたが、この2つの事例は、外的な要因で既存の産業が立ち往かなくなったときに、安易にハコもの頼りの観光開発をおこなうことが、逆に地域を疲弊させてしまうことを如実に実証している。

　観光の本質は、これまで自分が気づかなかった文化や文明に触れることで、自己啓発や自己実現をおこなうことにあるため、その地域の特性を無視した観光開発をおこなったとしても集客は難しい。

　失敗が懸念される身近な例を考えれば、三宅島の観光復興過程が挙げられる。火山噴火に幾度となく見舞われた三宅島であるが、現在は観光復興の気運が高

まっている。2000年の噴火による全島避難の期間があったために、人間の手がまったく着いていない遷移を観察することができる。また太鼓や蒸留酒製造など、非常に興味深い文化的特性をもっているため、エコツーリズムの専門家や文化観光の心得のある者がプランニングをおこなった場合、地域の自然・文化を活かした観光開発が可能になる。しかしながら、現在の三宅島で現実にオーガナイズされた観光復興は都知事主導のバイクレースであり、地域が元来有していた資源とはまったく関係がない。この種の観光復興は、地域の「光」をみせているわけではなく、むしろ前述のガリバー村や夕張に近い失敗要素を抱えているといえよう。地域の自然を生かし、文化を掘り起こすことで観光復興につなげるべきであるが、具体的手法については次節において述べる。

4.3 ゲートウェイとしてのエコミュージアム

　災害からの復興には、長期にわたる年月が必要であり、立木 (2004) などが述べるように、ハードウェアが復旧した後も人々の精神的な傷は残る。観光という営みは復興になんらの貢献もできないのであろうか。

　この点につき、観光の集客構造を変化させることは、復興を考えるうえで大きな意味をもつ。従来型の団体観光では、大型バスで観光地に乗り込み、名所や旧跡を回って写真を撮り、夜は旅館で食事と風呂を楽しむというものであった。このような観光行動をとった場合、地元住民とふれあう機会がないばかりか、観光客は自分で積極的に観光地の文化や習俗と交わらないため、地域への愛着がわいてこない。観光という営みが、「平和へのパスポート」といわれ、国際平和親善に役立つことは観光学で強調されるが、国内旅行ではこのテーゼはあまり重視されていない。団体観光に依存した地域では、災害が発生した場合、その地域の行く末を心配する外部の人間が少ないため、ボランティアの志願や義援金の供出などを期待することができない。団体旅行中心の地域にあっては、個人旅行者を篤くもてなす観光構造に平時から変化させるべきであろう。

　これまで観光開発されていなかった地域にあっても、団体客中心の観光復興を目指すことは得策とはいえない。前述の通り、団体観光では地域への愛着がわかないため、復興の連帯感を共有することは難しい。そこで、これまで観光開発されてこなかった地域に、災害発生後、個人旅行客を引き寄せる「装置」を考える

必要がある。この「装置」は、具体的には災害の発生過程と復興過程を訪問客にみせるための博物館・資料館を想定しているが、この種の「負」の側面をもつ展示物が潜在的に観光資源になりうることは観光学以外の領域でも認識されつつある[3]。

また、このような博物館・資料館の設営については、被災者たち自身にとっても大きな意味がある。立木（2006）などが示すとおり、被災者は自分の被災体験の意味づけを欲しており、災害や事故が風化していくことを避けたいという心情をもっている。

災害発生直後は、メディアも被災地を大々的に報道するが、その後、被災地は他地域から忘れ去られた存在となっていく。災害発生後、市民生活が落ち着いた早い段階で、博物館・資料館を造り、個人観光客にとっての観光資源としてPRをしていくことが重要であろう。

この種の博物館・資料館はリアルタイムで展示内容を更新していくことで、訪問者がその地域へのリピーターとして再訪する可能性がある。地域が再生していく過程をリアルタイムで体験できる機会はあまりなく、再生過程それ自体が貴重な観光資源なのである。この考え方は、まさに日常の生活を観光資源としてとらえ、外部にむけて発信するエコミュージアムの思想に合致する。

4.4 持続可能な観光（Sustainable Tourism）との関連性

これまでの観光開発は、自然破壊とトレードオフの場合が多く、観光施設の設置が地元にとってマイナスに作用する場面も多かった。このような反省にたち、1970年代からは世界的にエコツーリズムやサステイナブルツーリズムを重視する風潮が強まっている。被災地がそれまで観光地として知られていなかったとしても、それは「知られていなかった」だけであり、観光の目的地として成立し得ないということを意味しているわけではない。地方においては、地元住民が地域の素晴らしさに気づいておらず、来訪者がやってきて初めて地域のもつ「光」を自覚する場面も多い。被災後の個人観光が当初、資料館・博物館から始まったとしても、地域のもつ魅力に触れることで観光客も地元住民も相互啓発されるという幸せな出会いもありうる。たとえば広井（2006）による報告では、小千谷の例が紹介されている。中越地震に見舞われた小千谷は、戊辰戦争に関係した史跡が

あり、歴史ファンにとっても興味深い観光対象が存在しているが、これは小千谷に対して興味をもち、小千谷に対して検索なり調査なりをおこなわないと普通は気づかない魅力である。そして現地を訪問した歴史ファンは、地元住民と交流をおこなうことで、地元の歴史に興味を示さなかった地元住民たちが初めて地域を深く意識するようになるという効果を生じる。これは先述の三宅島についても期待できる効果であり、この観点からは、三宅島にもエコミュージアムが作られることが望ましい。

震災を契機とした観光振興については、従来巨大観光産業が立地していなかった地域はあくまでも箱モノに頼るのではなく、知識・情報の流通を中心とした、経験・体験・交流に主眼をおいた観光開発を心がけるべきであろう。それが観光開発にともなうリスクを軽減させるとともに、時代の潮流であるエコツーリズムやサステイナブルツーリズムの意識にも合致するといえる。

4.5 アートマネジメントの重要性

博物館をつくることが重要であったとしても、ただハコとしての博物館を作ればよいわけではない。ハコだけをつくる博物館事業は、前時代的公共事業となんら変わりがない。観光政策の一環として博物館を位置づけるのであれば、計画段階からコンテンツや運営を見越した鳥瞰が必要となる。ここでは、被災地における博物館の設置と運営に関する具体的手法について言及する。

4.5.1 住民参加の必要性

まず、計画段階からの住民参加が必要である。博物館をはじめとする公共文化施設は、現在では地元住民の同意がなければ、運営することが難しくなっている。税金を投入する以上、公の側では高次の説明責任が要求されるが、なかには地域住民と対立的な公共文化施設すらある。このような対立を回避し、地域の文化施設が地元住民と協調して成長していくためには、なるべく早期の計画段階から地域住民が計画立案に参加すべきである。この計画段階における参加とは、単に建物への要望を述べるだけではなく、本節の末尾で言及するコンテンツの選定や、開館後の運営に至るまで、幅広いレンジで住民参加を呼びかけることが重要となる。とくにコンテンツについては、博物館の重要使命である資料の保存・収集と展示に直結するものであるため、住民の意見を反映させることは必須となる。地

域住民が「何を残したいか」「何を伝えたいか」という点について自由に意見を出してもらった後に、博物館の側で集約や組み立てをおこない、具体的展示に反映させていくべきである[4]。

なお、博物館の構想・計画をたてていく際に、住民からの意見を集める段階で、まちづくりや地域振興のノウハウのあるアートマネジメントの専門家が関与することは重要である。地元の人々の思いをビジターに伝えるには、実はかなりの技術を要する。展示が独りよがりにならないためには、やはり「魅せる」専門家が必要となる。

4.5.2 コンテンツの選定について

バブル期に開館した地方の美術館などでは、地域の文化資源と無関係にコンテンツが陳列されている場合も多い。しかし、エコミュージアムの思想は地域の「光」をみせることに主眼が置かれるため、地域の文化や風俗と無関係なコンテンツはどんなに名品であっても"主役"として展示されるべきではない。

たとえば三宅島であれば、まず生態系の展示が求められよう。全島避難によって人間の存在を欠いた生態系の変化が生じたが、ある一定期間、人間が存在しなかった場合、自然にどのような変化が生じるかということを体系的に教示できる地域はほかに例がなく、他に比類のない絶対の観光資源となりうる。さらに、歴史上流刑地であったことは、法制史の観点から大変興味深い展示を構成することが可能である。また近年の観光資源の多様化は、芸術・文化を楽しむ観光であるアート・ツーリズムの潮流も生み出している。三宅島には、特徴的な民謡などの興味深い芸能が多く存在しており、博物館ではこれらと接触できるような仕掛けが必要である。

最も重要な観光開発は、リピーターを育成することにあるが、そのためには、特定のイベントや景勝地に頼るわけにはいかない。地域の雰囲気なり人々の心意気に触れることで、地域外にサポーターを増やす必要がある。このようなサポーターが増えることはその地域が全国的なプレゼンスを高めるためにも重要である。地元の人々が、これまで何を食し、どのような風俗習慣の下で暮らしてきたのかを辿れるようなコンテンツが必要である。

本項の最後の論点として、いわゆる「被災体験」が観光資源となる可能性についても言及しておきたい。被災体験をはじめとする、いわゆる「負」の遺産は、

観光資源として大きな意味をもっている。後述する、「人と防災未来センター」は、すでに JTB の神戸シティツアーに組み込まれ、多くの観光客が訪問して、震災への理解を深めている。また、沖縄の戦跡や広島の原爆ドームは、来場者を厳粛な気持ちにさせ、学びへの意欲をかき立てる。とすれば、小千谷なり三宅島なりの壮絶な被災体験も、充分に観光資源として機能するといえる。とくに三宅島の場合、まず数百年にもわたる噴火の歴史があるため、かなり長いスパンで被災の歴史を考える展示が可能となる。長い歴史のなかで、人々がどのように噴火に接してきたのかという展示は、ほかの火山系博物館ではあまり例がないため、非常に意味のあるコンテンツとなる。また、全島避難とそれに続く避難生活については、社会科学の観点からはモデルとしての意義が大きい。昨今の国民保護法制に関する議論は、地域の全住民を丸ごと移動させる方法について実務的な検討がおこなわれているが、三宅島の経験は避難後の生活も含めて、さまざまな示唆と教訓を与えることができる。噴火に関する展示を考えた場合、ややもすれば火山についての自然科学的なものに集中してしまう懸念があるが、地域住民が計画段階から参画することで、単なる火山博物館を超え、地域やコミュニティの維持・再生までも射程に入れた意義深い博物館展示が可能になると考えられる。

4.5.3 運営

現代の博物館は地域と離れては存立し得ないし、またそうでなければつくる意味も乏しい。博物館が開館した後も、地域とのかかわりを維持するための方策を重視する必要がある。ここでは、このような現代の要請に応えるための運営についての提言をおこなう。

博物館にとってモノは命であるともいえるが、モノの管理だけでは、来館者を増やすことも、来館者のニーズを充足させることも難しい。博物館のハコは、単なる倉庫ではなく地元の文化と来訪者の出会いの場として機能するべきであり、そのためには博物館が地域住民と来訪者との接触の場として機能しなければならない。具体的には、博物館のなかに、地元の人たちの学習センターや芸能の練習所となる場が必要であるし、来訪者からの要請に応じて、地元の自然や文化、そして被災を含めた体験について語ることのできる人材を用意し、相互に交流させるしくみも要請される。

また、これまでの学芸員は、資料収集・保存・研究については熱心であったが、

展示について心を砕く人は少なかった。博物館にビジターセンターとしての機能を持たせる以上、展示の専門家を起用すべきである。

さらに、昨今の観光シーンでは、体験型プログラムが重視されている。モノを見せ、学ぶしくみに加えて、なんらかの体験型プログラムを用意したほうが望ましい。その場合、体験が陳腐なものにならないように配慮することが重要である。都市部のカルチャーセンターで学べるような体験では意味がなく、長時間長距離の移動を経て、そこでしかできない体験をプロデュースすることが肝要となろう。より具体的には、地域の料理づくりや民謡歌唱・踊りなどが挙げられであろうが、これまで知られていなかった別のコンテンツを掘り起こしていくことも博物館の使命であるといえる。

5　おわりに

被災体験は、確かにつらいものであるが、それを機にまちづくりを考え直し、地域をよりよいものに再構築していくチャンスとなりうる側面ももっている。また、被災したことで地域がメディアによって著名地になるという現象も否定できない。たとえば、小千谷という名前も災害がなければ全国区になることはなかったかもしれない。復興を単なる土木事業の集積にせずに、観光地として生まれ変わるためには、災害復旧が終わった復興段階において、被災後の地域住民が地元の文化を見つめ直すことが重要である。そのうえで、被災地からの情報発信をおこなうとともに、来訪者を受け入れることで、新たな文化交流と相互啓発が可能となり、リピーターが発生し、地域外に長期的なサポーターが育つのである。そのための仕掛けがエコミュージアムの考え方であり、用いられる手法がアートマネジメントである。

最後に今後の課題に触れておきたい。今回の論考は、被災地が従来から観光地であったか否か、および観光産業が成功しているか否かという観点からのみ試みているが、観光立地の分析については、「都市観光（アーバン・ツーリズム）型かリゾート型観光か」「コンベンションが可能か」など多面的な分析が必要である。今後は被災地の観光産業を分析するにあたり、本章で試みたカテゴライズをより細分化して、多方面から分析してみたいと考えている。

付　記

　本稿の内容は、地域安全学会『地域安全学会梗概集』18 に掲載した論文を大幅に加筆修正したものである。

注
1)「プーケット復興委員会公式サイト」http://www.phuketja.org/fukko/ （最終閲覧日:2009年9月30日）より。
2) 有馬温泉における風評被害は、厳密には風評被害の例には入らない。観光産業における「風評被害」については、第8章の注6を参照されたい。
3) 2006年6月12日付けの朝日新聞朝刊「天声人語」より
4) この種の「住民の声」を反映した博物館的施設として、兵庫県にある「人と防災未来センター」を挙げることができる。このセンターの内実については第12章を参照されたい。

文　献

立木茂雄（2004）:神戸における「自立と連帯」の現在－震災五年目・１０年目の草の根検証ワークショップと神戸市民１万人アンケートの再分析から．都市政策，116，pp.88-105.
立木茂雄（2006）：被災者支援原則の構築．『どのような危機に対しても効果的な危機対応を可能にするために　アブストラクト集』京都大学防災研究所巨大災害対応センター．
西村雄郎（1989）：木賃集合住宅街における草の根の人々のまちづくり－大阪府寝屋川市の事例－．『町内会の研究』，岩崎信彦他編．お茶の水書房．
広井忠男（2006）:『小千谷の戊辰戦争』．日本海企画社．

トピック11　小松帯刀や坂本龍馬がみた霧島

　鹿児島にわく温泉の特徴は、泉質の豊富さにある。私たちは、泉質の大まかなちがいを湯の色で知ることができる。たとえば、白濁色は活火山の近くに多く硫黄分を多くふくみ、黒灰色は泥炭層をとおって湧出しているところに多くみられる。つまり、温泉が地表に到達する過程で、地下にある地層にある岩石の成分が溶け出していくのであり、地下の地層が複雑で多くの種類の岩石から成り立っていたらそれだけ泉質もバラエティに富むことになる。

　一方、「地層が複雑な構成をしている」ことは、地殻変動が活発な証拠でもある。当然、そのなかでは断層も形成されている。断層ときくと、あたかも大地震を引き起こす厄介な存在というイメージをもたれるかもしれな

い。しかし、断層でできる地面のわずかな隙間は、地下から自然湧出する温泉の通り道にもなる。また、水流をなすところでは、滝を形成しているところも少なくない。自然はときには私たちに厳しさをみせるものの、多くは恵みをもたらしてくれる存在である。

■犬飼の滝

今から約2万5,000年前、姶良カルデラ（現在の鹿児島湾奥部）から入戸火砕流堆積物（シラス）が噴出し、圧縮されたところは溶結凝灰岩となり急崖を形成した。犬飼の滝は、その岩盤を浸食してうまれ、幽谷のなかに壮大な水勢をみせてくれる（写真）。

薩隅日を制覇した16代当主島津義久の側近として知られる上井覚兼は、1585（天正13）年にここを訪れ、「曇りなく 日かけうつろふ 晴間にも さみたれ増る 滝の白糸」と詠んだ。『三国名勝図会』には、「流水少き時は、或は三条、或は四条となりて、練布を曳が如し」とあり、時季による滝の姿の変化も趣深い。

1866（慶応2）年、坂本龍馬は寺田屋での襲撃を逃れて、小松帯刀の招きで妻のお龍とともに薩摩の地を踏む。犬飼の滝をみて、「この世の外かと思われ候ほどのめずらしき所」と姉への文に記している。夫妻はここからさらに高千穂峰の頂まで足を延ばした。10日ほどを霧島近辺で過ごし、温泉入湯や魚釣りのほか、短筒（ピストル）で鳥を獲ったりするなど、霧島の自然を堪能した。これにちなんで始まった「龍馬ハネムーンウォークin霧島」は、2009年で13回目を数えた。

■栄之尾温泉

「他邦の人までも、入浴の徒多し」。この一節は、『三国名勝図会』に記されている（図）。「他邦」とは他藩のことで、江戸時代には厳しい関所の警備を敷いた薩摩藩にあって、領内外の人びとに広く知られた温泉地だったことがわかる。1774（延享元）年に発見されたとされ、有馬温泉（神戸市）・道後温泉（松山市）・城崎温泉（兵庫県豊岡市）とならぶ名湯として知られた。名勝図会には、すぐ近くの硫黄谷温泉と比べて記述されている。よれによると、ここは硫黄をよくふくむものの、硫黄谷温泉よりは泉質がやわらかく、湯治に適していたという。藩主の行館も置かれ、とくに1861（文久元）年

写真　犬飼の滝
筆者が撮影。

図　栄之尾温泉のようす（『三国名勝図会』より

には島津斉彬の養子で、弟である久光の実子である12代藩主島津忠義の避暑地となった。「硫黄谷、栄之尾等の温泉は、本藩の人皆通じて、霧島の温泉」とよばれ、次第に霧島山系各所にある温泉地もにぎわっていったものと考えられる。『三国名勝図会』には併せて泉質のみならず、春は花や鶯のさえずりを樽酒とともに愛で、秋は紅葉を楽しむといった自然の美しさや、湯瀑浴池（打たせ湯）が人気であることが記されている。

栄之尾温泉は、大河ドラマ『篤姫』放送を契機に、小松帯刀が妻・お近とその父の清穆（きよあつ）とともに訪れた温泉地としても知られるようになった。安政3年4月23日の『小松帯刀日記』に「栄之尾迠大鐘時分着　直ニ入湯ナリ」とあり、以降12日間の滞在のあったことが日記からとみとれる。安政3年とは1856年のことで、坂本龍馬が日本初の新婚旅行といわれる夫婦のみの旅で霧島温泉郷のひとつ、塩浸温泉を訪れた1866年より10年早い。帯刀の場合、義父が同行しているのでこれを新婚旅行と呼んでよいかどうか議論の余地があるものの、私たちに浪漫をもたらしてくれる。

　江戸時代の霧島連山は、1716年の新燃岳の享保噴火や1706年の高千穂峰御鉢の宝永噴火などいまよりも活発な活動を繰り返しており、温泉へは悪路であったとう。近代に入り、1914年に牧園駅（現・JR日豊本線霧島温泉駅）から霧島温泉までの道路が整備され、昭和初期には林田熊一により旅館と道路整備がすすみ、近代的な一大保養地としていまにその賑わいはつづいている。

（深見　聡）

第12章　復興観光とアートマネジメント

井出　明

1　はじめに

　すでに前章までで、アートマネジメントの手法が災害復興におけるまちづくりに大きな貢献をなしうる可能性について述べてきた。本章では、アートマネジメントに焦点を絞って、観光によるまちづくりについて考えてみる。

2　防災・災害研究の潮流

　1995年1月17日に起きた阪神・淡路大震災は、日本の防災・災害研究にも大きな影響を与えた。阪神・淡路大震災の経験が、日本の災害対応を劇的に変化させたのである。

　阪神・淡路大震災が起こるまでは、日本の災害対応は旧国土庁が中心となって検討し、その対象も理学的な地震予知と工学的な復旧活動に重きが置かれていた。しかしながら、この経験は、国の防災対策のあり方を根本から変えた。もちろん、それまで旧国土庁で考えられていた災害対応を、内閣府およびその下におかれた中央防災会議のコントロールにおくといった機構上の変化も重要であるが、それ以上に目をひく変化は、災害を社会的なものととらえ、中央防災会議の専門調査会を充実させて、社会学・経済学・心理学などのいわゆる人文・社会科学系の研究者を災害・防災プロジェクトに加えるようになった点である。つまり、阪神・淡路大震災を経験することで、国は地震災害を単に予知やハードの復旧という狭い視野でとらえるのではなく、社会の復興や回復といった観点からも検討するようになったのである。

　では、アート系の人文科学は、災害復興においてどのような役割を占めているのであろうか。藤原 (2000) などで独白されているとおり、巨大災害から生き残った人々は、自分が生き残った意味や、自分が何者であるかを問い始める。さらには、

自らの被災体験や周囲の人々の死についても深く思いを巡らせるようになる。被災者が直面するこの種の煩悶に対して、アートマネジメントの役割は大きい。ここでは、復興過程においてアートマネジメントが果たすべき役割について事例を交えて検討する。

3 アイデンティティの追求

　林（2003）によれば、被災者は緊急対応機の 1,000 時間を過ぎると、自己の関心を生命の維持から、社会的な回復に移しはじめる。その回復期においては、もちろん個人のアイデンティティへの問いかけもおこなわれるが、被災者たちはそれにとどまらず、地域に対するアイデンティティの確認を試みるようになる。災害で破壊された地域が非日常的シーンを呈しているためか、「われわれの住んでいた地域」に対する根源的問を発しはじめる。本節では、この種の問をみてみたい。

3.1　中越地震の経験

　中越地震で被災した小千谷市や旧・山古志村では、被災社会の回復期において、地域の「光」を積極的に掘り起こす活動がおこなわれた。

　小千谷では、長年に渡って戊辰戦争の際に命を落とした会津藩士を追悼していたが、地震によって墓碑の損壊が生じてしまった。藤田（2005）によれば、慰霊活動に従事していた住民たちは、小千谷における会津藩士の追悼の経緯を積極的に発信する活動をはじめるようになり、復興の義捐金が集まりつつあるとの報告もなされている。また、伝統産業として「小千谷縮」が知られているが、地域団体商標にいち早く登録されている。2008 年 10 月段階で、新潟県全体で 8 件しか登録されていない地域団体商標の半分を小千谷が占めている。

　同様に旧山古志村でも、地域のアイデンティティを探る活動が繰り広げられている。復興期に入った段階で、錦鯉の養殖、地元に根ざした歌の伝承、新しいブランドづくりなどの動きが、新潟日報社編（2006）などで数多く紹介されている。とくに、歌や踊りをともなったイベントは、地域コミュニティのアイデンティティを確認し、一体感を与えることに役立っているようである。地域のブランド化やイベント開催などでアートマネジメントの知恵が活かされる可能性が示されており、新たな観光展開が模索されている。

3.2 三宅島

　火山噴火に際し、全島避難が実施された三宅島は、ガスの噴出が弱まっている現在も復興途上にあるといえる（写真12.1）。島民たちは長い避難生活のなかで、自己や地域のアイデンティティについて真剣に考えるようになり、三宅高校の生徒たちも島の将来像を描きつつある[1]。

写真 12.1　復興途中の三宅島のようす
筆者が撮影。

　ただし、島民達の自島文化に対する探究は、マンパワー不足のせいもあり、あまり進んでいない。自然環境に対する畏敬の念は多くの島民が共有しており、復興産業としてのエコツーリズムが始まりつつある。三宅島は、江戸時代に役者や職人が配流されていたために、本土では途絶えてしまった江戸文化が三宅太鼓などの形で垣間みられる。島民たち自身が当然の環境として気づかなかった地域の「光」については、アートの素養のある外部来訪者がみつけだし、それを「観」せる形に昇華するための援助が重要となろう。

4 「記憶のゆくたて」と死の意味づけ

　本節では、武邑（2003）における「記憶のゆくたて」の概念から、災害復興時におけるアートマネジメントの役割について検討する。アートマネジメントが重要な意味をもつ行政領域として、博物館経営が挙げられる。博物館経営は、平時であればマーケティングや鑑賞者開発の視点から語られることが多いが、災害復興期においては、博物館経営は違った側面をみせる。

　復興期における博物館マネジメントの役割としては、早い段階で災害メモリアルミュージアムの構想を立てる必要がある。ただし、その博物館は、けっして土木工事としての公共事業の観点から作られるわけではない。樽川（2007）などが述べるとおり、被災者に限らず身近な人を突然失った人々は、極端な喪失感に襲われる。そして、次には「なぜ死んだのか？」という思いを強く抱くようになり、その喪失感からの回復のために、亡くなった人々の死への意味づけを欲するようになる。換言すれば、亡くなった人々の死をコミュニティが記憶するための社会

システムや、そのための場が必要である。いわば、災害に関する「記憶のゆくたて」として、博物館が機能しなければならない。また脚注で説明している大量死の事案と比べ、自然災害の場合、「原因」への怒りの矛先をむけにくいため、博物館こそが大きな救いの場になりうる[2]。

以下、事例に基づいて復興期における博物館の役割について考えてみたい。

4.1　人と防災未来センター（写真 12.2）

阪神・淡路大震災を機につくられたこの施設は、兵庫県所管の財団法人であり、博物館法に該当する博物館ではない。しかし、2 階から 4 階のエリアは展示スペースとして供用されており、実質的には博物館的機能を有し、事実上観光資源として機能してる。展示内容は、自然科学的なものは少なく、大都市における地震が社会にどのような影響を与え、社会がどのように変化していったのかという観点から展示が構成されている。展示の信頼性も高く、また設置者や地元の人々の思いを感じることができるため、大変すばらしい博物館的施設であるといえる。研究員に対する筆者のインタビュー調査によれば、当館設置のかなり前から地元の人々の声を展示に反映させるための作業がおこなわれており、昨今の公共空間づくりのモデルとしても興味深い。つまり、博物館を開館するかなり前から住民参加が実現されている点で、先駆性を有した博物館であると考えることができる。これは、今後の被災地のまちづくりを考えるうえで大きな意義をもったプロジェクトであったといえよう。

写真 12.2　人と防災未来センター
筆者が撮影。

4.2　雲仙岳災害記念館（がまだすドーム）（写真 12.3）

これは、雲仙普賢岳の噴火後の復興の意味でたてられた全国有数の火山系博物館である。展示は、自然科学的なものが中心であって、かなりの迫力で見る者を圧倒する。防災関連で展示されているものは、火砕流で変形した物品などであり、人と防災未来センターにおける社会の変化のような社会科学的なものが少ない。

実は、温泉地としての雲仙の住民構成は、噴火の前後で大きく変化しており、定住人口は大幅に減っている。

現在旅館に勤める人は、ほとんどが島原から通勤しているため、現状ではいわゆる「温泉街」が立地できなくなっている。災害の前と後で、社会がどのように変化したのかという展示はぜひともほしい。また、普賢岳の噴火では、尊い命も奪われてしまっているが、死者の鎮魂という視点からの展示が少ないことも残念である。

写真12.3　がまだすドーム
筆者が撮影。

4.3　洞爺湖町立火山科学館（写真12.4）

本科学館は、有珠山の噴火を中心に展示が構成されているが、単に自然科学的な展示にとどまらず、非常に深い奥行きをもった博物館である。自然の脅威としての火山に関する展示の他に、火山によって街の観光産業が成り立っているという趣旨の展示も併置されている。さらには、数度にわたる過去の被災体験が展示され、噴火に対してコミュニティがどのように対処していたのかという視点も準備されている。有珠山は噴火予知がしやすい火山であるため、地域の人々は上手に火山と共存してきたが、人々の暮らしぶりの変化などの人文・社会科学的要素を含んだ火山系博物館の存在意義は大変大きいといえる[3]。

写真12.4　洞爺町立火山科学館
筆者が撮影。

4.4　四川省への期待

2008年中国で起きた四川大地震は、中国に大きな傷跡を残し、いまだ復興の途上にある状況である（写真12.5）。現地メディアからは、被災地に博物館をつくり、観光誘客を図る計画が報道されているが、そのような政府の政策に対して

批判的な考え方をもつ人がいることも知られている。

しかし、政府の博物館設置の構想は、方向性さえ誤らなければ、大きな意義をもつといえる。ここまで述べてきたように、被災者は地域住民としての自問自答を繰り返し、地域に対する思考を深化させる。同時に犠牲となった人々の死の意味づけもなされなければならない。この2つの要請に応えられるアートマネジメントのノウハウをもっているのは、近隣では日本ぐらいしかない。一般論として日本人は、自然災害と共存してきたとよく指摘されるが、その経験は諸外国の復興過程において有効な助力となる。

写真12.5 四川省の都江堰の一部
筆者が撮影。

ただし、中国においてはいまだアートマネジメントの手法が一般化しているとは言い難い。筆者は、2009年の5月に成都で開かれた"5th China Tourism Forum"に出席していたが、そこで語られた内容は経済復興が中心であった。また報道も、政治や軍がいかに復興に役立ってきたのかといった視点が多く、住民本位の記憶の継承という概念は現代中国ではまだ一般化させることが難しいのではないかと感じている。私自身、成都の学会では阪神・淡路大震災の例を用いて発表をおこなっているが、率直にいって語学を超えた概念把握の面でなかなか理解を得ることが難しかったと思っている。

5 おわりに

本章では、アートマネジメントが、災害復興期において大きな役割を果たすことを事例とともに検討してきた。具体的には、復興段階における被災者の「気づき」を支えるとともに、被災の記憶を継承するしくみを整えることが、災害復興におけるアートマネジメントの中心的役割であると述べてきた。

しかしながら、政府・自治体ともに、災害復興期におけるアートマネジメントの役割を過小評価しているか、あるいは気づいていないというのが現状ではないかと考えている。

今後の方向性としては、復興段階で立ち上げられる委員会・審議会にアートマネジメントの専門家を加えることを必然にしていくような活動を地道に続けなればならないであろう。また、現在、防災系の学部が大学で多く作られつつあるが、そこでアートマネジメントが果たす役割を実践的に講ずることで、復興期におけるアートマネージャーの職責を担う人材を育てることも必要である。この種の提言はあまりなされることはなかったが、自然災害と共存する経験を有するわれわれ日本でこそ、災害復興のために欠くべからざる人材としてアートマネージャーを位置づけるべきである。

注
1) 第20回地域安全学会は三宅島で開催され、そこでは高校生を交えた活発な討論がおこなわれた。
2) 自然災害以外でも、大量死が発生する状況はかなりある。たとえば、御巣鷹に墜落した日本航空の事案では、遺族達は事故原因の調査を強く望んだだけでなく、事故状況を保存し、事故の教訓を後世に伝えていくことも希望している。実際、羽田空港付近に、遺族の意向を受けて、博物館的な施設が開設されている。
　　さらに、大量死が発生する典型的場面としては、戦争が考えられる。戦争に関連した博物館は、さまざまな立場から多くの態様で設立されているが、亡くなられた方々の犠牲を無駄にしないという趣旨では一致している。なお、日本の戦災関連博物館は、敗戦国としての特殊性をもっており、戦勝国や現在も軍が政治的影響力をもっている博物館とは、展示の内容がかなり異なっている。
　　また、日本では馴染みが薄いが、政治弾圧による死者に関して、遺族が名誉の回復と粛正の恐怖を伝えるためにつくられる博物館も海外には多くある。ワシントンのホロコーストミュージアムやウランバートルの政治粛正記念館などがこの類型にあてはまる。
　　このように博物館は、メモリアルパークとしての機能も背負う場合がある。
3) 現在、日本地質学会や日本地理学会などはジオパーク構想を強力に推し進めようとしている。ジオパークとは、火山活動を中心とした地質遺産を価値あるものと認定し、それを後世に伝えるとともに、自然環境学習などに役立てていこうとする試みで、ユネスコも支援している活動である。この活動の方向性自体はけっして誤りではないが、日本の火山活動を記録するにあたって、自然科学的なものに対象を限定することは不充分である。先述の洞爺湖以外にも、日本の温泉地には火山活動の恩恵によって成立しているものがかなりある。そして、そういった地域では、火山とつき合いながら人々の歴史や文化が形成されてきた。過去の記憶のなかでは、つらい被災体験も多いであろうが、あえてそれを記録することで、その地域が自然災害とどのように向き合ってきたのかということを、地域の知恵として後世に伝えていくことが可能となる。さらに命を落とした犠牲者がいた場合、その犠牲者の死がけっして無駄なものではなく、地域に大きな教訓を授けるための意義深い死であったことが地域の記憶として

承継されていくことも大切であろう。これは犠牲者の鎮魂と残された者の魂の平穏に資する。実は火山とこのようなつき合い方ができる社会集団は日本人ぐらいであり、日本こそがこういった人文社会科学的要素を含んだジオパーク構想を牽引していくべきである。日本が考えるジオパークモデルが実現した場合、それこそが世界最先端のジオパークとなりうる。

文 献

武邑光裕（2003）:『記憶のゆくたて　デジタル・アーカイヴの文化経済』東京大学出版会.
樽川典子（2007）:「死別体験の受容と死者の存在」.『喪失と生存の社会学　大震災のライフヒストリー』, 樽川典子編著, 有信堂.
新潟日報社編（2006）:『復興へ「中越地震」』. 新潟日報社.
林春男（2003）:『いのちを守る地震防災学』. 岩波書店.
藤原紀香（2000）:『KOKOPELLI（ココペリ）』. ワニブックス.
藤田徳英（2005）:『激震　小千谷発　くじけない』. パロル舎.

トピック12　宮城県栗原市における災害後の観光事情

　本トピックでは、2008年6月14日に発生した岩手・宮城内陸地震によって被害を受けた栗原市の観光振興について、震災より少し遡った合併時から現在までのとりくみについて紹介したい。宮城県の北西部に位置し、岩手県および秋田県と接する栗原市は、2005年4月、10町村が合併し誕生した。総面積は806.3 km^{2}に及び、宮城県総面積の11.1%を占める県内最大の市であり、人口は近年減少傾向が続き77,895人（2009年）、高齢化率は31.1%（2008年）と少子高齢化の進んだ市でもある。

　合併前における栗原市は、栗駒山を有する旧・栗駒町や旧・花山村といった観光地がその資源、登山や温泉を目玉に、観光振興に取り組んできた。合併後、栗原市は観光を経済の活性化やまちづくりおよび合併後の一体感を醸成する「手段」として改めて位置づけ、2006年10月「田園観光都市室（くりはら研究所）」を設置し、専任の職員を4名配置するとともに「くりはら田園観光都市創造事業」を展開する。本事業は、観光地ではなかった他の地域をも対象として地域に根ざした生活文化、食文化、風習などの資源を調査し、5〜10年後を見据えその活かし方やそのためのしくみを研究する

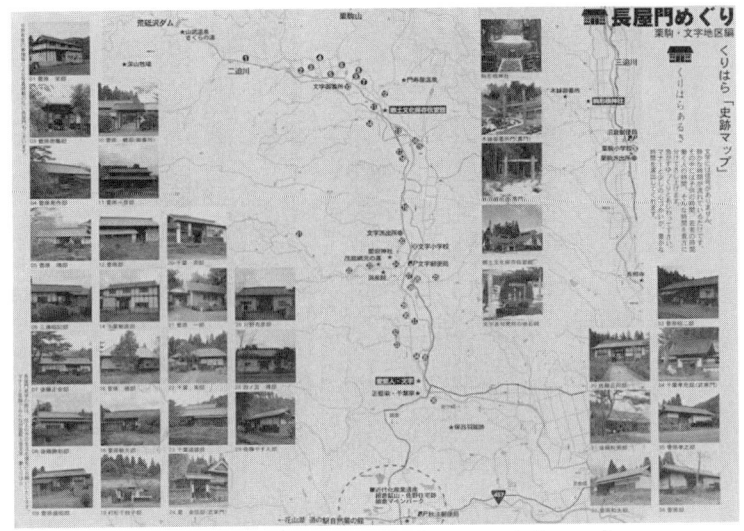

図1　くりはらの長屋門「くりはら史跡マップ」

ものである。具体的には、市外の人々を対象にしたふるさと応援団「くりはら輝かせ隊」および住民を対象にしたボランティア「くりはら磨き隊」を組織として立ち上げ、地域資源の発掘から着手していた。本事業にかかわった人が地域に残る史跡（長屋門）マップを自主的に作成するといった動きも見られ（図1）、少しずつではあるが発掘した資源を活かすしくみが形になりはじめたところであった。

写真　震災後1年経過した栗原市栗駒地区の土砂崩れの状況
山肌は土砂崩れによるもの。筆者が撮影。

　そんな矢先に岩手・宮城内陸地震が発生した。栗原市は死者・行方不明者23名、負傷者357名の人的被害をはじめ、建築物の損壊、崩落土砂による山間部の河川せき止め、交通遮断、停電・断水などのライフライン遮断など甚大な被害を受けた（写真）。最も影響が大きかったのは、観光を主産業とする旧・栗駒村、旧・花山村である。土石流の影響で観光ルートの生

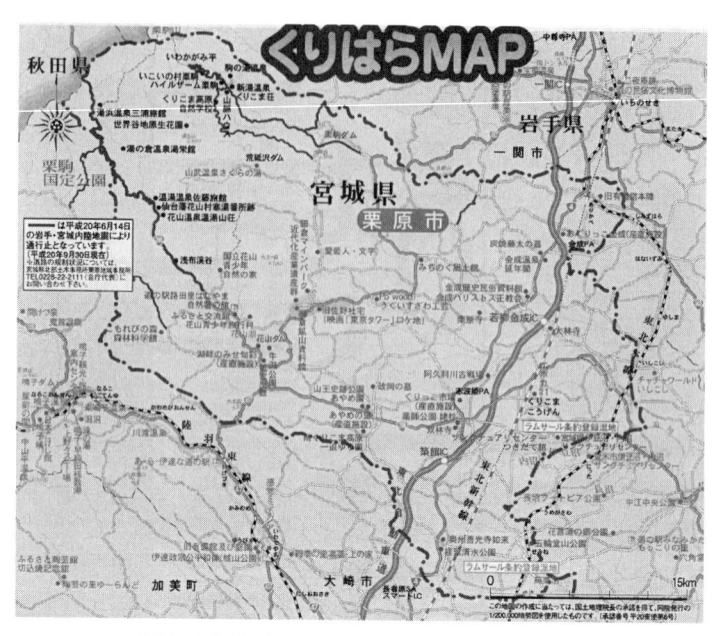

図2　栗原観光ガイドブック「くりはら MAP」

命線である栗駒山に通じる県道築館栗駒公園線、花山地区にある国道398号に通行規制がかかり（図2）、沿線の温泉等は休業を強いられた。

　震災後の栗原市は、復旧対策として観光施設への金銭的支援とともに、本事業の活動を継続している。また、震災を契機としたさまざまなとりくみがみられるようになった。その一つは、「栗駒五湯復興の会」である。これは、2008年12月、温泉をなくしたくないという思いから、皆が復興することへの意欲を持ち続けること、やる気を維持できるように精神的サポートをすることを目的に栗駒山のふもとにあった五つの温泉（花山地区の温湯温泉・湯ノ倉温泉・湯浜温泉・栗駒耕英地区の新湯温泉・駒の湯温泉）施設（民間）の経営者によって結成された組織である。おもな活動は、月に1〜2度の会合を開き、近況報告や情報交換、行政への働きかけなどを行っている。震災前までは、花山地区と栗駒耕英地区は温泉が分かれており、年1〜2回ほどしか顔を合わせることはなかったという[1]。震災を経て各経営者の思いや悩みが共通していることを認識し、彼らの結びつきを強めた

結果、生まれた組織といえよう。

　もう一つは、栗原市栗駒文字の荒砥沢（あらとざわ）ダムの北側で起きた大規模地すべりによる崩落地をジオパークとする「栗原ジオパーク構想」である。かかわっているのは自治体と「被災の痛手をチャンスに変えたい」という思いを抱く地域団体「荒砥沢キャニオンを守る会」である。「荒砥沢キャニオンを守る会」は、2009年7月に設立された組織であり、地元住民の10名に及ぶメンバーと学識経験者の協力を得て運営されている。本崩落地を自然災害などの教科書として守っていくとともに地域振興に活用しようと、「日本ジオパーク」の認定を目指して活動を展開中である。具体的には、学術的価値に理解を深める学習会等の開催や災害復旧工事を優先する林野庁東北森林管理局との話しあいなどをおこなっている。

　このように、震災後、栗原市では観光の核となる温泉が営業できないことで観光産業は麻痺した状態となってしまったものの、震災前にはなかった観光地間の連携や住民自らが地域をみつめ直すとりくみがみられるようになった。

　2009年10月、栗原市の観光産業に一筋の光が差してきた。国道398号の通行規制が一部解除され、栗駒五湯である湯浜温泉三浦旅館（入浴のみ対応）、新湯温泉くりこま荘（食事のみの対応）が営業を再開したのである。「営業できる旅館が再開まで長くかかる旅館の心の支えになるようにしたい」と新湯温泉の経営者（菅原次男氏）は語っている[2]。温泉の営業にともない野菜や酒類、山菜加工品等の納入も再開、また沿線にある道の駅「自然薯の館」も動き出した。震災後の栗原市の観光振興は、今はまだ観光地を中心とした復旧の段階である。地域の資源を発掘し5〜10年後をみすえた観光振興のとりくみと栗駒山を中核とする観光資源がどのように組み合わさるのか、震災をきっかけとしたとりくみが地域全体の魅力をどう向上できるのかを今後注目していきたい。

（庄子真岐）

注
1) 栗駒五湯復興の会代表三浦治氏へのインタビューより。
2) 河北新報2009年10月2日朝刊「復興へ岩手・宮城内陸地震　一歩一歩」による。

第13章 「安全学」からみた観光教育

井 出　　明

1　はじめに

　近年、大学における観光系学部は増加の一途をたどり、学生募集についても一定の成果をあげているところが多い。いくつかの大手メディアに拠れば、観光系学部が学生募集において健闘している理由として、受験生にとって将来の職業像が描きやすいからであると説明されている。換言すれば、キャリア形成の観点から「わかりやすい」学部であることが志望理由の多くを占めていると考えられる。

　この「わかりやすさ」の内実とはいかなるものなのであろうか。学生たちは、卒業後、ホテルやレストラン、そしてエアラインなどで働くことを想定しており、いわゆるサービス産業における活動を夢見ているのであろう。たしかに、観光産業の核心がホスピタリティにあることは、UNWTO（世界観光機関）も強調している論点であり、この点に間違いがあるわけではない。しかしながら、日本ツーリズム産業団体連合会による『21世紀のリーディング産業へ2007』が示すとおり、観光は多面的な要素から成り立っている。けっして観光産業のすべてがホスピタリティにあるわけではない。筆者も、井出（2007）などで理工系の学問や情報系の技術にもとづいた観光教育の必要性を強調してきた。本章では、近年注目されつつある「安全学」の観点から観光教育を再考してみたい[1]。

2　観光学と安全学の関係

　観光という営為はなぜ楽しいのであろうか。これには多様な回答を与えることが可能であるが、成り立ちうる一つの解答は、「安全」だからである。時速300kmの新幹線、空を飛ぶ飛行機、絶叫マシーンなどが享受されうるのは、それが絶対に事故を起こさないという暗黙の合意があるからであり、かりに事故が頻発するのであれば、人々はけっして観光などに出かけることはなく、単に家に閉じ

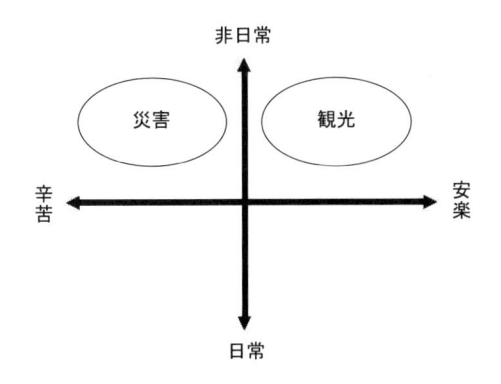

図 13.1 観光と安全との関係
筆者が作成。

こもってしまうことになる。このように考えるのであれば、安全は観光学の核心的要素であり、観光系学部の教育においてもより重視して取り扱われる必要がある。

また観光と安全を直感的に捉えた場合、図 13.1 のような概念図を描くことができる。

観光と災害・事故は、「非日常」である点で共通項をもっている。差異は、楽しい経験かそれとも悲しい経験であるかといった座標軸上の方向性で区別されることになる。換言すれば、観光学を学ぶことは、災害マネジメントに通じることになると考えることもできるのである。

これらをふまえ、次節からは、観光系学部で扱うべき安全の講義内容について、部門別に考えてみたい。

3 具体的講義内容

本節では、実際に講義計画（シラバス）を組み立てることを前提に、扱うべき講義内容について検討をおこなう。

3.1 運輸系

観光産業の中核部分に運輸業があることは間違いない。塩田（1994）などによれば、観光のあらゆる定義のなかで、移動を欠くものはなく、移動は観光行動において欠くべからざる要素となっている。したがって、航空産業なり鉄道業なりで、安全確保のためにどのような対策をとっているかという点について、ユーザーでもある学生に対してアピールすることは重要な意義を有する。

また、より積極的な意味づけもあるであろう。航空機事故や鉄道事故では国の事故調査委員会が報告書を作成するため、科学的な鑑定が加えられた調査報告書ができあがってくる。近年の安全学の研究成果からは、事故はけっして「気合い」や「根性」で防げるものではなく、ヒューマンファクターや環境要因が複雑に絡み合って生じていることがわかる。事故を科学的に解明した成果を大学教育に還元し、安全をより本質的なレベルから説きおこすことは、社会的要請であるとともに、前述の企業体にしかできない社会貢献であるといえよう。

　さらに、航空会社や鉄道会社は社会的責任が大きく、同時に企業体として大規模である場合が多いため、かりに事故が起きた場合は、法人として事故の記憶の承継を請け負うことが求められる。実際、1985 年に起きた日本航空 123 便の墜落事故や 2005 年に尼崎で起こった JR 西日本の福知山線脱線事故については、事故の風化を心配する遺族の声は大きい。企業にとっては負の記憶ではあるものの、企業の責任として「記憶のゆくたて」を維持するしくみを考えることが必要であろう。そうであるとすれば、大学教育のなかであえてこのような重いテーマにふれることが、遺族感情を尊重する意味からも重要なのではないだろうかと考える。

3.2　宿泊系

　日本のホテル業の問題点は、業務の標準化がおこなわれていない点である。あるホテルのカリスマネージャーが別のホテルに転職した際に、それまで培ったノウハウがまったく使えなかったという話は枚挙にいとまがない。米国の場合、学問としてのホテル学がかなり高い水準で確立しているため、ベースとなる知識は共有されているのに対し、日本ではそのような知識基盤がないことが理由の一つである。将来的には日本でも宿泊産業について学ぶ為のモデルカリキュラムを作ることが必要となるであろうが、その取りかかりとして安全面からホテルについて考えることは、関係者の合意を得やすいと考えられる。なぜなら、具体的なサービスの標準化については、各事業者の考え方に差が生じやすいものの、客の安全を守るという点では、その目的にまったくのブレがないからである。したがって、安全に関する基礎知識を共有し、標準化された内容を学生に講じることは、将来的にはホテル学のスタンダーダイジングにもつながる可能性がある。

3.3 エージェントと添乗員

　エージェント（旅行代理店）については、ホテルと同様に標準化がされていないという問題点が指摘されるが、この論点はホテルよりもよりやっかいである。大手旅行代理店はそれぞれ危機管理マニュアルをもっているものの、それが業界全体で標準化されていないという指摘はもちろんのこと、実は現場で安全を扱う添乗員のノウハウもまったく体系化されていないというより深刻な現実がある。2001年に起きた米国同時多発テロ事件の際に添乗業務を行った日本の関係者は、見事なまでの危機管理能力を発揮しているが、それがデータとして集積され、活用されるといった機会はなかった。もとより、添乗員は各エージェントと専属の契約を結んでいるわけではなく、いろいろなエージェントと組んで仕事をしている。したがって、各エージェントがもっている個別の危機管理マニュアルが、現場添乗員に対して充分に浸透していないという問題がある。添乗員が特定のエージェントと仕事をしているわけでないという現実をふまえ、すべてのエージェントと添乗員が使うことのできる標準的な危機管理の手法が構築されるとともに、個別の体験を昇華させたうえで共有するためのナレッジマネジメントの手法も必要であろう。

3.4 決済システム

　クレジットカードをはじめとする決済システムは、観光事業の基盤の一つとなっている。たしかにクレジットカードは、観光産業に固有のサービスではないが、クレジットカードが開発された経緯や、現実にクレジットカードがなくては旅ができないという状況を考えると、この論点は観光系学部の講義でより重点的に語られてもよい。

　具体的な講義内容としては、フィッシングやスキミング等の被害に遭わないための消費者教育とともに、使う側の資産管理のアドバイスまで含めて言及されるべきであろう。

3.5 情報システム

　情報システム部門は、今や観光産業にとってなくてはならない重要な位置を占めている。2008年の暮れにJR東日本のシステムが障害を起こし、帰省客がパニッ

ク状態になったことや、2007年および2008年に全日空が毎年システム障害を起こし、1日で数億円の損害が発生したことは記憶に新しい。「観光産業における安全」という論点を扱う場合、情報システムの話題は避けて通れないのである。

ただし、情報システムに関する議論は、これまで本節でみてきたような運輸や宿泊といった観光産業のコアを構成しているわけではない。情報システムは、あくまでも観光産業を実質化するための手段となっているにすぎないのである。情報システムが重要なのは、金融機関であろうと、メーカーであろうと何ら変わるところがないため、大学の講義ではシステム自体の保守・脆弱性などについて、普遍的な次元で話すべきであろう。観光産業に例をとることは意味があるかもしれないが、2008年暮れにJR東日本で起きたシステム障害のような、「データの移行ミスによる障害」は、どの業界においても起こりうる事故である。したがって、当該講義内容を観光に特化して話すよりは、情報システムそのものがもつ危険性についての理解を深めるような仕掛けが求められる。

もう一点、情報システムに関連する安全学の論点として、個人情報保護について考えておくことが要求される。個人情報の流出については、毎日のように謝罪会見が開かれており、情報が漏洩した際に企業が請け負うコストは、単に金銭的なもの以上に大きくなっているといえよう。観光情報システムからの情報流出の場合、「誰が、いつ、どこで、何をしていたか」ということが白日の下にさらされてしまう可能性があり、情報流出が単なる住所や電話番号の拡散以上の意味を持ってしまう。このような観光関連情報の特性と社会における個人情報保護の要請に鑑み、個人情報の管理の重要性と流出時の対応についても観光系学部で講じられるべきであると考える。

3.6 テーマパーク

日本のテーマパークはオリエンタルランドの一人勝ちであるが、ディズニーシーやランドで楽しさを享受できるのも、当該施設が安全であるという認識がユーザーの間で共有されているからである。

悲しい記憶となるが、2007年にエキスポランドで起きた事故は単なる事故ではなく、テーマパークの存在理由と直結する性質を持っていた。テーマパークにおける各種アトラクションが楽しいのは、前述の通り施設の安全性の担保が前提

となるが、かりに事故が起こってしまった場合、その遊園地はもはや「楽しい場所」ではなくなる。したがって、工学的な再検査によって安全性が確認されたとしても、人々はそこで楽しさの享受ができなくなる。つまりテーマパークにおける事故の場合、科学的な意味での安全が回復されたとしても、客そして社会がそこでのサービスを選好しなくなるというある種の「風評被害的な自粛」が長い期間にわたって継続するのである。

これは本章3.1でみた運輸業一般の事故とは異なる性質をもっている。運輸業で事故が起きたとしても、運輸業の利用者はビジネス客をはじめとして、そのサービスを利用せざるを得ない人が多く、一部のマニアを除き「楽しむ」ために乗っている人はそれほどいない。テーマパークの場合、サービスを利用したくなければまったく利用しないという選択も可能であるため、事故が経営への致命傷となる可能性が高い。したがって、テーマパークにおける安全管理は、楽しさをもたらすためのサービス以上に、徹底してなされる必要がある。この重要性については、多くの学生がテーマパークを訪れている以上、リアリティや共感をもって受け止められるはずである。

3.7 保険

保険に関する講義は、法学部や経済学部でも必ず設置されている。その内容としては、通常法学部では民事法系の講義の一部として扱われ、経済学部では理論面に重点を置いた講義がおこなわれている。換言すれば、保険が具体的に社会のどのような場所で役に立っているのかという観点からの講義はあまりなされていない。現実社会にはたくさんのリスクがあり、保険制度によって現実のリスクは分散されるとともに、保険があるからこそわれわれの生活の安全は保たれている。たとえば、交通事故は潜在的には誰でも起こす可能性があるが、かりに保険制度がない場合、加害者は全財産を失う可能性があるし、逆に資産のない加害者に轢かれてしまった場合、被害者は何らの保障も受けられないことになる。したがって講義においては、社会における保険制度の位置づけをしっかりと学生に認識させたうえで、観光シーンにおける保険の意味について話を深めていくべきであろう。

観光系学部における保険論の役割を考えた場合、「旅」という非日常性がリス

クにあふれていることを学生に得心させる必要がある。リスクを具体的にイメージすることで、学生は保険という社会制度の意義を深く理解するようになるとともに、ひいては各種任意保険の加入率が向上するという間接的効果が期待される。これは、社会におけるリスクのさらなる分散につながり、社会の安定に寄与するというメリットも発生しうる。

3.8 公共部門

ここまで、民間企業を中心とした安全学の講義のあり方を模索してきたが、安全はけっして民間部門だけで守られているわけではない。安全の確保には、国家権力による強制力である「法」に頼らざるを得ない部門もでてくる。

観光シーンにおける公による安全確保の場面としては、出入国管理や治安維持が挙げられるし、よりマクロ的な観点からは事故発生時の調査委員会のあり方なども当該論点の射程に入るであろう。ただ、学部開講レベルで学生のイメージを喚起するのは、やはりイミグレーション、税関、麻薬取り締まりなどに限定されてくると思われる。したがって現実の教育においては、「公権力を行使する部門も観光立国の形成に大きく関与している」というレベルでの概説に止まるであろう。

4 おわりに

これまで、観光系学部における安全教育の必要性についてみてきたが、安全の考え方や手法は学問領域を越えた社会的要請として求められている。今回は、観光系学部における安全学教育のあり方をみてきたが、今後は、リベラルアーツとしての安全学の意義や重要性についてより考察を深めるべきであると考えている。

付 記
　本稿の内容は、進化経済学会『進化経済学会論集』13 に掲載した論文を大幅に加筆修正したものである。

注
1)「安全学」の詳細については、村上（1998）を参照のこと。

文献

井出明（2007）：理工系学部から考える観光教育の可能性．DICOMO2007 シンポジウム．pp755-760．
塩田正志（1994）：観光学の研究方法と研究対象．『観光学』，塩田正志・長谷政弘編著．同文館．
日本ツーリズム産業団体連合会（2008）：『21世紀のリーディング産業へ 2007』．
村上陽一郎（1998）：『安全学』．青土社．

トピック 13　人間の安全保障と観光開発

　近年のグローバリゼーションの潮流により、2000年の国際ツーリスト到着数は全世界で7億人を突破し、日本人の海外旅行者数も年間1,600万人を超える数字となっている。最近の観光産業の傾向として、従来の大型パック旅行などの商品の見直しから、エコツーリズムなど新たな商品が生み出されるようになった。大型パック旅行などの観光では、観光利益の一部への集中傾向や、自然環境破壊などが問題になっていたが、マス・ツーリズムからサスティナブル・ツーリズムへの転換で、社会発展、環境保護と観光復興の両立が可能になりつつあるともいえる。
　「人間の安全保障」とは、個々の人間の安全や尊厳を脅かす脅威を包括的に捉え、それに対するとりくみを強化していこうとする考え方で、1994年に国連開発計画（UNDP）により提唱された。既存の安全保障と異なり、国家の枠組みの下にある一人一人の安全をいかに守っていくかが最大の焦点となる。「人間の安全保障」は国連を軸に、今後の安全保障の中心的考え方として、その必要性が認知されるに至っている。日本のJICA（独立行政法人国際協力機構）は、その活動の根底にある概念として「人間の安全保障」を掲げており、さまざまな活動がその目標に通じている（図参照）。
　「人間の安全保障」には、カバーすべき具体的な7つの概念が提唱されている。①経済の安全保障、②食料の安全保障、③健康の安全保障、④環境の安全保障、⑤個人の安全保障、⑥地域社会の安全保障、⑦政治の安全保障である。
　ここで観光とのかかわりについて考えてみよう。観光の振興によって、新規雇用創出や住民の所得増などの効果が考えられ、①経済の安全保障へ

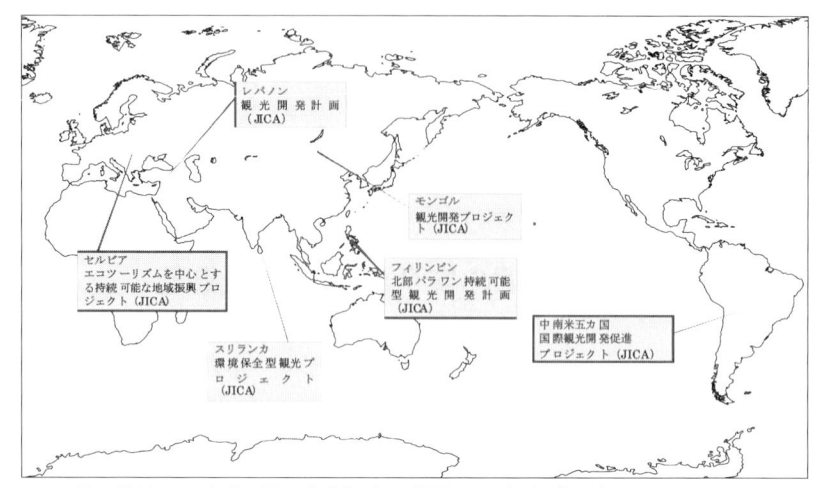

図　JICA による「人間の安全保障」が関係した観光プロジェクトの例

の直接的貢献が果たされるだけではなく、住民組織づくりの促進や、インフラ整備による生活水準の向上などによって⑥地域社会や⑦政治の安全保障へ、さらにその結果として②食料や③健康への安全保障などすべての分野にその影響が波及すると考えられる。また、一般に考えられがちな観光政策導入による地域文化の衰退に関しても、地域のニーズに合わせた観光開発により、地域の価値の理解・再認識の喚起、地域の環境保全への認識育成などにも成果を挙げられるものと考えられる。

　国連の専門機関である UNWTO（世界観光機関）は、2002 年ヨハネスブルクでのワールドサミットにおいて「サスティナブル・ツーリズム―貧困削減プログラム」を発表しており、今後観光が人々の生活の安全保障において、ますます重大な役割を担っていくことが予想される。観光のもつ可能性を効果的に利用し、人間の安全保障と有機的に結びつく具体策を模索していく必要があるといえる。
　　　　　　　　　　　　　　　　　　　　　　　　　　（井出　明）

付　記
　本トピックの作成にあたり、首都大学東京大学院都市環境科学研究科博士前期課程に在籍する滝口晶子さんの協力を得た。

第14章　地域の「再発見」に果たす地理教育の役割

―鹿大キャンパス探検の実践をとおして―

深見　聡

1　はじめに
1.1　なぜ観光で地理教育なのか？

　私たちが、観光を体系的に学ぶ機会は、観光系の学部や学科をもつ大学や短大・専門学校、一部の職業系高校に限られている。観光が日本や世界において基幹産業へと発展が期待されながら、観光に関する教育体制は、まだまだ発展途上にある。

　それでは、いまの科目のなかで観光に関することを実質的に多く扱っている科目といえば、どれがあてはまるであろうか。「場所の移動」や「非日常」性に代表される観光の特徴は、いいかえれば空間的概念と地域特性のちがいを体験するものである。そのような内容を主題にかかえるのは、中学校では社会科の地理的分野、高校では地理歴史科の地理を挙げることができよう。身近な地域はもちろん、国内外をとわず自然・産業・文化などを学ぶ「地理」の学習は、観光を学ぶうえで基礎的な視点が多くふくまれている。とくに、さまざまな地域の特性を知ることを通してみずからがくらす地域への関心の高まりや再発見といった意欲を高める効果は、観光の初歩的な学習そのものに通じるものがある。つまり、現状では「観光」という科目が設定されていないため、「地理」がその役割を担っているのである。

　そこで本章では、観光系の学部や学科をもたない大学において、地域の再発見という視点をのばす役割を担う地理教育の問題に注目してみたい。ここでの議論は、観光をメインとしたものではないが、これまで述べてきたように、観光への関心をまずは引き出すという基盤に位置する地理教育は重要でありながら、残念ながら少しずつ衰退しているという危惧をもって語られることが多い。筆者はこのことを意識し、大学低学年次教育をおもに担う科目のなかにある地理学・地理

教育的な科目での授業実践をもとに、「地理」に観光教育の役割を見出してみたいと思う。

1.2 地理教育への問題意識

今日ほど、地理教育の危機が叫ばれている時期はない。そこにいかなる可能性があり、同時に期待が寄せられているのかを考えることは、地理教育に何らかの形でかかわっている者すべての責務である。とくに、観光に関心をもつ者にとって、地理が観光に最もかかわりの深い教科でありながら、それらを結びつけた視点は、これまでほとんどなかった。地理教育の研究で多かったのは、小学校から高校までの学習指導要領において地理の扱いにどのような位置づけの変化があったのかを比較検討し、そこで開発されるカリキュラム案の提示や、それにともなう利点および課題を論じることに終始したものである。筆者は、それらの成果はけっして無意味ではないと確信している。しかし一方では、社会科が発足した当初から指摘され続けてきた、科目としての恣意的分断性を抱える側面も無視できない。斎藤（2003）も指摘するように、むしろ地理教育に関する研究のうち圧倒的に不足している、理科や総合的な学習の時間などを含めた科目横断的なとらえ方や、生涯学習とのかかわりのなかで再構築を試みる論考の蓄積が今日においては必要なのではないかと考えられる。このなかに、地域を再発見することから始まる観光は、その総合的な性質から本来ならば地理が最もかかわりをもちやすい対象といえる。それは、現実におきている動態的な事象について、地理教育の立場から積極的にかかわりをもつことを促し、この分野のさらなる闊達な議論への波及効果をも生むことになるからである。

さて、さきほど恣意的分断性ということばが出てきたが、具体的には何をさすのかふれておこう。地理的内容を扱う科目は、小学校では生活科（低学年）・社会科（中・高学年）、中学校では社会科地理的分野、高校では地理歴史科と名称が変わるうえに、自然地理的な内容は理科の地学分野に大部分を実質的に分割した状況にある。しかし、2008年度現在、たとえば九州各県の公立高校で「地学」を5校以上で開講しているのは、福岡・熊本・鹿児島の3県にまで減少している。また、ゆとり教育の象徴として位置づけられた「総合的な学習の時間」は、2008年度告示の学習指導要領では、時間数の減少が打ち出された。地理の有する総合

科学性が、それゆえに学校教育のなかでの位置づけが曖昧になり、このような分断といえるような現状を招いてしまっていることも否定できない。以上の理由から、先行研究の中心的課題が指導案や小学校から高校での実践論に関するものを現場が必要とし、それに研究者が応えてきたといえるかもしれない。

しかし、現状をみてみると、もはや地理の教科そのものの存続が危ぶまれる事態が、小・中・高校のみならず、大学へと拡大してきている点も見逃せない。すなわち、これまで指摘してきたように、地理教育に対する危機は、大学での地理教育との有効性や体系化を深く追究すべき点においても一致する。それだけに、地理教育に関する実践事例を社会的関心事といった時代的要請に即した素材に求め、新たな地理教育の姿を考えていく必要性は高まっているのである（鈴木，2003；山口，2008）。ところが、高校までの地理履修者の減少に加えて、とくに地理学系の独立した学科をもたない大学等の場合、他専修・他学科から、免許取得や卒業単位数に必要だからといった、けっして積極的ではない動機で受講する学生数のほうが、むしろ地理を専攻とする者のそれを大きく上回る事態が現実におこりつつある[1]。このような理由から、おもに1年生を対象とした共通教育科目における地理学・地理教育的科目の充実こそが、高校までの地理と大学入学後の専門科目との相互性にプラスに作用するといえる。このような事態に、いち早く警鐘を鳴らした論考として、白井（1994）がある。そこには、地理教育の衰退への危機が、現状を予言するかのごとく提示されており、今一度、高大連携の視点からみた大学地理教育の導入部を充実させる必要性は迫り迫った課題である点をいち早く提示した。しかし、大学地理教育を主題として論じたものはごくわずかなまま、今日に至っている[2]。

そのような問題意識から、筆者は深見（2003；2005）などで、異年齢集団におけるまちづくり学習の場面で、地理教育には学校教育にとどまらない役割が存在することを報告してきた。このなかで、現役の大学生が、特定の「地区」や「地域」といったミクロな地誌から地域課題や歴史地理学的重層性を再発見する視点に注目し、それらがどのようにして伸長していったのかについて、また、そのような学びの機会が予想以上に不足していることを指摘してきた。

そこで、本章は、筆者が鹿児島大学の共通教育科目として2008年前期に開講した「鹿児島の文化遺産とまちづくり」（2単位・全学部対象で受講登録者は62名）

での実践をもとに、大学における地理教育の導入部に位置づけられる科目の役割や課題を明らかにすることを目的とする。

1.3 科目の概要と研究方法
1.3.1 「鹿児島の文化遺産とまちづくり」の概要

本科目は、鹿児島大学教育センターの現代ＧＰ「鹿児島の中に世界をみる教養教育」のなかの発展科目の一翼を担っている。科目の構成内容の詳細については、2008年度シラバス（表14.1）を参照していただきたい。文化遺産を話題の入り口として、鹿児島のもつ地域特性や、歴史地理学的重層性を知ることで、これからのまちづくりに地理学の視点が不可欠であることに気づくことを目標としている。また、Moodle（ムードル）ソフト[3)]によるeラーニングシステムを導入したり、

表14.1 「鹿児島の文化遺産とまちづくり」のシラバス

授業科目名[英語名]
鹿児島の文化遺産とまちづくり[Cultural Heritage and Community Plan of Kagoshima]
教育目標のキーワード
社会的貢献意識/視野・判断力・探求能力
学習目標（学生の達成目標）
①まちづくりに果たす文化遺産の役割を説明できる。 ②鹿児島の文化遺産の持つ特徴を理解する。 ③鹿児島のまちづくりの抱える問題点を列挙できる。 ④鹿児島の文化遺産を活かしたまちづくりについて具体的な提言ができる。 ⑤鹿児島のローカルな事例を、グローバルな課題としてとらえることができる。
授業概要（目的・内容・方法）
人口減少社会を迎えたわが国では、過疎化、中心市街地の衰退などのことばに代表されるように、地域コミュニティの衰退が社会問題となっています。しかも、その格差は広がりつつあります。しかし、一方では、地域特性を活かした取り組みが再活性化をすすめるまちづくりの成功例として各地でみられるようにもなりました。 　この授業では、鹿児島を具体的な対象地としながら、地域特性のうち文化遺産を主題のキーワードに置き、持続可能なまちづくりのあり方を探ることを目的とします。 　第3回目の時間はフィールドワークとして鹿大郡元キャンパス内にある文化遺産めぐりを予定しています。また、鹿児島をはじめ全国や近隣諸国の文化遺産を活かしたまちづくりに関する時事ニュースについて、新聞記事の配布等で随時紹介していきます。授業内容の理解促進に役立ててください。 　なお、本科目は、教育センターが導入しているインターネット上の学習システム「Moodle」を使って、講義時間以外での予習・復習の場を設けていく予定です。

視聴覚教材の充実にとりくんだりしている。そのうち、毎回の講義の感想をペーパーまたは携帯電話で入力し、科目担当者である筆者が逐次コメントを返すという講義時間の枠を超えた双方向性の確保にも努めている。

表14.1　「鹿児島の文化遺産とまちづくり」のシラバス（つづき）

授業計画 (15回に分けて、回数、日付、授業内容、授業外活動など)		
第1回　4/17　オリエンテーション		
第2回　4/24　文化遺産とまちづくり序論（学習目標①）		
第3回　5/1　文化遺産を活かしたまちづくり事例①-鹿大キャンパス探検-（学習目標②④⑤）		
第4回　5/8　鹿児島の文化遺産①-史跡・文化財-（学習目標②③⑤）		
第5回　5/15　鹿児島の文化遺産②-人物-（学習目標②③⑤）		
第6回　5/22　鹿児島の文化遺産③-近代化遺産-（学習目標②③⑤）		
第7回　5/29　鹿児島の文化遺産④-温泉・景勝地-（学習目標②③⑤）		
第8回　6/5　島嶼の文化遺産-世界遺産条約とラムサール条約の島・屋久島-（学習目標③④⑤）		
第9回　6/12　島嶼の文化遺産-過疎の進む島・薩摩硫黄島-（学習目標③④⑤）		
第10回　6/19　鹿児島市の「まちづくり」の歩み（城下町～近代）（学習目標③④）		
第11回　6/26　鹿児島市の「まちづくり」の歩み（戦後の復興～現代）（学習目標③④）		
第12回　7/3　文化遺産を活かしたまちづくり事例②-中心市街地と『エコマップ』-（学習目標②④⑤）		
第13回　7/10　文化遺産を活かしたまちづくり事例③-鹿児島にある韓国文化-（学習目標②④⑤）		
第14回　7/17　鹿児島のまちづくり-現状と課題-（学習目標③④）		
第15回　7/24　まとめ（学習目標⑤）		
受講要件	特になし	
評価基準および方法	・小レポートはMoodleを使って書いてもらいそれを毎回100点満点で採点。合計点を授業実施回数で割り最終得点とします。欠席の場合は、その回の得点は0点となります(出席と積極的な受講態度を重視)。 ・その他、自主レポートの類は随時受け付け、加点の対象とします。	
教科書	深見聡著『地域コミュニティ再生とエコミュージアム』青山社、2007年。その他、適宜プリントを配布します。	参考書	淡野明彦著『アーバンツーリズム-都市観光論-』古今書院、2004年。吉田春生著『観光と地域社会』ミネルヴァ書房、2006年。
授業時間外対応(オフィスアワー、授業後、学習シートなど)	【ｵﾌｨｽｱﾜｰ】希望者に個別に対応します。【その他】教育センターが導入している、eラーニング「Moodle」ソフトを使って、講義時間以外での予習・復習や質疑・応答など、担当者と受講生との自由なコミュニケーションの場を設けていく予定です(http://www.kic.kagoshima-u.ac.jp/moodle)。詳細は第1回目の講義の中でお知らせします	その他	講義用ブログhttp://blog.livedoor.jp/satoshifu/を開設しています。こちらへの積極的な書き込み等をお待ちしています。

1.3.2 研究方法

このような対応をしていることもあり、受講生の要望や質疑といった声に比較的リアルに迫れる利点がある。そこで本来、この科目は講義形式であるが、全15回のうち1回を「鹿大キャンパス探検」にあて[4]、キャンパス内にある文化財や自然環境等の文化遺産をめぐる内容を設定した。とくに2008年度は、1年生から4年生までが比較的バランスよく受講登録しており、学年によるキャンパス内にあるそれらへの認知度や、このようなミクロ地誌をフィールドで扱うことにどのような感想を抱いたのかをMoodleを用いて十分な時間をかけて受講生全員が記入できるという公平性が担保されている。よって、本データを分析の対象とし、鹿大キャンパス探検をとおしてどのような地域の再発見があったのかを把握することにした。

2 キャンパス探検の実施

2.1 鹿大キャンパスにある文化遺産

もともとは、1909年に鹿児島高等農林学校が開校した地に新制の鹿児島大学の学部の多くが置かれたため、高等農林に由来するものが比較的多い。それらを、90分1コマを使い、下記の順番でめぐり、筆者が解説を加えていった。

① 田の神石像（写真14.1）…旧薩摩藩領内のみにみられる。中央食堂前の休息スペースの一角に建つ。像の形態から江戸末期または明治期の作と推定される。このことから、近代には田園地帯であったことがわかる。

② 川島明八先生頌徳碑（写真14.2）…高等農林開校と同時に着任。鹿児島の基幹産業の一つだった林業振興に尽力。

③ 玉利喜造胸像（写真14.3）…鹿児島出身で、全国初の高農・盛岡高等農林と次いで開校した鹿児島高等農林の初代校長を務める。日本初の農学博士。「南方発展」を標榜し、現在の鹿大が南太平洋地域の研究がさかんになる先鞭をつけた。また、この像の台座部分の石が何箇所か欠損しているが、これは1945年6月の鹿児島空襲の際に機銃掃射の被害により生じたもので、戦争遺産としての側面ももつ。

④ 奄美の高倉（写真14.4）…水平材を棟から下ろした木でつるすなど、奄美にしかみられない建築技法が採られている。もとは奄美大島から県立博物

第 14 章　地域の「再発見」に果たす地理教育の役割　229

写真 14.1　田の神石像
筆者が撮影。

写真 14.2　川島明八先生頌徳碑
筆者が撮影。

写真 14.3　玉利喜造胸像
筆者が撮影。

館敷地に移築され屋外展示されていたが、2001 年に焼失。工学部建築学科が中心となり、「南方発展」を唱えた玉利喜造胸像の向かいに再建された。

⑤ 総合研究博物館（旧高等農林書庫）（写真 14.5）…1928 年築。キャンパス内に現存する鹿大由来の建物として最古の

写真 14.4　奄美の高倉
筆者が撮影。

もの。2006 年、国の登録有形文化財となる。館内は、博物館常設展示室として、構内から出土する土器や石器、第七高等学校生や高等農林生のノート、星球儀や計算尺などの機器、鹿児島を代表する鹿児島湾や金鉱石といった自然地理的特性を紹介する。

⑥ 物園（旧高等農林演習林）（写真 14.6）…高等農林開校直後から、南西諸島や南太平洋などにある草本・木本をふくめた演習林として設置。

写真 14.5　総合研究博物館
筆者が撮影。

写真 14.6　植物園
筆者が撮影。

2.2　キャンパス探検のようす

　90分で6か所の解説ポイントを設定し、おもに高等農林に関する文化遺産にふれた後、総合研究博物館の常設展示室を見学した（写真 14.7）。ここは、前述のとおり、鹿児島大学やその前身の旧制学校をはじめ、鹿児島を代表する自然地理学的にも貴重な標本が間近でみられるため、キャンパスをミクロ地誌の対象としてとらえ、そこから同心円的拡大を試みるうえでも欠かすことのできない場所である。

　ここでは、鹿児島のもつ地理的特性をふまえながら、それらが明らかにされていく過程で鹿児島大学が果たした基礎研究の蓄積があったことを「知のネットワーク化」として紹介し、それらは無形のものではあっても、鹿大キャンパス探検に繰り出す際に意識してほしいと伝えた。学生たちはそのことを概して好意的に解釈してくれたようであった。

写真 14.7　奄美の高倉を見学した学生
筆者が撮影。

2.3　受講生の感想文から

　以下、学生たちが Moodle に記入した感想文のうち、キャンパス内の文化遺産

に対してどのような「気づき」があったのかを表しているものの代表例を挙げておく。なお、下線はそれを端的に表していると思われる箇所を筆者の判断で付したものである。

● K さん（教育学部 1 年男子）
　一番初めにみた、「田の神像」は唯の大きな石にしかみえず、また何度も通った（共通教育塔から中央食堂へ行く）道の途中にあったにもかかわらず、今回まで存在すら気づくことはありませんでした。このように私たちが生活を営んでいる場には、かつてその場で生活をしていた人々の歴史を語るモノが有形にせよ無形にせよ溢れているようです。そして、そのモノから歴史または情報を読み取れる能力も必要なんだということがわかりました。
　今回全体を通して感じたことは、鹿児島は林業と農業を中心に発展していたということです。鹿児島に住んで結構経ちますが、それでも鹿児島について知らないことがあるというのが、悔しいという半分、今回のように知る時の喜びがまだあって楽しくもあります。
　今回をきっかけに大学内で今日紹介された遺産を目にする時は思い出すこともあるでしょう。また、自分の住んでいるところや、通学路などにも何かないか目を光らせてみると面白いかもしれないというのも思いはじめました。それが今回の収穫です。
　そして今回の一番の収穫は、教室で知識をただ得ることと、実際に足を使ってその場に行き実感することは、本当に違うのだということでした。

K さんは、歴史地理学的重層性を敏感に感じ取ったようである。そして、キャンパスという限られた場所のなかに今回さまざまな文化遺産があったのと同じように、ほかの場所においても同様の視点が必要だということに言及している。すなわち、単に、案内をうけたことに納得するという受動的な段階から、みずからそれらを発見する能動的な関心が喚起されると同時に、その際に備えておくべき地理学的手法にはどのようなものがあるのかへと意識の深化がみられる。
　また、地理教育において、フィールドワークがいかに大きな可能性をもっているのかが、最終段落にとくに表れている。これは、寺本・大西（2004）が指摘する、「街

をみても新たな発見がなく、味気ない毎日だなぁと思っている人も多いかもしれない」が、そのようなとき、「自分の暮らす街を探検」してみることで地理的学習への関心は飛躍的に高まることと関連してとらえられる。さらに、キャンパス探検は、学生にとって毎日のように通う場所であるので、より強く「百聞は一見に如かず」という印象を抱いたとも考えられる。

●Oさん（農学部1年女子）

　入学してから約2か月になり、鹿児島大学の敷地もだいぶ覚えてきました。

　今日、鹿児島大学のキャンパス探検をして、これまでただなんとなく歩いていた場所にさまざまなものがありそこにいろいろな物語があることを知りました。

　私は農学部なのに、農学部の前にある玉利さんの像の下に穴があいていたことを今日初めて知りました。戦争時代のことを聞いてとても驚きました。

　私は今までただなんとなく鹿児島大学内をあるいていましたが、今日の授業でさまざまな歴史があることを知りました。今後もっと自分の通っている学校の歴史に目をむけ、いろいろ知りたいと思いました。

Oさんの感想文からは、みずからが通っている学部に関する文化遺産が点在していても、多くの学生はその存在にさえも気づいていないということをうかがわせる。しかし、キャンパス探検を経て、鹿児島大学の歴史に関心がわいてきたことが読み取れる。フィールドが、みずからが大学生活を送る場所と同じであったことによるインパクトが、Oさんの「何気ない場所」ということばに象徴される。そして、そのようなごくありふれた場所あっても、歴史地理学的重層性が存在することに気づいたことがわかる。このような視点は、Kさんとも共通するようである。つまり、学生にとってのランドマークである大学キャンパスがフィールドであったので、文化遺産を「再発見」したときにより強いインパクトをうけたものと考えられる。

●Kさん（理学部4年生男子）

　今日の校内探検では、入学してから今まで何度も通ったことのあるような場所に知らないものがたくさんあることを思い知らされました。そのなかでもとくに印象に残ったのは、田の神像です。今まで何度も通りかかったのにまったく気づきませんでしたが、先生のエピソードを聞いていろいろなことを感じました。

　とくに、南九州だけそれを具現化したことについては地理的背景だけでなく、九州の人達の人間性も表れているんじゃないかと思いました。私は今まで九州の歴史的背景や地理的背景を学んできませんでしたが、いざ知ってみると本当に深いんですね。シラス台地の影響で不作だったということを聞いて、どおりで鹿児島は田んぼが少ないのだと思いました。私の故郷の愛知県稲沢市よりも田んぼが少ないことに疑問を抱いていましたが、すっきりした気分です。地理的背景を見つめ直すと、いままでみえてこなかったものがみえそうなので勉強したいと思います。

　Kさんは、鹿児島を自身の故郷である愛知と対比しながらとらえようとしている点が特徴的である。その内容は、キャンパス探検の内容からさらに対象が広がり、溶結凝灰岩を素材とする田の神像とシラス土壌と鹿児島の地理的特性に関心が広がったことがわかる。そして、地理的背景を踏まえて地域をみつめることが大切である、と認識を深めている。

●Yさん（法文学部2年女子）

　私は2年なのだが、初めてみるものが多くてどれも新鮮だった。鹿大で発掘された土器や地層の様子などが博物館に展示されていたのが驚きだった。共通棟の隣で発掘作業されていた理由がわかってよかった。

　他にも、今まで普通に素通りしてた銅像や石碑もじっくり観察できて大変勉強になったし、鹿大は大変歴史が深く、先生がおっしゃっていた『鹿大はまるごと博物館なんだ』という意味が理解できた。今日見学した場所を通ったら、友達にもぜひ解説して紹介したいと思う。そしてまだまだ知らない鹿大の「伝説」を発見していきたいと思った。

Yさんは、筆者が鹿大キャンパス内に文化遺産が点在し、そのコア施設として総合研究博物館をとらえると、エコミュージアムとしてのしくみが機能することにつながり、さらにキャンパスのもつ地理教育的素材としての価値も高まる（深見，2007）と述べたことに反応した感想を寄せている。そして、Kさんと同じく、主体的な学び手として鹿大の魅力を再発見し、それを深めていきたいという意欲がうかがえる。

　学生たちの感想はここに掲げたものにあるように、大学入学以降、初めて足もとのキャンパスに目をむけたフィールドワーク体験であったという点と、この機会をきっかけとしてさらに学びを深めたいという点に集約される。わずか1回の、しかも短時間での試みである点を差し引いたとしても、今回のキャンパス探検の試みは意義あるものであった。

　また、ここでは結果のみを述べるが、キャンパス内の文化遺産に対する認知度は、Moodleに書かれた感想文をみる限り、学年や学部による差はみられなかったことを補足しておく。

3　地域の再発見と地理教育

　前節で得られた結果は、足もとにある地理教育の素材（実物）にふれることは、体験型の講義の必要性が唱えられている実情に応えたものといえる。この点は、けっして地理に限ったことではないが、頻繁に足を運ぶ大学キャンパス内でさえ、見過ごしてきたものの多さに受講生自身がある意味ショックを受けているようでもあった。すなわち、高校で地理を履修した学生であっても、身近な景観に目をむけることから始まるフィールドワークを経験したことのない割合が圧倒的に多いことを示しているかもしれないし、それ以前に地理の（自然地理的内容で構成される地学もふくめて）履修者がきわめて少ないことを反映している可能性もある。

　一方で、高校と大学の近接性を最も有する共通教育科目は、高大連携を具体化するためにとくに英語や数学では補習やインセンティブ学習といった試みがみられるようになった。このうち、地理教育にかかわるようなフィールド体験が共通教育科目のなかで実施されている例はけっして多くはない[5]。とくに、共通教育科目は、教養教育の基礎をなす段階に設定されたカリキュラムであるので、講義

型の科目にも同様のとりくみを導入することで、学生が地理的関心に「気づき」、それを深めるきっかけとなるはずである。

　ところで、本科目では、地理を学習するうえで欠かせない内容の1つである、地形図や地質図の判読といった地理学のとくに技術的手法の習得に関するものを主題として扱っていない[6]。当然、これらについてまったく学習の機会がないまま大学を卒業し、将来、地理を教える教員となることは、地理の魅力を感じることのないまま教壇に立つ教員の増加につながり、ひいては地理の存在意義を不明瞭なものとし、「地理嫌い」の子どもたちをも増やすことにつながりかねない。むしろ地形図を含めた地図を扱うことにこそ地理の本質があるということもできる。

　しかし、筆者が訴えたいのは、地理学に対する学生のイメージは、大学に入学してくるころには、固定化したものになっている点である。物産や地名、産業を暗記したり、地図を読み取る問題演習を繰り返したりと、その技法のみに特化するという授業をうけてきた彼らの多くは、大学に入学した途端、地理学に抱くイメージを急に好転させるとは考えにくい。ある意味、大学地理教育の現状は、高校までのような必修や選択必修に指定されることなく開講されており、総合的にみて高校までのものより、一層深刻な事態にあるといえるのではないか。つまり、戸井田（2007）のことばを借りるならば、「「中身」よりも「できること」を優先」することに大学地理教育の活路は見出せなければならない。このことは、前節で紹介した学生の感想文からも明らかであり、大学といえども、地理のおもしろさを実感させることを最重要課題とし、その後の地理学的手法の習得へと展開の順序の転換がもはや不可欠なのではあるまいか。

　そこで、誤解を恐れずにいえば、フィールド体験がほとんどない学生を相手にする場面に対峙する共通教育科目で地理教育の振興を図るには、フィールドに出ることが他に先駆けて優先されるべきことといえる。そこで有効なのは、足もとを身近な地域としてとらえられるような対象を教員側が提供できる工夫も必要である（辰己，2007）。大学での地理教育の充実を図るには、まずは低学年時に開講される、とくに共通教育科目の地理学・地理教育的科目の連携やフィールドワークの機会を設定していくことで、地理への先入観を取り除くことが最優先に求められているのである。

4 おわりに

　本章では、観光教育の役割が実質的にそなわっている「地理」に注目してきた。観光は、これからの基幹産業として発展がみこまれる存在でありながら、観光教育につながる「地理」に対する危機感は高まるばかりである。そのようななかで、その打開策の1つを大学の共通教育科目として開講される地理学・地理教育的科目に求め、その役割や課題を論じてきた。

　そこで明らかになったのは、学生がキャンパス内の文化遺産の存在に気づき、地理への関心を、歴史地理学的重層性を知る内容から設定したところ、足もとから次第に地域へと同心円的に関心を広げていく視点を獲得していくことが特徴的であった。それには、足もとを対象とするミクロ地誌的な内容であるがゆえに、地理的な再発見の多かったことへのインパクトが大きいという作用も背景として想定しえよう。ここから示唆されるのは、まずは地理に関心をむけさせ、それを高めていく過程で地理学的手法の習得を次第に講義内容に組み入れていくという授業構成の転換の重要性である。

　小学校から高校までの地理教育の不振に対しては、現在は幸いにも社会の関心は高まりつつあり[7]、同時に現場の教員からの強い要望に呼応するようにして授業研究の蓄積もすすんできた。そして、さらなる地理教育の充実を図るならば、大学地理教育について、とくに共通教育科目（低学年次教育）の充実を図ることがもはや不可欠なのである。この事態を、学生の学習意欲の低下などに理由を求めるといった、悲観的な議論でとどまるのではなく、授業研究の積み重ねによって、より構造的な把握に努めていくべきであろう。つまり、大学地理教育の充実は、学生が高校までに地理を履修していたか否かにかかわらず、地理に関心をむけてもらえるような授業展開や話題の選択、その後の教育効果の検証に注目していくために、われわれ地理教育にかかわる者どうしの議論の機会も必要である。

　その位置づけに立てば、ここで取りあげている大学の地理教育の導入部にある科目「鹿児島の文化遺産とまちづくり」の事例は、単発的な報告にとどまり、大学地理教育論の確立を目指すことを強く主張できるほどの研究段階にないことは、ひとえに筆者の力不足によるものである。しかし、地理教育における大学共通教育科目に注目した研究の端緒を開いたものとして地理教育の可能性と課題に

一石の広がりを投じることができたと考えている。今後、本分野の研究がさらに進展をみせるよう、筆者自身もその末端を担えたらと考えている。

　観光に関心をもつきっかけにおいて、地域の再発見という体験は大きいと思う。筆者自身、2001年にNPO法人まちづくり地域フォーラム・かごしま探検の会を設立し、地域再発見を掲げてまち歩きや各種マップの作成などにとりくんできた。そのとき各地を訪ねて地域再発見を重ねていく機会に恵まれたのは、観光研究に従事するいまとなっては大きな財産になっている。地理教育が目標とする「空間的概念と地域特性」をとおして、地域の姿をとらえ考えていくことは、まさに観光の充実につながる第一歩にほかならず、これからも注目していきたい。

付　記

　本稿の内容は、全国地理教育学会『地理教育研究』2に掲載した論文を大幅に加筆修正したものである。

注
1) たとえば、戸井田 (2007) は「某国立大学の教員養成系学部でさえ、高校時代における地理の履修率が高々5%にも満たない」ことに愕然としたという。また、斎藤 (2003) は、「地理学を専攻した教師の割合は、平均的にみて10%以下であると推定」されると述べ、地理学を専攻しなかった教師の個人的な努力に依存する学校現場への危機感を訴えている。
2) このような現状にあって、辰已 (2005) は、近年の大学地理教育が抱える現状を報告した。また、引き続き辰已 (2007) では、教員免許取得のために開講している地理学関連科目の受講生の実態を報告している。それによると、彼らに地理・歴史・公民の3分野で不得意分野を1つ挙げてもらったところ、地理が41%で最も多く、歴史30%・公民29%の割合であった。これらの結果から、教職課程の地理関連科目の充実を早急に図る必要性を述べている。大学地理教育の現状をまとめた、数少ない貴重な論考である。
3) Modular Object-Oriented Dynamic Learning Environment の略称。バーチャル・ラーニング・エンバイアメンツ（仮想学習環境）ともいう。e-learning の支援を行うWebベースの学習管理システム。その機能は、ホームページ上で授業資料や音声等のアップロード、授業評価アンケートなどの実施など多岐にわたっている。受講生は、いつでも自習のために授業資料をダウンロードしたり、本論文の対象で挙げれば地理的学習について担当教員と一対一の質疑応答をしたりすることも可能である。高校までに地理を履修していたかどうかが原因で、理解度に差が生じた際の補助的役割も担える。
4) 本研究で対象とするキャンパス探検は、表14.1に示した実施日とは異なり、天候不良のため実際には 2008 年 5 月 31 日に順延しておこなった。
5) たとえば鹿児島大学の共通教育科目の場合、集中講義として実施するフィールドワークは近

年増加してきており，それ自体は大いに歓迎されるものである．しかし，依然として科目数は全科目に対してごくわずかにすぎず，さらに地理学を専門とする担当者の科目は1名の非常勤講師が担当する1科目のみである．
6) 鹿児島大学の場合，それらを担う共通教育科目として「地理学」「シラス地域学」「地図と地理学」があり，講義内容の重複をさけることと，筆者自身は，手法を身につける前に関心喚起に重点をおいたため，各回の主題に掲げていない．
7) たとえば，日本地理学会地理教育専門委員会が2008年3月に発表した『大学生・高校生の地理的認識の調査報告』の結果は，新聞やテレビなどのマスコミでセンセーショナルに取りあげられた．

文　献．

斎藤　毅（2003）:『発展的地理教育論―ピアジェ理論の地理教育論的展開―』．古今書院．
白井哲之（1994）:地理教育の危機を訴える―高校地理教育から大学地理教育に望むこと―．地理学評論，67（3），pp.183-190．
鈴木正行（2003）:「総合的な学習の時間」における他地域を対象とした学習活動の意義と課題―南伊豆体験学習を事例として―．新地理，51（2），pp.28-39．
辰己　勝（2005）:大学での「地理学」受講生の現状と講義内容．近畿大学教育論叢，16（2），pp.51-61．
辰己　勝（2007）:社会科教育法における「地域調査」の実践について．近畿大学教育論叢，18（2），pp,39-49．
寺本　潔・大西宏治（2004）:『子どもの初航海―遊び空間と探検行動の地理学―』．古今書院．
戸井田克己（2007）:フィールドワーク指導の課題．『実践・地理教育の課題』，小林浩二編，ナカニシヤ出版．
深見　聡（2003）:NPO法人が地理教育に果たす役割と課題―NPO法人「かごしま探検の会」の事例から―．新地理，51（1），pp.1-18．
深見　聡（2005）:地域社会再生の一視点―NPOと地方大学の連携が創るエコミュージアム―．社会分析，32，pp.113-131．
深見　聡（2007）:『地域コミュニティ再生とエコミュージアム―協働社会のまちづくり論―』．青山社．
山口幸男（2008）:地理教育の本質と地理学習論の研究課題．地理教育研究，1，pp.2-8．

あとがき

　私がこのようなタイトルの本の編著者になるとは、数年前までは思いもつかなかった。それには2つの理由がある。

　1つには、私の学問的基礎は理学部地学科で培われた点である。もともと、南九州の地理や歴史に関心をもってはいたものの、私が学問にふれた初期のトレーニングは、もっぱら地学の諸分野にある。火山物理学や測地測量学、鉱床学など、いまでは講義科目名を思い出すことが精一杯という内容が多く、お恥ずかしい限りである。

　そのなかに、「地質学概論」という、ごくありふれた名前の必修科目があった。いま思えば、この科目をとおして、研究者の道を志すことになったといっても過言ではない。まさしくこの授業は目から鱗の連続であった。学部2年生だった私にとって、鹿児島低地の形成史の話をきいたときの知的よろこびは、いまだ鮮明に脳裏に焼きついている。

　露頭の観察やボーリング試料の分析といった理科的アプローチにくわえ、古文書解読や災害地名の把握、古地図・古写真の判読といった成果を取り入れての解説は、「地域」をみつめる目に理系も文系もないのだということを教えてくれた。地域にみられる現象はさまざまであるが、いずれの問題に関心をもっても、このことは欠かせないとゼミ指導やフィールドワークのたびに説いてくださったのが、現在、鹿児島大学総合研究博物館館長を務める大木公彦先生である。卒業論文の内容もそうだが、なんといっても論文の書き方について徹底した手ほどきをうけた。真っ赤に添削された筆者の草稿は、いまでは学生への教材として配ることもある。

　4年生に進級してから、まちづくりへの関心を高めつつあった私は、地域をみつめる視点をさらに学ぼうと、他学部開講の地理学関連の科目を履修するようになった。自然地理学は地学と親和性の高い分野でありなじみやすく、人文地理学は人間の諸活動について地域の比較をとおしてその特性を知るというおもしろさ

を教えてくれた。大学院修士課程進学以降は、人文地理学の専門的知識や技能を、地学をとおして得た学問を深める楽しさをもって修得しながら、研究にうちこむこととなった。博士論文では、地域コミュニティ論とエコミュージアムをテーマにあげ、自身の NPO 活動の実践をふまえてまちづくりのあり方をまとめた。最近は、世界遺産やジオパークといった、地域の自然や景観・文化をそのままの姿で活かす事例が、私の観光研究のうち主要な対象の１つになっている。私が生まれ育った鹿児島もそうだが、いま暮らす長崎は、その絶好の地である。こんにち、観光を研究するにあたって、地学にふれたことで地域をみつめる視野を広げてくれていると感じている。

　もう１つは、私が「観光」を正面からとり上げるようになったのは、実はつい最近からであるという点である。2007 年９月、非常勤先の瀬地山敏先生 (鹿児島国際大学学長) から指名され、進化経済学会オータムカンファレンスで研究発表とシンポジウム登壇の機会をいただいた。当時、私は博士課程を修了したものの常勤の研究職につくことがかなわず、大学や専門学校など６校の非常勤講師をかけもちし生活していた。大学教員の公募に応じても、最終面接にたどりつくのさえ希であったが、妻や子など身近な家族の支えもあって、何とか年数本の論文を書きつづけることができた。そんななか、経済学という専門外の学会への参加は、私のような若輩の身には正直いってあまりにも大きな重圧であった。ところが、すでに進化経済学会には観光研究部会が設けられており、「地域における「知」のネットワークとイノベーション」という観点から、私と似た問題意識で地域をみつめようという学際的研究がなされていることを知り、自身の勉強不足を恥じた。自身の NPO 活動の事例を中心に発表を終えたとき、すかさずあいさつに来てくださったのが、本書の共同編著者の井出 明先生である。非常勤講師のしかも駆け出しの研究者もいいところの私に、すでに情報学や観光学で多くの研究業績を積み、進化経済学会では観光研究部会を主宰する先生から声をかけられ、ただただ恐縮するばかりであった。井出先生との出会いが、私が本格的に研究の主眼を観光にすえるきっかけとなった。その後、私が音信不通の時期を半年ほどつくってしまったにもかかわらず、わざわざ先生のほうから連絡をいただき本格的に交流がはじまった。教員公募に応じるにあたってのアドバイスや、研究助成金の情報提供など、大学院博士課程を修了してから専業で非常勤講師をしていた

2年半という精神的にもかなりきつい時期、何とか研究意欲を絶やさずに乗り切れたのは、ひとえに井出先生のおかげである。いまでは、よき研究仲間として気さくに話をさせていただいているが、やはり何気ない出会いが、本書を生みだすきっかけになっており、このことにはぜひ言及しておきたかった次第である。

2009年8月、長崎大学環境科学部に着任し1年をむかえようとしていたころ、本書の企画を思い立った。はじめは、井出先生と私とで小冊子が出せたらいいなといった感じであった。しかし、この間、井出先生や学会参加をとおして観光研究の立場から地域に熱い視線をそそぐ方々との出会いが多くなってきていた。そこで、思い切って本書の執筆者を募った。最終的に、私をふくめ6名が参集し、それぞれが得意とするフィールドから観光を論じていただくことになった。

こんにち、観光学という学問が日本においても確立しつつあるといわれるが、地理学・社会学・民俗学から地域計画学・地学・保健学などと、多岐にわたる分野から研究がなされる学際性が売りである。本書の執筆者6名は、広義では観光学者といえようが、それ以前に情報学・地理学・文化人類学・経済学という基礎学問を修めた面々である。本書の特徴は、「観光」という現象をみつめる学問的関心の出発点がそれぞれ異なることにある。現実にみられる観光現象も同じように多様性にとんでいるが、それがもつ実像に少しでも切り込めたとすれば、共著者全員このうえない喜びである。

各執筆者より提出された原稿は、1冊の本という性格上、執筆者の了解のもとに、編者が執筆意図を損なわない範囲で全体の加除修正をおこなった。また、トピックについて、とくに私が担当した分は、私が生まれ育ち、かつ研究対象でもある鹿児島を題材としたものばかりである。しかし、読者の方々には、これらを決してローカルな事象としてとどめず、身のまわりの地域や外国ではどうなっているかといった、問題意識の発見の一助に役立ててもらえたら幸いである。何よりも、構想からわずか約半年という過酷な工程での原稿完成をお願いし、それに応えてくださった執筆者全員に、心より感謝したい。

本書をとおして、観光を勉強したくなる方が現れたり、漠然とであっても地域をみつめることの面白さに気づいていただけるきっかけを得られたりすることを切に願っている。

2010年3月

編著者を代表して　深見　聡

索 引

5th China Tourism Forum　208
Blog Korea! Visit Korea!　183
Dr. コトー診療所　25
ICCROM（イクロム）　77
ICOMOS（イコモス）　77
KJ法　117
Korea: 100 Sparkles　183
Lonely Planet　171, 172
NPO法人　29, 34
　朝日町エコミュージアム研究会　47
　大牟田・荒尾炭鉱のまちファンクラブ　114
　軍艦島を世界遺産にする会　120
　桜島ミュージアム　64
　まちづくり地域フォーラム・かごしま探検の会　237
　水俣教育旅行プランニング　151
TantoTanto まち探検　117
UNDP（国連開発計画）　221
UNWTO（世界観光機関）　214, 222

ア行
アート・ツーリズム　197
アートマネジメント　197, 203, 208
アーバン・ツーリズム　56, 199
アイアンブリッジ（イギリス）　113
アイデンティティ　204
姶良カルデラ（鹿児島県）　201
アイランド・ホッピング（島間移動）　170
アウシュヴィッツ強制収容所（ポーランド）　112
朝日町（山形県）　47
朝日町エコミュージアム研究会（NPO法人）　47
篤姫　1, 26, 31, 39, 41, 202
篤姫ブーム　27
天降川（鹿児島県）　131
荒砥沢キャニオンを守る会（宮城県）　213
有馬温泉（兵庫県）　187-189
安全学　20, 220
安全教育　220
安否確認システム　134
イクロム（ICCROM）　77, 78
イコモス（ICOMOS）　77, 78, 86

一元的な情報対応　140
異年齢集団　225
異風者からの通信　115
指宿（鹿児島県）　28, 41
異文化生活体験　178
岩手・宮城内陸地震　211
石見銀山（島根県）　78
インストラクター　154
インタラクション　18
ヴィースの巡礼教会（ドイツ）　100
鰻池（鹿児島県）　71
鰻温泉（鹿児島県）　71
雲仙岳災害記念館（長崎県）　206
運輸業　219
エージェント（旅行代理店）　217
エコツーリズム　19, 84, 102, 205
エコノミークラス症候群　135
エコミュージアム　43, 51, 53, 54, 115, 195
エッフェル塔　85
江藤新平　72
エネゴン　148
栄之尾温泉(鹿児島県)　201
大隅横川駅（鹿児島県）　62
大牟田・荒尾炭鉱のまちファンクラブ（NPO法人）　114
大牟田駅（福岡県）　124
小笠原自然再生推進計画調査　81
小笠原諸島（東京都）　80
小笠原ルール　84
小千谷（新潟県）　196
オロモウツの聖三位一体柱（チェコ）　98
温泉　3, 66, 200
温泉観光　63

カ行
カーボベルデ　176
外化　136
海外安全ホームページ　175
海外旅行の否定要因　163
ガイドツアー　110, 111
海洋島　80

索 引

外来生物　80
学習型観光　122, 126, 150
鹿児島市谷山地区中心市街地活性化基本計画　45, 52
鹿児島ぶらりまち歩き　29
鹿児島まち歩き観光ステーション　26
火山系博物館　198
カナイマ国立公園（ベネズエラ）　100
上山田温泉資料館（長野県）　63, 70
カメルーン　179
ガラパゴス諸島　79
嘉例川駅（鹿児島県）　61
かれい川小さな博物館（鹿児島県）　62
上町維新まちづくりプロジェクト（鹿児島県）　26
寛永寺（東京都）　40
環境破壊　99, 143
環境モデル都市　149
観光街道　184
観光学　2, 18, 22, 215
観光教育　34, 224, 236
観光系学部　214, 220
観光公害　121, 122
観光産業　6, 186
観光資源　5, 8, 10-12, 24, 109, 174, 176
観光施設　172
観光資本　4, 5, 7, 11-13
観光情報　171, 180
観光振興　178
観光政策審議会　3
観光のまなざし　121
観光復興　190, 194
観光ボランティアガイド　4, 7, 24, 25, 33, 37
観光立国推進基本法　1, 15, 16, 163, 171
感染症対策　167
記憶のゆくたて　205, 216
鬼界カルデラ（鹿児島県）　158, 160
危機遺産リスト　75, 79
危機管理　139
危機管理産業　133
希望疎開　137
基本インフラ　145
キャンパス探検　228
九州・山口の近代化産業遺産　105
九州新幹線　151
九州伝承遺産ネットワーク　120
旧中心市街地　44, 45
教育旅行　148
共通教育科目　236
協働体制　53, 54
近代化産業遺産　103, 106, 107, 110, 113, 122, 123
グイネス地方の城郭・城壁群（イギリス）　100

空間的概念　223, 237
空洞化　45
空路移動計画　170
口コミ　119
熊野古道（和歌山県）　105
グリーン・ツーリズム　121
栗駒五湯復興の会　212
栗駒山（宮城県ほか）　212, 210
栗原ジオパーク構想　213
くりはら田園観光都市創造事業　210
くりはら磨き隊　211
軍艦島を世界遺産にする会（NPO法人）　120
景観の変貌　49
ゲートウェイ　70
決済システム　217
顕著な普遍的価値　74, 82, 85, 91
コア施設　55, 61
豪雪地帯　144
行程管理　137
コーディネート　35
国際規格 ISO14001　150
国際自然保護連合　78
国連開発計画（UNDP）　221
個人情報保護　218
個人情報保護法　16
小松帯刀　201
コミュニケーション・アレルギー　175
固有種　82
ゴレ島（セネガル）　176
コンテンツ　196

サ行
災害復興　20
災害マネジメント　215
西郷隆盛　71
サイパン（マリアナ諸島）　190
坂本龍馬　201
桜島ミュージアム（NPO法人）　64
サスティナビリティ　69
薩摩硫黄島（鹿児島県）　157, 161
佐渡金山（新潟県）　130
産業観光　103, 149, 116
三国名勝図会　71, 130, 201
参与観察　44
恣意的分断性　224
塩浸温泉（鹿児島県）　202
四川大地震　207
自然災害　209
事前準備　169
持続可能な観光　102, 156, 195
島津斉彬　8, 40, 104

市民参加の9段階　55
市民とつくる協働のまち事業　31
社会構造的な要因　52
社会情報学　17, 139
集成館事業　8, 104-106
住民参加　196
俊寛　160
条件不利地域　144
シンハラージャ森林保護区（スリランカ）　100
調所広郷　42
スパハウスろっかぽっか　147
スマトラ沖地震　133
スメ（巣目）　71
スモール・ツーリズム　1, 33-35, 63
生活権　91
政情不安　174
世界遺産　73
世界遺産委員会　76, 81
世界遺産検定　73
世界遺産指定　110, 111
世界遺産条約　74
世界遺産登録　74, 76, 77, 84, 87, 90, 92, 96, 99
世界観光機関（UNWTO）　214, 222
世間遺産　120, 125
瀬戸内海国立公園　87
セネガル　179
センメリング鉄道（オーストリア）　112
総合的な学習の時間　50, 224
村営船「みしま」　159, 161

タ行

大河ドラマ　25, 35
体験型プログラム　199
たにやまエコマップ　50
断層　200
炭都　119, 123
炭都物語　119
治安上のリスク　174
地域課題　53
地域コミュニティ　33
地域振興　54
地域特性　223, 237
地域の再発見　234
地域与件　143
地域連携　69
父島（東京都）　83
知のネットワーク化　230
中越地震　132, 138, 204
中央アフリカ地域　164
地理教育　224, 235
テーマ・コミュニティ　55

テーマパーク　191, 218, 219
テッサロニキのビザンツ洋式の建造物群（ギリシア）　100
東京都版エコツーリズム　84
同心円的拡大　230
洞爺湖町火山科学館（北海道）　207
東洋のガラパゴス　85
登録有形文化財　62, 229
特殊準備活動　166
戸倉上山田温泉（長野県）　63-65
都市観光（アーバン・ツーリズム）　199
鞆の浦（広島県）　86
鞆の浦の港湾架橋問題　90
トロードス地方の壁画教会群（キプロス）　100

ナ行

長崎さるく博'06　28
ナショナル・トラスト　126
斉彬公史料　40
ナンシーのスタニスラス広場（フランス）　98
西アフリカ地域　164, 169
人間の安全保障　221
乗合いタクシー　168, 173, 177

ハ行

売春防止法　65
博物館　21
博物館法　67
箱モノ型観光開発　192
発展的参与観察　44
母島（東京都）　83
阪神・淡路大震災　136, 203
ビクトリアの滝（ジンバブエ、ザンビア）　98
ビザ（査証）の取得　166
肥薩線（JR肥薩線）　61
ヒストリカルランドアート　124
人と防災未来センター（兵庫県）　198, 206
百年の旅物語かれいがわ　61
貧困削減プログラム　222
ファシリテータ　48
フィールドワーク　231, 234
プーケット島（タイ）　188
風評被害　138
フェーズ　132
フェルクリンゲン製鉄所（ドイツ）　110
複合遺産　75, 79
福知山線脱線事故　216
復興　186, 188, 209
復興観光　138
負の遺産　187, 190
ブレインストーミング　48, 117

索引　245

平家物語　160
米国同時多発テロ事件　132, 133, 140
平和へのパスポート　194
別府温泉（大分県）　64
ベナン　179
傍観者のイデオロギー　92
保険　219
ホスピタリティ産業　135, 192
墓地散策　42
ホテル学　216
ボヤナ教会（ブルガリア）　100
ボランティアベース　68

マ行
マイナーな観光地　170
マス・ツーリズム　34, 35, 57, 63, 121
まち歩き　1, 37, 64
まちづくり地域フォーラム・かごしま探検の会（NPO法人）　237
マチュピチュ（ペルー）　98
マラリア感染　167
マリ　162
万田坑市民ガイド　118
三池炭鉱（福岡県）　114, 116
ミクロ地誌　228
三島村（鹿児島県）　157
水俣教育旅行プランニング（NPO法人）　151
水俣市元気村づくり条例　153
水俣病　152, 155
三宅島（東京都）　205
村まるごと生活博物館　153
メルクマーク　97
モティベーション　165
もやい直し運動　150

ヤ行
野外博物館　47
屋久島（鹿児島県）　101, 105
山ヶ野金山（鹿児島県）　129
夕張（北海道）　191
ユネスコ　96
湯布院（大分県）　193
溶結凝灰岩　32
ようこそ日本キャンペーン　193
洋上アルプス　101
余暇産業　133
余暇時間　6, 7
よりどころ　12
与論島（鹿児島県）　118

ラ行
ライフスタイル　46
ランドマーク　232
理科的な地域特性　106, 107
陸路移動　168
リスク　219
リゾート開発　143
リピーター　6, 9, 24, 35, 66, 133
G.H. リビエール　46
略奪型観光　69
旅行代理店　217
歴史地理学的重層性　225, 226, 231, 232
歴史的景観　88
歴史的景観の保全　89
六趣　147, 149
六ヶ所原燃PRセンター　146
六ヶ所村（青森県）　145, 146
ロマンティック街道（ドイツ）　184

ワ行
ワークショップ　46, 48, 51, 119

編著者紹介 (五十音順)

井出　明　　いで あきら　　　　　首都大学東京大学院都市環境科学研究科・准教授

京都大学経済学部卒業。京都大学大学院法学研究科修士課程修了、京都大学大学院情報学研究科博士後期課程指導認定退学、京都大学博士（情報学）。九州東海大学応用情報学部講師、大阪経済法科大学教養部助教授、近畿大学経済学部助教授などを経て現職。
関心領域：社会情報学、観光情報学、社会安全システム論。
主著:『デジタルコンテンツ流通教科書』（共著）インプレス 2006,『社会安全システム』（共著）東京電機大出版局　2007；"Tourism Developments by Inviting Film Festivals" 韓国産業観光学会招待講演論文 2006；「観光情報システムの現状と展望」情報処理　48(6)　2007.

海野　敦史　　うみの あつし　　　　長崎大学経済学部・准教授

東京大学教養学部卒業。郵政省入省。ケンブリッジ大学大学院修士課程修了（M.Phil.）。OECD事務局情報通信政策アナリスト、総務省自治財政局財務調査課課長補佐、総務省総合通信基盤局国際経済課課長補佐等を経て、2009 年より現職。早稲田大学政治経済学術院非常勤講師、総務省情報通信政策研究所特別研究員。世界約 150 か国を訪問。
関心領域：情報通信法、公共経済学。
主著："Broadband Infrastructure Deployment: The Role of Government Assistance", *OECD Science, Technology and Industry Working Papers 2002/15*, 2002；"Developments in Local Loop Unbundling", *OECD Digital Economy Papers* 74, 2003；「地方公共団体の類型化を通じた地方財政（平成 16 年度決算）の分析について」地方財政 45 (6) 2006；「米国における通信分野のアンバンドル・ルールの変容に関する考察」公益事業研究 61 (2) 2009；「郵便認証司による損害の賠償責任に係る法律の適用に関する考察」情報通信学会誌 27 (3) 2009;『公共経済学への招待』晃洋書房 2010.

庄子　真岐　　しょうじ まき　　　　石巻専修大学経営学部・助教

東北大学農学部卒業。東レ㈱をへて、東北大学大学院経済学研究科博士課程前期修了。東北大学大学院経済学研究科博士課程後期単位取得満期退学。2010 年より現職。
関心領域：地域経営・国際経営論、観光学。
主著：「グローバルな観光都市になるために－ラスベガスの事例からヒントを得る－」先端総合科学研究会会誌 2 2008；「地域づくり型観光まちづくりの展開可能性に関する一考察－宮城県大崎市松山地区を事例として－」地域環境研究 1 2009；「産業観光の展開可能性に関する研究 - 青森県六ヶ所村を事例として -」（共著）日本観光学会誌 50 2009.

鈴木　晃志郎　　すずき こうしろう　　首都大学東京大学院都市環境科学研究科・助教

立命館大学文学部卒業。立命館大学大学院文学研究科博士課程前期および東京都立大学大学院理学研究科博士課程修了、博士（理学）。カリフォルニア大学サンタバーバラ校客員研究員、首

都大学東京都市環境学部リサーチアシスタントなどをへて、2008年より現職。
関心領域：社会・行動地理学、観光学。
主著："Cultural differences of spatial descriptions in tourist guidebooks"（分担執筆） Springer-Verlag 2005；『クラシックCD異稿・編曲のよろこび』（共著） 青弓社 2007；『地理情報の表現に文化の違いはあるか』（分担執筆）古今書院 2008；「日本と英語圏の旅行案内書からみた東京の観光名所の空間分析」地学雑誌 117（2） 2008；「メディア誘発型観光の研究動向と課題」日本観光研究学会全国大会研究発表論文集 24 2009.

永吉　守　ながよしまもる　福岡工業大学・久留米工業高等専門学校非常勤講師

西南学院大学文学部卒業。熊本大学大学院文学研究科修士課程修了。中冨記念くすり博物館勤務をへて、NPO法人大牟田・荒尾炭鉱のまちファンクラブ設立、初代理事長。西南学院大学大学院文学研究科国際文化専攻単位取得満期退学、博士（国際文化）。2009年より、同法人運営委員・研究員として荒尾市地域文化財関連業務委託受託。
関心領域：文化人類学、社会学、日本民俗学。
主著：『近代化産業遺産の保存・活用実践とその考察－大牟田・荒尾 炭鉱のまちファンクラブの事例より－』博士論文自費出版 2009；「「炭都」の風景・心象をとりもどす実践－「大牟田・荒尾 炭鉱のまちファンクラブ」設立顛末記－」 DeMusikInter.（編）『音の力＜ストリート＞復興編』インパクト出版会 2004；「市民に寄り添う活動家兼研究者－近代化産業遺産活用の事例より－」九州人類学会報 35 2008.

深見　聡　ふかみ さとし　長崎大学環境科学部・准教授

鹿児島大学理学部卒業。鹿児島大学大学院教育学研究科修士課程および鹿児島大学大学院人文社会科学研究科博士後期課程修了、博士（学術）。NPO法人まちづくり地域フォーラム・かごしま探検の会代表理事などをへて、2008年より現職。鹿児島国際大学附置地域総合研究所客員研究員。
関心領域：観光地理学、環境・地理教育論、NPO論。
主著：『鹿児島の史と景を歩く―街めぐり14コース―』南方新社 2004；『都市の景観地理 日本編2』（分担執筆） 古今書院 2007；『地域コミュニティ再生とエコミュージアム―協働社会のまちづくり論―』青山社 2007；"Regional Community Revitalization and Tourism", *Journal of the Doctorate Studies in Social Sciences* 5 2008；「「篤姫」ブームを支えた観光ボランティアガイド」地理 54（9） 2009.

編著者
深見　聡　ふかみ さとし　長崎大学環境科学部・准教授
井出　明　いで あきら　首都大学東京大学院都市環境科学研究科・准教授

書　名	観光とまちづくり　―地域を活かす新しい視点―
コード	ISBN978-4-7722-3130-5　C3060
発行日	2010（平成22）年4月12日　初版第1刷発行
編　者	深見　聡・井出　明
	Copyright ©2010　S.Fukami & A.Ide
発行者	株式会社 古今書院　橋本寿資
印刷所	三美印刷 株式会社
製本所	三美印刷 株式会社
発行所	古今書院
	〒101-0062　東京都千代田区神田駿河台2-10
TEL/FAX	03-3291-2757 / 03-3233-0303
振　替	00100-8-35340
ホームページ	http://www.kokon.co.jp/　　　検印省略・Printed in Japan